國立臺灣師範大學　專刊（39）
歷　史　學　系

父母等恩

《孝慈錄》與明代母服的理念及其實踐

蕭琪　著

本書承蒙
郭廷以先生獎學金補助出版
特此致謝

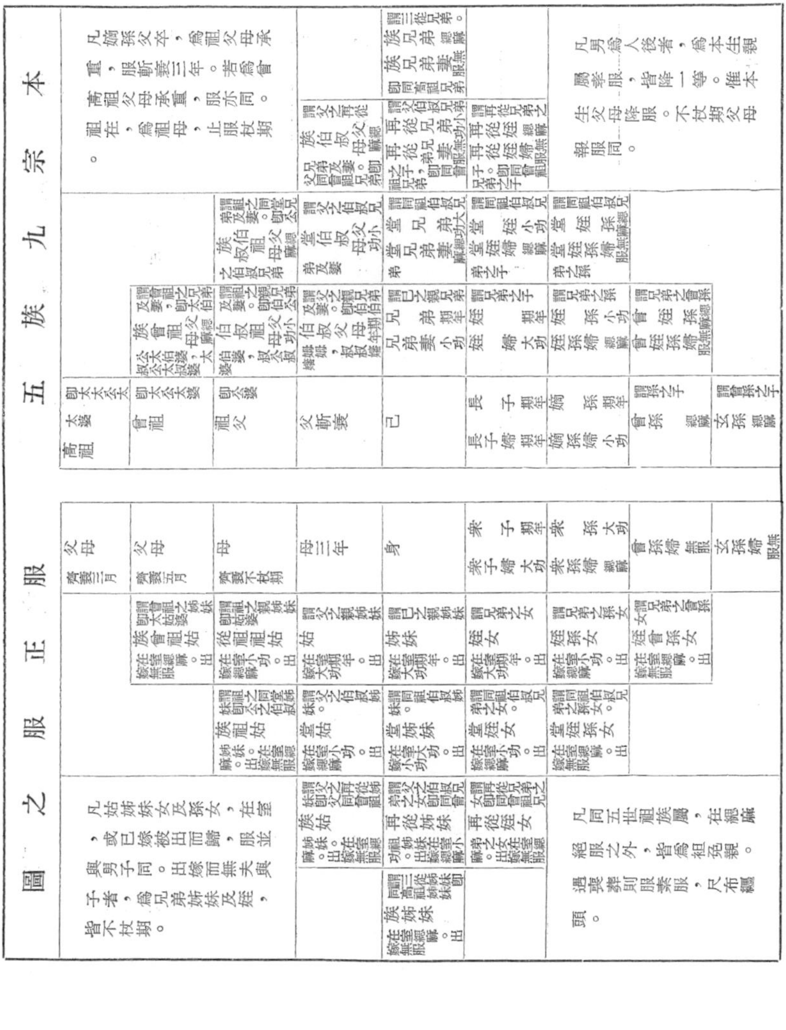

圖一　明代本宗九族五服正服之圖

資料來源：黃彰健，《明代律例彙編》，卷首，頁24、25。

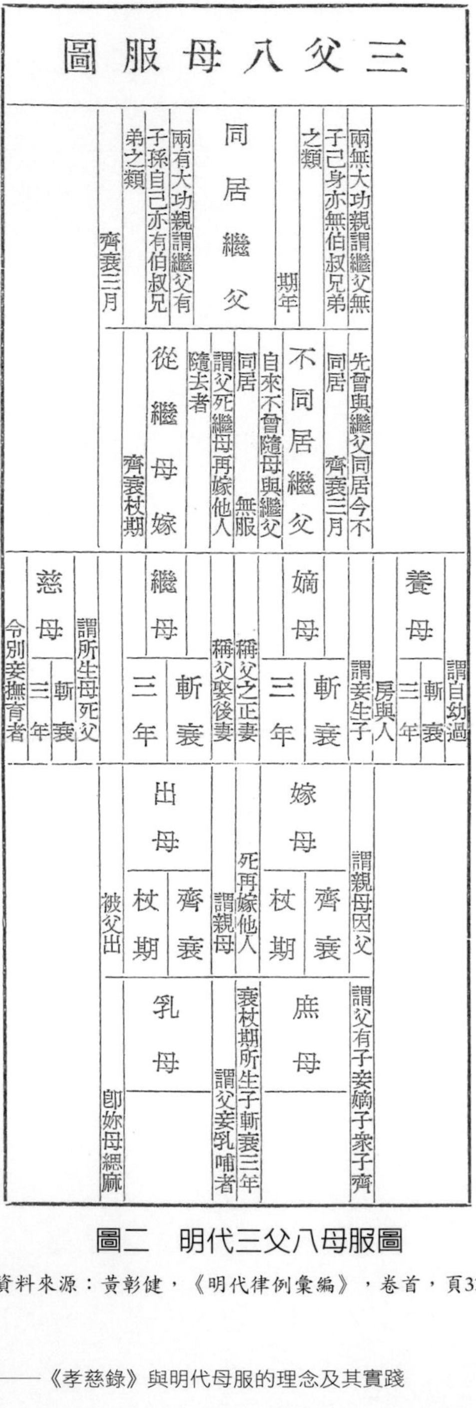

図（圖）　三父八母服圖

三父
- 同居繼父（期年）
  - 兩無大功親謂繼父無子己身亦無伯叔兄弟之類
  - 兩有大功親謂繼父有子孫自己亦有伯叔兄弟之類　齊衰三月
- 不同居繼父
  - 先曾與繼父同居今不同居　齊衰三月
  - 自來不曾隨母與繼父　無服
  - 同居　謂父死繼母再嫁他人　無服
  - 隨去者　從繼母嫁　齊衰杖期

八母
- 養母　謂自幼過房與人　斬衰三年
- 嫡母　謂妾生子稱父之正妻　斬衰三年
- 繼母　稱父娶後妻　斬衰三年
- 慈母　謂所生母死父令別妾撫育者　斬衰三年
- 嫁母　謂親母因父死再嫁他人　齊衰杖期
- 出母　被父出　齊衰杖期
- 庶母　謂父有子妾嫡子眾子齊衰杖期所生子斬衰三年
- 乳母　謂父妾乳哺者　緦麻　即妳母

圖二　明代三父八母服圖

資料來源：黃彰健，《明代律例彙編》，卷首，頁32。

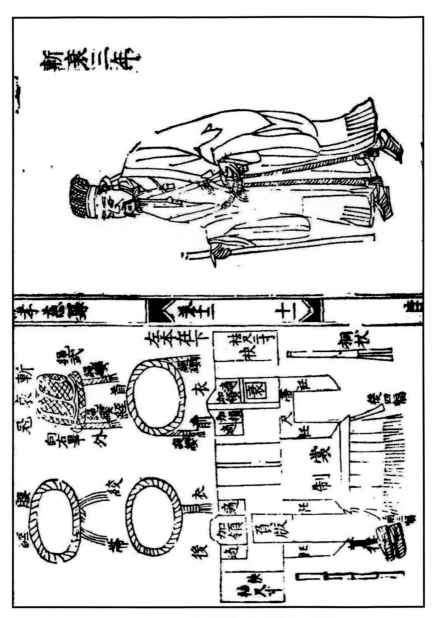

圖三之一　《孝慈錄》中喪服圖－斬衰

資料來源：〔明〕太祖撰，《御製孝慈錄》，收於〔明〕張鹵校刊，《皇明制書》。

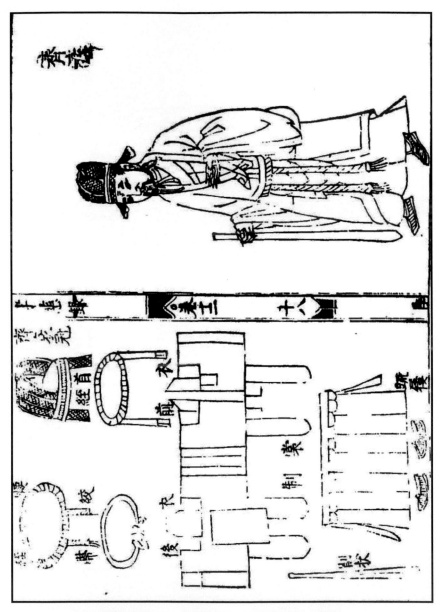

圖三之二 《孝慈錄》中喪服圖－齊衰

資料來源：〔明〕太祖撰，《御製孝慈錄》，收於〔明〕張鹵校刊，《皇明制書》。

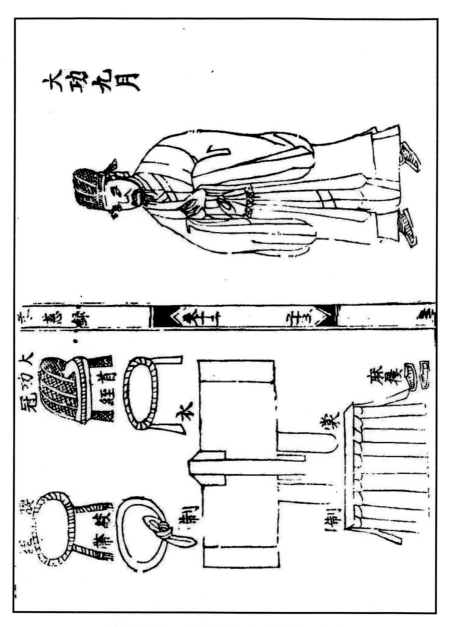

圖三之三　《孝慈錄》中喪服圖－大功

資料來源：〔明〕太祖撰，《御製孝慈錄》，收於〔明〕張鹵校刊，《皇明制書》。

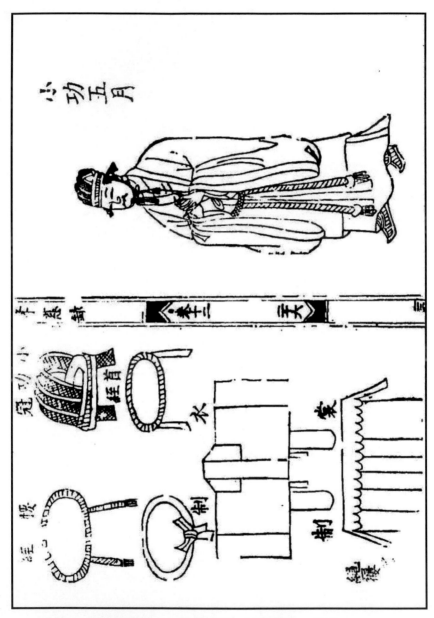

圖三之四　《孝慈錄》中喪服圖－小功

資料來源：〔明〕太祖撰，《御製孝慈錄》，收於〔明〕張鹵校刊，《皇明制書》。

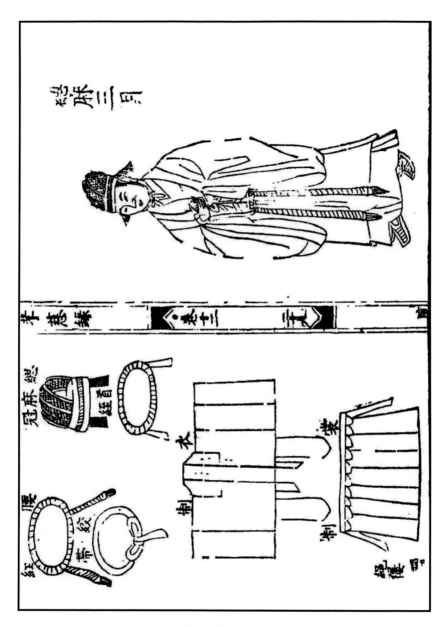

圖三之五　《孝慈錄》中喪服圖－緦麻

資料來源：〔明〕太祖撰，《御製孝慈錄》，收於〔明〕張鹵校刊，《皇明制書》。

　父母等恩——《孝慈錄》與明代母服的理念及其實踐

▋ 出版緣起

　　本系出版「國立臺灣師範大學歷史研究所專刊」，迄今已有三十七種。一九七七年二月，張朋園教授接掌所務，為鼓勵研究生撰寫優良史學論文，特擬訂學位論文出版計畫。當時，亦將本系碩士論文榮獲「嘉新水泥文化基金會」、「中國學術著作獎助委員會」等機構獎助出版者列入，即「專刊」第（1）、第（3）、第（5）等三種。迨「郭廷以先生獎學金」成立，由獎學金監督委員會研議辦法，作為補助出版學位論文之用，「專刊」遂得持續出版。

　　郭廷以先生，字量宇，一九〇四年生，一九二六年畢業於東南大學文理科歷史系，曾在國內、外知名大學講學；自一九四九年起，至本系執教。一九五五年至一九七一年，擔任中央研究院近代史研究所籌備處主任及所長，並於一九五九年至一九六二年，兼任本校文學院院長。一九六八年，當選中央研究院院士，是深具國際學術影響力的學者。

　　一九七五年九月，　先生在美病逝。李國祁教授感念　先生的學術貢獻，邀集本校史地系系友籌組基金，在本系設置「郭廷以先生獎學金」，於一九七七年十月開始頒授獎學金。獎學金設監督委員會，由中央研究院近代史研究所研究員和本系教師共同組成，每年遴選優秀學位論文，補助印製「專刊」經費。三十多

年來，本系研究生無不以獲得「郭廷以先生獎學金」獎勵，並以「專刊」名義出版畢業論文，為最高榮譽。

「專刊」向由本系刊行，寄贈國內、外學術機構和圖書館，頗受學界肯定，惟印刷數量有限，坊間不易得見，殊為可惜。經本屆獎學金監督委員會議決，商請秀威資訊科技公司印製發行，以廣流傳，期能為促進學術交流略盡棉薄之力。

今年，適值郭廷以先生逝世四十周年，「專刊」以新的型態再出發，可謂別具意義。謹識緣起，以資紀念。

國立臺灣師範大學歷史學系
二〇一五年九月

▌序

子生三年，然後免於父母之懷。夫三年之喪，天下之通喪也。

予也，有三年之愛於其父母乎？

《論語・陽貨》這段孔子關於人子應為父母守喪三年的訓誨，在中國社會雖為眾所習知的倫理常識，但秦漢以降國家禮制按照《儀禮・喪服》的規定，通行的喪服制度是：父親過世，人子為父服斬衰三年；母親亡故，若父卒，為母服齊衰三年，若父在，則為母服齊衰杖期。在父系宗法制度下，這一套「父母有別」的喪服禮制，充分體現了「尊尊」凌駕於「親親」的倫理原則，以及「禮勝於情」的文化特色。

漢代以後，隨著封建秩序的崩解，母服禮制與母子情感的落差日趨顯著，「緣情制禮」的呼聲相應而起。唐高宗上元元年（674），武則天請改定母服，強調：「子之於母，慈愛特深。非母不育，推燥居濕，咽苦吐甘，生養勞瘁，恩斯極矣！所以禽獸之情，猶能知母。三年在懷，理宜崇報。」建議改父在為母服三年之喪。高宗詔令施行。但士大夫之家各行其是，新制並未真正落實。武氏死後，論議再起，到玄宗開元二十年（732）中書令蕭嵩修撰《大唐開元禮》，將「父在為母服齊衰三年」正式寫入《開元禮》，其後並為宋、元所沿襲。

如果說，唐代《開元禮》「父在為母服三年」是中國喪服制度的重大改革，則明太祖洪武七年（1374）規定「子為父母、庶子為其母，皆斬衰三年」，並制訂《孝慈錄》以為明代喪服制度定本，更是中國禮制與思想史上前所未有的突破，可惜過去甚少受到學者關注。本書以《孝慈錄》為中心，探討「母親」在喪服禮制中的地位，並從思想文化等面向考察明代母服制度的理念及其實踐，對這一長期受到忽略的重要課題自是兼具補闕與開新的意義。

　　本書係作者蕭琪據2011年12月本系碩士學位論文修訂而成。書中指出，明初《孝慈錄》「父母同斬」的喪服禮制，不僅衝擊了千年來的父系宗法制度與倫理秩序，也悖離了士人長期研讀的儒家義理，但在頒行天下之後，獲得許多士人的讚揚與肯定。同時，明太祖「父母等恩」的理念，也逐漸落實於社會。另一方面，《孝慈錄》的母服內容為清代所承襲，是明清兩代的「時制」和「今律」。在家禮學興盛的明代，子為母服斬衰三年之制，逐漸取代了《家禮》的母服條文，成為士人私修「家禮書」中必定出現的內容；而在崇奉古禮的清初「儀禮學禮書」中，亦因酌古準今的要求，也參考了清代的「時制」呼籲士庶尊崇。在在顯示《孝慈錄》作為明清兩代官方喪服之所本，對私修禮書有相當強勢的支配力。

　　特別值得注意的是，本書以明末士人周之夔（1586-？）為生母服斬衰三年所引起的疑竇為例，從古典禮經的解釋與封贈制度的理解，析論「庶子為生母服」未獲落實的時代因素，由此可見，強調父親母親同等重要的《孝慈錄》，雖然可以母子情感為利器，突破了宗法秩序中父尊母卑的觀念，但仍未能跨越「嫡尊庶卑」的鴻溝，造成同為人母的嫡妻與庶妾，在喪服禮上有著截

然不同的待遇。凡此，俱見作者在史料發掘與論證解釋的創發與貢獻。也由於這些研究經驗的鼓舞，作者對過去明代性別史研究中較少注意的「寡妾」的相關課題，諸如家庭倫理中的嫡庶關係、寡妻與寡妾的貞節旌表、妻妾的財產權利等課題，不僅從文集、筆記、判牘、方志的廣蒐深讀中，掌握了諸多可以進一步探究問題的史料，更透過判牘累積了不少寡妾在分產權與立嗣權實際情況的認識，對日後進行相關研究奠下良好基礎。

　　本人自2004年初識作者至今，已歷十二年有餘。2008年秋，作者以優異成績進入本系碩士班就讀，由於大學期間即對婦女史相關課題深感興趣，作者在修習本人講授的「明史專題研究」和「明清性別與文化史專題」期間，注意到《孝慈錄》的母服改革及其孝道觀念值得深入探索，並決意由此投入明代禮制史與性別史之研究。論文撰寫期間，作者好學深思、文理清晰，對研究工作極具耐心。透過嚴謹的文獻考掘與問題論述，本書既映照出喪服禮制中父與母、嫡與庶、禮與情不斷交涉對比的過程，更能不自囿於「母服」的性別視角，呈現了明太祖「父母等恩」的孝道觀與明清國家治理、學術思想、社會教化等層面多元互動的幽微。作為作者的論文指導教授，欣聞本書即將出版，謹此推介本書要旨及其貢獻，並請學者專家惠予指正。

林麗月

二〇一七年元月

目次 contents

圖次

表次

▌緒論

一、研究緣起

> 洪武七年，《御製孝慈錄》刊行天下，云：「子為父母，
> 庶子為其生母，皆斬衰三年。人情所安，即天理所在。」
> 此煌煌天語也。
>
> 清·李海觀，《歧路燈》，第九回

　　洪武七年（1374），明太祖貴妃孫氏薨逝，因孫氏生前並未
產下皇子，明太祖遂命曾受孫貴妃撫養的周王橚主喪事，[1]為孫
貴妃行慈母（庶子無母，父令無子之他妾撫育之）服禮斬衰三年，而東
宮、諸王則為庶母（父妾有子者）孫貴妃服齊衰杖期（一年）之服。[2]
但是這樣的上諭，卻違反了洪武元年（1368）《大明令》中為母
服的規定，也與先秦以來喪服經典《儀禮·喪服》的記載不符，
在朝中引起不少爭議，遂使明太祖只好命令禮部討論孫貴妃的喪
服問題，並將結果上奏。

---

[1]　根據學者的研究，燕周二王皆為碩妃所生，而燕王被高皇后撫養而周王被孫貴妃
　　撫養。參考李晉華，〈明成祖生母問題彙證〉，《歷史語言研究所集刊》，第六
　　本第一分（臺北，1936.3），頁71-75。

[2]　〔清〕張廷玉，《明史》（北京：中華書局，1966），卷113，〈列傳第一·孫
　　貴妃〉，頁3508。

等待三日後，禮部官員以《儀禮》為定式，不贊同上述太祖對孫貴妃喪服的提議。根據古禮，如果父親尚在世而逢慈母去世，人子只能為其服齊衰杖期之服，若是庶母去世，長子、眾子對庶母則無服。這樣的答案讓太祖非常不滿，而嚴加訓斥道：

> 夫父母之恩，一也。父服三年，父在，為母則期年，豈非低昂太甚乎？其於人情何如也。[3]

明太祖顯然反對人子為母親服喪還必須考慮父親在世與否的喪服原則，於是，再命翰林學士宋濂（1310－1381）等人詳加考察古人母服的實例。最後，根據官員回報的結果，發現歷代願為母服三年喪者倍於願為母服一年喪者，[4]太祖於是順勢將母服規定改為「子為父母，庶子為其母，皆斬衰三年，嫡子眾子為庶母，皆齊衰杖期」，並「使內外有所遵守」，[5]如願以償的實踐了他「父母之恩，一也」的看法，也就等於提高了母親在家內倫理秩序中的地位。

表一　洪武七年孫貴妃喪服禮各方意見

	《儀禮·喪服》 （禮部意見）	《大明令》 （官方規定）	《孝慈錄》 （太祖看法）
子為慈母	齊衰杖期	齊衰三年	斬衰三年
子為庶母	無	緦麻三月	齊衰杖期

3　〔明〕夏原吉監修；〔明〕胡廣等修纂，《明太祖實錄》（臺北：中央研究院歷史語言研究所，1967），卷94，頁1a，洪武七年十一月壬戌朔條。

4　〔明〕太祖撰，《御製孝慈錄》，收於〔明〕張鹵校刊，《皇明制書》（臺北：成文出版社，據明萬曆年間刻本影印，1969），卷12，頁4a-10b。

5　〔明〕太祖撰，《御製孝慈錄》，收於〔明〕張鹵校刊，《皇明制書》，卷12，頁3b。

因為此次明太祖與官員對喪服禮中母服部分的爭議，使太祖進而製作了《孝慈錄》以作為明代喪服制度的定本，從其書名「孝慈」二字即可知曉其動機是為了發揚「孝順母親」這樣一個意念而來。透過此書，明太祖重新規劃了他心中理想的親屬服喪關係，並由禮入律，將之納入《大明律》之首，成為有明一代的定制，並為清代所承襲。

　　從上述明太祖與群臣議禮，到幾乎可說是「斷自聖衷」的制禮過程，即可以想像《孝慈錄》本身所具有的突破性與爭議性，而由此觸發的一連串問題，亦深深地引起筆者的興趣。首先，在制度上，《孝慈錄》的母服規定明顯與《儀禮‧喪服》以及前代喪服禮制有所不同。唐代的武則天曾針對古禮中的母服部分進行改革，其內容被納入唐代《開元禮》，並為宋、元、明初所承襲，由武則天所提議的母服改革與明太祖所御製的《孝慈錄》之間存在著多少差異，而《孝慈錄》的母服制度所代表的意義為何，是筆者亟欲處理的第一個問題；其次，在理念上，《孝慈錄》的制訂，來自於明太祖「父母之恩，一也」的觀念，這個觀念的內涵為何，明太祖的其他政策是否亦蘊含此一想法，而此想法與前代統治者所宣揚的孝道觀念有何不同，是本書擬探究的第二個論題。最後，研究一個制度，除了探討其來由與意義之外，制度的實踐亦是研究者無法迴避的問題。太祖之後的明代皇帝與士人如何看待作為洪武開國定制之一的《孝慈錄》，而這份大大提升母親禮制地位的喪服制度的落實情況又是如何，正反意見與實踐與否爭議的背後，隱藏了什麼樣的因素與知識、觀念上的衝突，無疑亦是本書重要的探討面向。綜言之，關於《孝慈錄》理念與實踐的探索，實涉及了孝道觀念、性別、喪服禮制三者的交相關涉，不論是從制度史、社會文化史抑或性別史的角度而言，

皆是一個亟待深究的課題。

二、研究回顧

探討《孝慈錄》的制訂、理念，及其中的母服制度如何被看
待及落實的情況，除了必須參考與中國母服改制直接相關的研究
以外，也因在中國文化中，為父母服喪被視為人子盡孝的具體表
現，所以亦將目前討論明清孝道實踐的論著納入關注的範圍。而
尤因本書的重要核心之一在於子對母的服喪實踐及其爭議，故
亦借鏡於近年來學界對母子關係的研究成果，作為本書論述的
基礎。

（一）唐、明兩代母服改革的相關研究

在《儀禮・喪服》的規定中，若父親去世，子為父服最高等
級的斬衰三年之喪，但若母親死亡，則必須視父親是否在世而調
整服喪的時間與程度。若父親已亡，子為母得服比斬衰三年低一
等的齊衰三年，但若父親尚在，母服就必須再次降低為齊衰一年
之喪。

這樣的母服基本規範至唐代因武則天的倡議而被打破，武
氏認為母親死亡，人子因父尚在世只為母服一年喪，實在不足以
報答母親生養勞瘁之恩，故主張不論父在與否，人子為母親都須
服齊衰三年之喪。此事雖然在當時激起朝廷官員激烈的論辯與反
對，但仍在最後定制於《開元禮》，成為唐中後期、宋、元、明
洪武七年以前的母服定制。

唐代的母服改革引起了現今學者的高度關注，最早對此進行
分析的是日本學者藤川正數，他認為武則天此議之所以能夠被納

進《開元禮》，除了有武韋政權為了提高己身女主地位而提高母服的政治性因素之外，亦立基於唐代重視門閥、重視外親以及道教信仰對母親的尊重等社會條件之上，使得蘊含「母親主義」的喪服改制成形。[6]陳弱水則將提高母服一事與武氏其他與婦女相關的政策合觀，認為此為武則天處在男性獨尊的文化框架下，為提高婦女地位的重要舉措，[7]但他亦強調武則天雖有女性意識但不能過分被強調。對此，李貞德有不同的看法，她主張武則天是由自己的生命經驗出發，以女性的角度重新看待父系宗法而進行改革，其中的女性意識是展露無遺的。[8]對唐代母服改革論題，高明士不陷入女性意識的爭論，轉而關注武則天時期婦女地位是否因為她的種種改革而有所改善，進而指出武則天「父在為母服齊衰三年」此項提議僅止於「母親」的角色，所以對提高唐代婦女地位未有太大的作用。[9]

綜合學者的分析可知，武氏母服改制的研究，在是否基於女性意識，或有計劃地提高婦女地位兩方面存在著較大的爭議，但不論是提議人武則天的女性身分，還是父母之服的高低尊卑之辨，性別因素在唐代母服禮制改革的研究中，無疑是一個不可或缺的切入點，在在提醒著以性別史角度考察禮制改革的重要性。另外，在陳弱水與高明士的文章中，也都不約而同的提到明代

6　藤川正數，〈唐代における母親主義的服紀改制について〉，《東方學》，16（東京，1958.04），頁35-57。

7　陳弱水，〈初唐政治中的女性意識〉，收於陳弱水，《唐代的婦女文化與家庭生活》（臺北：允晨文化，2007），頁199-241；另收於陳弱水，《隱蔽的光景：唐代的婦女文化與家庭生活》（桂林：廣西師範大學出版社，2009），頁165-203。

8　李貞德，《公主之死——你所不知道的中國法律史》（臺北：三民書局，2006），頁120-125。

9　高明士，〈唐代禮律規範下的婦女地位——以武則天時期為例〉，《文史》，4（北京，2008），頁122。

《孝慈錄》進一步的將母服提升至與父服等同的斬衰三年一事，兩位學者雖未有深入分析，但卻暗示著一場更具突破性的改革發生於明代洪武朝的事實。

目前學界對《孝慈錄》在歷史上所具有的意義，似還未投注太大的關注，迄今僅有井上徹〈明朝對服制的改定——《孝慈錄》的編纂〉與劉曉東〈以「孝」促「悌」——朱元璋喪制改革述論〉，以專文的形式說明《孝慈錄》的制訂過程、原因及其意義。井上徹指出在《孝慈錄》中，「父母為嫡長子及眾子服齊衰不杖期」和「子為父母服斬衰三年」兩個規定，實蘊含了太祖「父母對孩子傾注同樣的慈愛，為子者對父母恩情報以無區別之孝」的家族觀念，[10]頗具啟發性。惟文末只引丘濬之語：「官府雖守其法，而街市之間，閭閻之下，鄉俗相傳，多失其制度」，[11]即認為《孝慈錄》在明代未得到切實執行，而主張《孝慈錄》要至清朝才滲入百姓生活，所舉出的證據不論是在量與質上都稍嫌不足，故成為本書還可延伸探討的部分。[12]劉曉東〈以

---

[10] 井上徹，〈明朝對服制的改定——《御製孝慈錄》的編纂〉，收於錢杭翻譯，井上徹著，《中國的宗族與國家禮制》（上海：上海書店，2008），頁351。

[11] 井上徹，〈明朝對服制的改定——《御製孝慈錄》的編纂〉，收於錢杭翻譯，井上徹著，《中國的宗族與國家禮制》，頁352。

[12] 井上徹認為《御製孝慈錄》未能在明代得到普及，所根據的是丘濬《大學衍義補》的敘述：「檀弓曰：『衰，與其不當物也，寧無衰』；鄭玄曰：『不當物謂精粗廣狹，不應法制者。』……臣按：《周禮》肆師禁外內命男女之衰不中法者，蓋以五服之冠、絰、衰、裳皆有所取義，非徒異其製而已也。我太祖皇帝以服制圖載於《大明律》之首，蓋以達於禮則入於律，既以法戒天下，又製為《御製孝慈錄》一書，援乎古以證乎今，復以禮論臣民，禮法兼行，萬世之下，所當遵守者也。然而官府雖守其法，而街市之間，閭閻之下，鄉俗相傳，多失其制度，乞敕有司畫為圖式，降下有司，凡五服之制，務必依式製造，不如式者，罪之。」〔見《景印文淵閣四庫全書》總712冊（臺北：臺灣商務印書館，1983），卷51，頁10b。〕丘濬透過這段文字欲反映的是明人未依五服制度中「服飾」部分行服的紊亂問題，例如若服斬衰之服，其衰服應為「極麤生布，旁及下際，皆不緝也」，但當時人可能服斬衰喪時，穿著的卻是「旁及下際，皆已緝」的齊衰之服，或可能戴上了不符合斬衰服飾的冠等等。因此，此段史料只能反映明人對於斬衰的冠、絰、衰、裳各部分的官方喪服服飾樣式的不夠熟悉，似

「孝」促「悌」——朱元璋喪制改革述論〉一文則主張明太祖透過這場禮制改革，大幅提升諸子對庶母的服喪標準，進而緩解了諸子之間因嫡庶之分且來自不同生母所產生的隔閡，實有以「孝」促「悌」之功用。[13]此文以朱元璋謀國理念的角度出發，強調《孝慈錄》緣人情謀國本的意圖，見解實屬新穎，但《孝慈錄》是否真如劉氏所言是為了維持異母諸王的和睦，筆者認為還有再議之空間，計在後文一併討論。

　　另兩本對本書助益甚大的作品，為詹康的碩士論文〈明代的教化思想〉與何淑宜《明代士紳與通俗文化——喪葬文化為例的考察》中對《孝慈錄》的探討。詹氏將《孝慈錄》納入明太祖制禮作樂的一環，除了簡介《孝慈錄》在服制上的母服改革，也論及明代士人對《孝慈錄》的評價，並指出明代所流行的《家禮》相關著作，對喪服規定不盡相同的情況。[14]雖然在詹康的論文中，有關《孝慈錄》的說明僅用了三頁左右的篇幅，但其所思考的面向實為本書架構的重要參考基礎。何淑宜主要的問題意識在於明清士紳與民間喪俗之間的互動關係，故文中亦論及官定喪禮頒布的過程，並考察了明代士人對明代喪葬禮制的反省。[15]何氏認為士人贊成與反對《孝慈錄》的意見看似歧異，其實有其共通之處，亦即他們皆以提倡儒家的喪禮精神為其目標，試圖挽救日益敗壞的喪葬習尚。何文由士人對喪俗的關心出發，觀察他們對《孝慈錄》的評價，無疑是一絕佳的切入角度，但士人在討論

　　不能直接反映《御製孝慈錄》子為母服斬衰三年的概念未被遵行。

[13] 劉曉東，〈以「孝」促「悌」——朱元璋喪制改革述論〉，《學習與探索》，5（長春，2008），頁210-213。

[14] 詹康，〈明代的教化思想〉（臺北：國立臺灣大學政治學研究所碩士論文，1993），頁56-59。

[15] 何淑宜，《明代士紳與通俗文化——喪葬文化為例的考察》（臺北：臺灣師範大學歷史研究所專刊（30），2000），頁49-56、145-169。

《孝慈錄》時，所關心的除了喪俗以外，是否還包含了其他層面的考量，也將成為本書希望繼續申論的範圍。

談及士人對《孝慈錄》評價的相關研究，還有張壽安的《十八世紀禮學考證的思想活力——禮教論爭與禮制重省》一書。[16] 書中以清儒對宋明禮教的態度出發，探討清代禮學的發展脈絡，其中論及講究經典原始禮意的清代士人，多認為《孝慈錄》片面的擴增服制而修改禮律，是明太祖不究禮經原初意義的結果，也因而造成上下尊卑親疏禮秩的混亂。由此，作者也指出了明清禮學的轉變方向在於：明代禮學以私家儀註的家禮學為盛，同時融合佛道，認為「緣俗則禮行」；而清初禮學家則高揭「以古禮正今俗」的旗幟，以儀禮學為法式，力斥宋明禮學的緣俗性格。張氏對清代禮學的研究，無疑地成為本書考察明代士人定位《孝慈錄》時重要的對照組。而此書第四章透過「嫂叔有無服？」之喪服改革爭議，探討禮制與人情的衝突與磨合，與本書欲討論的核心殊途同歸，亦是本書重要的參考文章。

其他的相關研究成果，多是在討論喪服制度變遷時，論及《孝慈錄》的改革；[17] 或在研究明太祖的治國政策時，將《孝慈錄》列入諸多開國政策的一環，並強調明太祖「孝治天下」或「緣情制禮」的一面；[18] 或者是在專論明代后妃對國家禮制的影

---

[16] 張壽安，《十八世紀禮學考證的思想活力——禮教論爭與禮制重省》，臺北：中央研究院近代史研究所，2001。

[17] 例如：陶希聖，〈服制的構成〉，《食貨月刊》，復刊1：9（臺北，1971），頁10-24；丁凌華，《中國喪服制度史》，上海：上海人民出版社，2000；陳戌國，《中國禮制史‧元明清卷》，長沙：湖南教育出版社，2002；馬建興，《喪服制度與傳統法律文化》，北京：知識產權出版社，2005。

[18] 周桂林，〈論朱元璋興孝以行養老之政〉，《河南大學學報（哲學社會科學版）》，4（河南，1988），頁74-75；羅冬陽，《明太祖禮法之治研究》（北京：高等教育出版社，1998），頁20-26；王璋、高成新，〈明太祖孝治政策初探〉，《中共山西省委黨校學報》，31：6（2008），頁106-108；駱芬美，《明代官員丁憂與奪情之研究》，收於王明蓀主編，《古代歷史文化研究輯刊‧二編

響時，將《孝慈錄》的制訂當作其中一例進行說明。[19]

綜上所述可知，目前有關《孝慈錄》的研究成果尚有很大的探究空間，特別是父母在傳統文化中的「性別」差異、「母親之尊」、「為母之孝」等因素在此次禮制改革過程中所起的作用，為前輩學者少有著墨之處。另外，《孝慈錄》頒行之後是否被接受、普及與落實等問題更是甚少被關注，也自然成為本書的重要核心之一。

（二）明清時期的孝道實踐

孝的具體表現為「生，事之以禮；死，葬之以禮，祭之以禮」的態度，可見喪葬之禮是孝的一種實踐行為。為母親服喪也正是人子向母親表現孝思的直接方法，故《孝慈錄》提升母服的規定是否得到實行的論題，即與明清孝道實踐文化有著密不可分的關係。在傳統中國社會裡，孝道儼然成為事親、齊家、治國、平天下過程背後倫理秩序的基礎，對中國古代政治、制度、法律、教育各方面皆有深遠的影響。「孝」雖然作為中國文化重要特色之一，但是近現代學界對孝的探討，卻源自於五四時期對儒家的批判，直至徐復觀於1948年發表的〈中國孝道思想的形成、演變及其在歷史中的諸問題〉一文中，呼籲應跳脫「打倒」或「擁護」孝道二分法的研究思路，才使孝道的相關研究有了新的發展。[20]

第二十四冊》（臺北：花木蘭文化出版社，2009），頁30-32。

[19] 趙克生，〈明朝后妃與國家禮制興革〉，《東北師大學報（哲學社會科學版）》，總第229期（吉林，2007），頁50-51。

[20] 徐復觀：「孝道在中國，有這樣長的文化歷史；有這樣廣大的社會生活實踐的內容；要把它檢約化到應該打倒或擁護的二分法，恐怕不是負責任處理問題的態度。因此，我希望對此一重大的文化問題，能較五四時代的人們，稍作進一步的提出。」見徐復觀，〈中國孝道思想的形成、演變，及其歷史中的諸問題〉，

就孝道在歷史學領域的研究而言，較早的取徑主要是由孝的
起源與內涵的演變、國家對孝的重視、倡導、利用及與孝道相關
文獻的探討等角度切入，大部分屬於思想史和政治制度層面的探
討。[21]近二十年來，隨著社會史與文化史研究風潮的興盛，以明
清孝道史研究為例，陸續出現了以社會文化史為取向，以方志、
文集、筆記、小說等不同材料為基礎，重新探討孝道與中國傳統
社會關係的作品，促使孝道的相關歷史研究迸發出新的面向與意
義，而孝道實踐行為的分析即為其中一個重要的切入角度。

　　周婉窈〈清代桐城學者與婦女的極端道德行為〉是學界最
先跳脫孔孟言論、經典詮釋與國家政策等面向，而注意到一般士
人乃至平民百姓對孝道的實踐及其中蘊含的思想背景。[22]同時，
也因周氏在此文中對割股療親的討論，啟發了後續研究者對此論
題的深入探討。李飛同樣關注中國婦女的道德行為，與周婉窈聚
焦於清代桐城一時一地不同，他運用《古今圖書集成》中〈明倫
匯編・閨媛典・閨孝部〉的資料分析中國婦女孝行，指出其與中
國歷代國家政治、思想文化、社會意識、家庭教育密不可分的關
係，也突顯了行孝者的性別、身分、社會階層等差異的關注。[23]

　　邱仲麟1996年的博士論文〈隋唐以來割股療親現象的社會史
考察〉，[24]是目前對「割股療親」分析最完整的作品。邱氏從社
會與醫療文化史的角度切入，論證不論歷代國家政令和士人言論

　　收於《中國思想史論集》（臺北：臺灣學生書局，1975），頁157。

[21] 余新忠，〈明清時期孝行的文本解讀——以江南方志記載為中心〉，《中國社會
　　歷史評論》，7（天津，2006），頁33-34。

[22] 周婉窈，〈清代桐城學者與婦女的極端道德行為〉，《大陸雜誌》，87：4（臺
　　北，1993.10），頁13-38。

[23] 李飛，〈中國古代婦女孝行史考論〉，《中國史研究》，3（北京，1994.3），
　　頁73-82。

[24] 邱仲麟，〈隋唐以來割股療親現象的社會史考察〉，臺北：國立臺灣大學歷史學
　　系博士論文，1996。

是否贊成割股療親的風氣，透過割股來表達孝思的行為，還是藉由平民普遍的貧窮、巫風的盛行、醫者與醫書的影響、印刷品的傳播、士人的宣揚等因素持續壯大，足見隋唐至民國初年「割股療親」現象的不斷擴大與激烈化，是國家、士人、宗族組織、民間文化彼此互動的結果，同時也是一個文化建構與文化動員的過程。此文對傳統孝道倫理與社會文化的互動過程所作的深入探析，無疑是孝道實踐史的良好示範。

林麗月的〈孝道與婦道──明代孝婦的文化史考察〉一文以「孝婦」為考察的對象，揭示明代婦教中的孝道倫理，發現明清女德典範故事在貞、孝的領域中，都有極端化與格套化的趨勢。而在盡孝與守貞往往難以兩全的情況下，明代婦人往往選擇守貞，顯示兩種價值在明代的高下地位。此文將「孝道」與「婦道」的互動植根於明代社會思想背景的特殊性上，對儒家倫理與性別文化互動的相關課題有所助益。[25]

大澤顯浩的研究則關注明代社會文化背景對孝行實踐的影響。[26]透過《孝行錄》、《二十四孝詩選》、《日記故事》三種流傳於明代的二十四孝版本，大澤氏一方面發現三者在內容上的傳衍與變化，與朱學的思想背景、國家的政策，以及編輯者的地緣性息息相關；另一方面，也推論明代二十四孝故事出現弱化妻子乳姑、嘗糞的孝行敘述，轉而強調幼兒孝養行為的特色，亦可能影響當時以及往後社會讚揚孝行的標準，形成一種「典範化」、「格套化」的趨勢。經由大澤顯浩對明代二十四孝故事版本細心的比對工作，使得往後的研究者對明代孝道倫理在內涵上

---

[25] 林麗月，〈孝道與婦道──明代孝婦的文化史考察〉，《近代中國婦女史研究》，6（臺北，1998.8），頁3-29。

[26] 大澤顯浩，〈明代出版文化中「二十四孝」──論孝子形象的建立與發展〉，《明代研究通訊》，5（臺北，2002），頁11-33。

的轉變有更深一層的認識。

同樣也注意到孝道實踐文本變化問題的是余新忠，[27]余氏運用明清江南方志中的〈孝友傳〉，比較明清國家政策、社會文化資源以及文本記載原則的差異，試圖結合明清兩代國家力量與社會文化背景來看孝行文本的成型。另外，余氏在考察清代孝行的基礎上，針對林麗月所指出的明代婦女孝行的「奇節性」、大澤顯浩所認為的明代孝行「格套化」之說法提出他的質疑，認為明代與明代以前的時期、明清之間的孝道實踐文本，在內涵上是否存在轉折，而其轉折的內容為何等等問題仍有討論的空間。

與邱仲麟的研究聚焦於一個特定的孝道實踐行為類似，呂妙芬在〈明清中國萬里尋親的文化實踐〉一文中，[28]將其焦點放在明清時期「萬里尋親」此一孝道實踐行為上，發現此類故事在明清有激增的現象，並且在內容上由「士人尋母」轉向「士商尋父」。由此，作者推論萬里尋親故事因主人翁多為男性且屬士商身分，更容易得到士人的認同，進而為此故事延伸出更多文藝創作且協助其追求朝廷旌表。文末，作者探討萬里尋親故事與法律、社會問題、家庭倫理、個人價值觀的角力與緊張關係，使讀者能與其他孝行實踐類型的內涵作比對，並揭示了原本看似同質性頗高的孝道實踐行為，其實各自與當時的社會文化脈絡有著不同方式的互動，值得往後研究者參考與借鑒。另一方面，作者從2004年到2008年一系列有關於《孝經》的文章，則試圖跳脫過去《孝經》研究所專注的考證、辨偽、闡釋《孝經》宗旨與義理的研究路線，另闢蹊徑探討《孝經》在明代社會如何被看待、理解

---

[27] 余新忠，〈明清時期孝行的文本解讀──以江南方志為中心〉，《中國社會歷史評論》，7（天津，2006），頁33-60。

[28] 呂妙芬，〈明清中國萬里尋親的文化實踐〉，《中央研究院歷史語言研究所集刊》，78：2（臺北，2007.6），頁359-406。

的文化實踐面向。其切入角度包括：士人如何連結《孝經》與政治教化的關係、[29]《孝經》作為一種宗教性儀式文本或觀想文本，及其與三教或其他宗教及善書文化的關係、[30]《孝經》作為蒙學教材的影響等等，[31]使讀者能重新思考一份以孝道為核心的文本，如何隨著時空背景之轉換，產生不同的功用與實踐方式，進而發展出孝道以外的新意義。

在博碩士論文方面，有兩本分別討論明代官員「養生」、「送死」兩方面孝道實踐的作品。駱芬美考察明代官員丁憂制度的形成與實踐，而從幾個明代奪情案例可見，當守喪成為一種政治制度，即牽涉到政治環境的情況，而不再是單純的個人孝道問題。[32]林譙如的碩士論文〈明人的奉親怡養——孝道社會生活實踐的一個歷史側面〉則是著重在呈現明人的營建養親居所、乞休棄官以歸養父母的孝道實踐行為。[33]

綜上所述，可知明清孝道實踐之相關研究已有相當數量的成

---

[29] 呂妙芬，〈晚明士人論《孝經》與政治教化〉，《臺大文史哲學報》，61（臺北，2004.11），頁223-260。

[30] 呂妙芬，〈晚明《孝經》論述的宗教性意涵——虞淳熙的孝論及其文化脈絡〉，《中央研究院近代史研究所集刊》，48（臺北，2005.6），頁1-46；〈做為儀式性文本的《孝經》——明清士人《孝經》實踐的個案研究〉，《中央研究院近代史研究所集刊》，60（臺北，2008.6），頁1-42；〈〈西銘〉為《孝經》之正傳？——論晚明仁孝關係的新意涵〉，《中國文哲研究集刊》，33期（臺北，2008），頁139-172。

[31] 呂妙芬，〈做為蒙學與女教讀本的《孝經》——兼論其文本定位的歷史變化〉，《臺大歷史學報》，41（臺北，2008.6），頁1-64。另外，呂氏的《孝經》相關文章，亦重新整理於呂妙芬，《孝治天下——《孝經》與近世中國的政治與文化》（臺北：聯經出版事業公司，2011），頁17-202。

[32] 駱芬美，〈明代官員丁憂與奪情之研究〉，臺北：中國文化大學史學研究所博士論文，1997，後修改收於王明蓀主編，《古代歷史文化研究輯刊·二編第二十四冊》，臺北：花木蘭文化出版社，2009。另，近年來趙克生亦就此論題發表，〈明代丁憂制度述論〉，《中國史研究》，2（1997），頁115-128；〈略論明代文官的奪情起復〉，《西南師範大學學報（社會科學版）》，32：5（吉林，2006），頁48-52。

[33] 林譙如，〈明人的奉親怡養——孝道社會生活實踐的一個歷史側面〉，臺北：中國文化大學史學研究所碩士論文，2004。

果。研究者除了耙梳史料中的孝道行為並加以分類之外，更著重於解析隱藏在孝道實踐行為中的性別、身分與社會階層差異，以及背後的社會文化背景。另外，明清時代國家力量與社會文化對孝道實踐行為所產生的影響，執政者的意向、士人文化與庶民文化，在實踐孝道的場域中彼此競爭或交融等等問題的探討，亦是研究者所關懷的重要課題。然而，在上述著作中可發現，學者多以明清方志為主要運用的史料，而把其他材料當作輔助與補充，投注較多的心力於孝道實踐與明清整體社會文化變遷的關係上，相較之下，士人文集、族譜、家訓等材料的使用，以及結合孝道行為與家庭史的深入分析則稍顯不足。

首先，在孝道實踐者方面，除了上述研究者已經注意到的性別與士、商、庶民等身分差異之外，若將焦點從社會階層縮小到家庭中個人位階之別，探討嫡子與庶子對家中尊長的孝道實踐行為，是否因為彼此在禮法中地位的不同而產生差異，似是一個可以再充實的面向，亦是本書的論題之一。

其次，相對於孝道的實踐者，行孝的對象似可再予細分。除了研究者所提及的父親與母親、原生家庭父母與翁姑的不同之外，行孝對象群體內部事實上也還存有許多類別，有待進一步的梳理與比較。例如本生家庭長輩與過繼家庭長輩，父親身分類別中的生父、繼父、養父，母親身分類別中的嫡母、生母、庶母、慈母、乳母、繼母等等，這些行孝對象在家中的不同身分是否會影響孝道實踐的內涵，而其中所牽涉到的禮法秩序與家庭倫理，想必能夠提供此論題更多樣的視角。而本書也將以嫡母與庶生母為論述核心，探討禮法地位的不同帶給這些母親什麼樣截然不同的生命經驗。

最後，中國古代喪葬之禮的文化內涵反映了子孫對於祖先與

父母的孝行，也成為衡量孝道基本而普遍可見的具體標準。[34]由前述明清孝道行為的相關研究，可看到學者或者統整一時代出現的孝道實踐行為，或者針對特定的孝行如「割股療親」、「萬里尋親」深入分析，而未有聚焦於為人子服喪、守喪孝道實踐的考察，特別是在發生母服重大改革的明代，國家制度與孝道的社會文化之間如何進行互動，更是一個值得深入探究的議題。

（三）禮制與情感中的母子關係

關於前段提及的孝行與家庭史的連結，以及以喪服實踐來觀察孝道問題的相關探討，或許可在近年來母子關係的相關研究中得到若干啟發。相對於「孝道」研究的悠久歷史與多重面向，蘊含著豐富個人情感與家族倫理互動的母子關係論題，卻是近十年來才為學界所注意，而陸陸續續有相關的著作問世。

關於中國母親權力的探討，早在1969年，楊聯陞即在〈國史上的女主〉一文中點出中國女性作為妻子與作為母親地位的不同，後者的權力事實上大大高於前者。杜正勝於1988年〈古典的慈母魯季敬姜〉一文中，也深入的闡述了這樣的觀念，杜氏以被稱為「慈母」的魯季敬姜為例，說明西周封建時代母親被稱為「嚴君」的原因，以及漢至清「慈母」形象的轉變，並於文中指出學者不宜忽略傳統中國女性為婦與為母的身分差異：

> 中國社會自古以來講究個人的身分和角色，不論男女皆同時兼具多重身分和角色，譬如為人父、為人夫、為人子三種角色具於一身，為人母、為人妻、為人女也同屬一人。

---

[34] 康學偉，《先秦孝道研究》（臺北：文津出版社，1992），頁107。

角色不同，身分隨之而異，行為規矩也有不同的要求。但
討論婦女問題的學者多把女性籠統一律看待，似乎忽略為
婦與為母的身分差別。[35]

對於女性作為「母親」的相關探討，也被李貞德於1996年介紹
1945至1995年綜述台灣地區「中國婦女史研究」時，指為當時成
果不足的研究區塊。[36]

　　綜觀「母親」的史學研究，在1980年代末，史學界除了杜正
勝〈古典的慈母魯季敬姜〉一文外，尚有邢義田從《列女傳》看
中國式母愛化私情為教化、公義的特色，兩者都對儒家教化思
想下母親的理想形象作了初步的分析，[37]但此議題仍舊鮮少為人
注意。1990年以降，則相繼出現分析禮律中的母子關係，乃至刻
劃傳統中國母子情感內涵及其因與禮制規範不符而產生緊張感的
著作。徐泓於〈明代家庭的權力結構及其成員間的關係〉中即有
部份篇幅按明代喪服制度說明母親身分及母服的規定，並闡述母
親對子女的義務與父雷同的面向，由此勾勒出母子之間的權力關
係。[38]熊秉真〈明清家庭中的母子關係——性別、感情及其他〉
則從母子「情感」入手，描述明清時期的母親，在養育、教育幼
兒時所遭遇的苦難與在此過程裡展現的美德，如何印記在兒子對
他的情感中，促使他們必須以一生的忠誠與成就報答母親的辛

[35] 杜正勝，〈古典的慈母魯季敬姜〉，收於杜正勝，《古代社會與國家》（臺北：
允晨出版，黎明總經銷，1992），頁940-946。
[36] 李貞德，〈超越父系家族的藩籬：臺灣地區「中國婦女史研究」（1945-1995）〉，
《新史學》，7：2（臺北，1996.6），頁148-149。
[37] 田夫（邢義田），〈從《列女傳》看中國式母愛的流露〉，收於《中國婦女史論
集三集》（臺北：稻鄉出版社，1993），頁19-27。
[38] 徐泓，〈明代家庭的權力結構及其成員間的關係〉，《輔仁歷史學報》，5（臺
北，1993.12），頁197-198。

勞。[39]透過熊氏的闡析，明清士人家庭中的母子互動圖景栩栩如生，躍然紙上，而在熊氏對明清幼兒的研究中，更注意到照養幼兒的主要是女性親屬，如嫡母、生母、乳母等人在幼兒人事與情感世界的角色，啟發筆者更加注意「八母」與人子在家中可能產生的禮法與情感關係。[40]比前述學者更強調「母親」對人子乃至整個儒家體系之重要性的日本學者下見隆雄，則從劉向《列女傳》、《後漢書‧列女傳》和《晉書‧列女傳》著手，申論母性支撐父系倫理的情形，[41]並在其後的作品中強調「母子一體」觀念，認為母親的慈愛會影響孩子對父母的信賴與感情。[42]

相較於儒家思想體系對母子關係的影響，佛教文化對母子關係的滲入，則受到Alan Cole的重視。Alan Cole認為儒家尊父抑母的倫理價值，使得人子轉而從佛教信仰中尋找報答母恩的抒發管道，進而鞏固了佛教在中國的地位。[43]而鄭雅如則試圖與Alan Cole進行對話，在其碩士論文中探討中古時期人子在儒家體系中報答母恩的方式。[44]鄭氏從《通典》所載東晉賀嶠妻于氏上表求

---

39 熊秉真，〈明清家庭中的母子關係──性別、感情及其他〉，收於李小江等主編，《性別與中國》（北京：三聯書店，1994），頁514-544；〈建構的感情──明清家庭的母子關係〉，收於盧建榮主編，《性別、政治與集體心態──中國新文化史》（臺北：麥田出版社，2001），頁255-280。

40 熊秉真，〈試窺明清幼兒的人事環境與情感世界〉，《本土心理研究》，2（臺北，1993），頁256-257。又可見氏著，《童年憶往──中國孩子的歷史》，臺北：麥田出版社，2000。

41 下見隆雄，《儒教社會と母性母性の威力の觀點でみる漢魏晉中國女性史》，東京：研文出版，1994。

42 下見隆雄，《孝と母性のメカニズム──中國女性史的の視座》，東京：研文出版，1997；《母性依存の思想──「二十四孝」から考える母子一體觀念と孝》，東京：研文出版，2002。

43 Alan Cole, *Mothers and Sons in Chinese Buddhism*. Stanford: Stanford University Press, 1998.

44 鄭雅如，《情感與制度：魏晉時代的母子關係》，臺北：臺大出版委員會出版，台大文學院發行，2001。後修改收於王明蓀主編，《古代歷史與文化研究輯刊‧初編第四冊》，臺北：花木蘭文化出版社，2009。

038　父母等恩──《孝慈錄》與明代母服的理念及其實踐

還養子的故事談起，分析中國《儀禮‧喪服》中父系規範下的母子人倫與孝子心中母子之情的衝突。一方面借重於Magery Wolf「子宮家庭」（uterine family）概念，[45]闡明魏晉時期孝子觀點下的為母服喪議論中，明顯偏厚於生母的情勢，可見得親生「母子集團」突破父系禮制壓抑的可能；一方面卻也指出誰可為子，誰又可為母的問題，還是必須得到父系倫理價值認可的無奈。鄭文將喪服制度與母子情感兩個論題相結合，說明母子情感與父系制度之間拉扯的張力，對本書的論析頗有啟發。

　　相較於中國其他朝代，唐代的母子關係論題似乎有較多的研究成果。段塔麗自《唐代婦女地位》一書開始，對婦女為人母的角色與地位多所著墨。[46]黃玫茵與劉燕儷則從唐代法律中分析「八母」的地位，發現在中國身分法體系中，男尊女卑為最高原則，而血緣之親又高於養育之恩，兩者的結論皆點出中國名分禮制原則的核心。[47]不同於從制度、法律的角度，楊庸蘭利用墓誌銘、碑文、詩歌和散文、通俗文學、筆記小說，將焦點聚於唐代孤兒寡母的生活，指出在此種家庭中，寡母繼承父系家長的經濟分配、子女教育與人身自由等權力。[48]廖宜方由碩士論文改寫而成的《唐代母子關係》一書，在主題上則相對多元且另闢蹊徑，

---

[45]　參見Margery Wolf, *Women and the Family in Rural Taiwan*, Stanford: Stanford University press,1972, pp.32-41.

[46]　段塔麗，《唐代婦女地位》（北京：人民出版社，2000），頁55-70；〈「從子」說與中國古代寡母的權力和地位——以唐代家庭寡母生活為例〉，《婦女研究論叢》，6（陝西，2001），頁42-45；〈唐代女性家庭角色及其地位〉，《中國文化研究》，春之卷（2002），頁141-149。

[47]　黃玫茵，〈唐代三父八母的法律地位〉，收於《唐代身分法制研究——以唐律名例律為中心》（臺北：五南出版社，2003），頁89-118；劉燕儷，〈唐律中的母子關係〉，收於高明士編，《東亞傳統家禮、教育與國法（二）家內秩序與國法》（臺北：臺灣大學出版中心，2005），頁125-144。

[48]　楊庸蘭，〈唐代的孤兒與寡母〉，臺中：國立中興大學歷史研究所碩士論文，2003。

其中幾個論題例如：由中古命婦制度的演變看「母以子貴」觀念在唐代的確立，及士人在公私領域界定母親的尊榮方式；又如由喪儀變化談父存母歿的禮議，以突顯母親禮制地位的提高；再如嫡庶母子互動的描述，以及由「心喪解官」制度探究各種母職對人子的意義等，[49] 都對筆者思考明代禮制與母子情感的交涉有甚大的助益。最後，鄭雅如在〈中古時期的母子關係——性別與漢唐之間的家庭史研究〉一文，則在自己所研究的魏晉時代母子關係的基礎上，結合目前的漢唐之間家庭史研究成果，指出中古時期的民族、地域之別與佛教等因素，對漢唐之間母子關係所起的多元性作用。[50]

　　近十年明清母子關係的研究，則有衣若蘭的〈「天下之治自婦人始」——試析明清時代的母訓子政〉一文，其焦點在於探討「正位於內」的婦女，如何訓導兒子從宦之道，而取得參與「外事」的權力。[51] 衣氏認為母親教育外事的權力主要來源於孝道倫理與母子情感，但這樣的權力仍必須在維護父系家族利益與效忠君主的框架下施展，足見母子關係與父系倫理之間的緊張感。另外，亦指出明清家訓與女教的重點，往往放在女性為「妻」與為「婦」之道，其原因是因為傳統家庭的家訓，主要多由男性家長制訂，所以在內容上不易見到母親的角色，使得母訓子政的「賢母」面向容易被忽略，可以說是部分解釋了「女性為母」及其與子互動方面的研究長期較被忽略的原因。

[49] 廖宜方，《唐代的母子關係》，臺北：稻鄉出版社，2009。
[50] 鄭雅如，〈中古時期的母子關係——性別與漢唐之間的家庭史研究〉，收於李貞德主編，《中國史新論·性別史分冊》（臺北：中央研究院·聯經出版公司，2009），頁135-190。
[51] 衣若蘭，〈「天下之治自婦人始」——試析明清時代的母訓子政〉，收於周愚文、洪仁進主編，《中國傳統婦女與家庭教育》（臺北：師大書苑，2005），頁91-122。

此外，在徐嘉惠的碩士論文〈明代庶出文人研究〉中，部分篇幅討論了庶子與嫡母、生母兩者的互動關係，而著重於庶子在情感上偏向生母或嫡母的原因分析，[52]有助於筆者思考與辨析庶子、嫡子、庶母、嫡母四者之間的情感結構問題。

　　綜觀「母子關係」相關的研究論著，不僅數量與時漸增且分析角度也更趨多元，母親的理想形象、法律與禮教中母親的權利義務，母子之間情感的建立過程及其對父系體制的衝擊都是學者關心的課題。但在明清時期的母子關係研究中，較少見到將禮制與實際生活中的母子關係結合探討的專論，職是之故，本書擬從明太祖所主導的母服制度改革入手，討論其中蘊含的孝道內涵，是否為明代後繼之君、士人所接受，以及他們如何看待這個違背以往喪服制度的新規範。他們所討論的母子關係與父子關係，反映了什麼樣的倫理秩序？明代人子服母喪時，是否遵行《孝慈錄》的規定？其中是否藏有其他的服喪標準？在遵守與違背之間，為人子對母親的情感與孝心又如何展現？希望透過這些問題的探討能對傳統中國母子關係的相關課題有更進一步的認識。

三、研究取徑與章節安排

　　明清時代由於朝廷旌表孝行、推行孝道教化的努力、儒家家禮改革與實踐，及宗族建設與文化的向下滲透，是中國孝文化深入社會各階層的關鍵時期，同時也是形塑許多我們今日所理解「中國傳統文化」的重要階段。[53]是故，在此時期中，統治者所

---

[52] 徐嘉惠，〈明代庶出文人研究〉（桃園：國立中央大學歷史研究所碩士論文，2008），頁69-93。

[53] 呂妙芬，《孝治天下——《孝經》與近世中國的政治與文化》，頁8。

倡導的孝道內涵之變化，及其所造成的影響，實為了解中國傳統孝道思想的重要關鍵之一。

　　本書在研究取徑上擬從性別史的角度切入，以和明太祖孝道觀念密切相關的《孝慈錄》為討論核心，探討「母親」在喪服禮制中的地位與明代統治者、士人所理解的孝道觀念之間的關係。在時間斷限上，以明代為主，著重明太祖在位期間對其孝道理念的闡發，以及此後嗣君與士人討論及實踐《孝慈錄》的情況，並將分析範圍跨至清初士人對於《孝慈錄》的看法，以期看出明清禮學的轉向在母服制度討論中所留下的痕跡。[54]

　　本書所指稱的明清士人，採取較為寬鬆的解釋，包括現任及致仕的官員、進士、舉人、生員等等，他們共同的特色在於都受過儒家教育的薰陶，並且知悉當時科舉考試的內容，他們雖然不一定有極高的政治地位與學術涵養，但皆熟習傳統儒家精神，與一般百姓相較，是更易接觸、明瞭國家政令的知識階層。《孝慈錄》由禮入律，隨著《大明律》頒行天下，這些士人是否能明確掌握《孝慈錄》的母服規定？是否能接受《孝慈錄》「父母等恩」的孝道內涵？在他們的知識體系之中，除了《儀禮‧喪服》等古典禮經的規定外，是否還有其他喪服禮制體系足以與《孝慈錄》抗衡？這些士人的知識背景皆可能左右他們落實或違背《孝慈錄》的選擇，也影響了他們透過服喪為母親盡孝的態度與看法，為本書研究的重要核心之一。

　　本書所運用的史料，包括詳載先秦喪服制度的《儀禮‧喪服》、《禮記》，以及《大唐開元禮》、《新唐書》、《舊唐

---

[54] 張壽安指出明清禮學的重要轉折在於，從「私家儀注」的「家禮學」走向「以經典為法式」的「儀禮學」。相關討論參見《十八世紀禮學考證的思想活力——禮教論爭與禮制重省》，頁29-128。

書》、《文公家禮》、《大元聖政國朝典章》、《大明令》、《通典》等有助於說明《孝慈錄》頒布以前，歷代母服制度變遷之資料。而欲探討《孝慈錄》所蘊含的孝道觀念，《皇明祖訓》、《大誥》、《大誥續編》、《大誥三編》、《大明集禮》、《孝慈錄》、《教民榜文》、《大明律》等明太祖御纂或敕纂之書籍，則是不可或缺的重要史料。《明實錄》、明人文集、清人文集、地方志、日用類書與明至清初士人私修的禮書，則是本書觀察明代嗣君與明清士人是否接納《孝慈錄》，以及《孝慈錄》的母服改革是否得到落實的重要憑藉。

基於以上研究方向，本書除緒論與結論以外，共分為四章：

第一章將概述《儀禮‧喪服》中所勾勒的人倫譜系與宗法原則，分析其中母服規範之禮意，並論及唐代母服制度的變化及其意義。

第二章擬探討明太祖所提倡的孝道內涵與《孝慈錄》的關係，並說明《孝慈錄》制訂的原因與經過，以及其在歷代母服制度變遷中的重要意義，希望藉此彰顯《孝慈錄》所蘊含的性別意涵。

第三章將聚焦於明至清初士人對「子為母服斬衰三年」一制的看法與實踐情況。士人們是否支持《孝慈錄》突破「父系至尊」的改革，他們贊同與反對的理由分別為何，是否將《孝慈錄》條文納入他們私修的禮書當中並實踐之，皆是本章分析的重點。

第四章將以嘉靖康妃喪服禮與明末士人周之夔（1586－？）生母喪服禮的實踐過程為出發點，探析「庶子為生母服斬衰三年」一制施行於皇室與士人群體的情況，希望藉此更加深入的了解處於不同禮法身分的母子，在遵守《孝慈錄》規定是否遇到困

難，並藉此考察嫡庶禮法對孝道實踐可能產生的影響。

　　本書將從呈現中國喪服制度制訂原則以及前代母服制度開展，比較其與《孝慈錄》所蘊含的理念，探討《孝慈錄》中母服規定所造成的迴響。希望透過本書的研究，探尋明清時期孝道文化中母親的角色與地位，並在呈現明清時期禮制與情感之間不曾中斷的互動過程之中，更深入了解傳統中國母子鏈結與孝道倫理的關係。

第一章
服有等差：明以前母服制度的變遷

> 古今論母喪服者凡四十二人。願服三年者二十八人；願服
> 期年、大功等服者十四人。
>
> 明太祖敕撰，《御製孝慈錄》

　　洪武七年（1374），貴妃孫氏薨，明太祖欲其子周王橚為
孫貴妃行慈母服斬衰三年，而東宮、諸王則為庶母孫貴妃服期
服，[1]受到禮部官員以《儀禮》父在為母服一年，若庶母則無服
規定為由加以勸阻。[2]面對質疑，太祖遂命官員考察古今文獻記
載，向他稟報明代以前母服的論議、實踐情況，而上面的引文，
即是當時官員回報中的人數統計結果。

　　這段君臣之間的互動無疑的暗示著幾個問題：首先，《儀
禮》所載的喪服制度蘊含了什麼樣的倫理秩序，而使禮部官員面
對太祖的諮詢時，捨《大明令》不談而認為應以《儀禮》為準；
其次，《儀禮》中的母服制度如何規範母子之間的關係，為何服
母服要考慮父親是否在世，為何同有「母」之名但子為庶母則無

---

[1] 〔清〕張廷玉，《明史》（北京：中華書局，1966），卷113，〈列傳第一・孫
　貴妃〉，頁3508。
[2] 〔明〕太祖撰，《御製孝慈錄》，收於〔明〕張鹵校刊，《皇明制書》，卷12，
　頁1a-1b。

服；最後，在明代以前，母服制度曾經經歷過什麼樣的討論，其變遷的軌跡為何？這些都是在分析《孝慈錄》的意義之前，必須先了解的課題。

第一節　喪服制度與人倫關係

　　傳統中國測量人際關係親疏的尺度，是以人死亡時生者應為其服何種程度的喪服，來表明彼此關係的親疏遠近與上下尊卑，[3] 喪服制度可說是中國傳統禮儀中，最能表現人際關係與身分等級的一種禮制。喪服制度主要由「服制」與「喪期」兩個部分組成，服制為喪服制度的外在符號標誌，由重到輕分成斬衰、齊衰、大功、小功、緦麻五個服飾等級；喪期由長到短分為三年、期年、九月、七月、五月、三月，兩者相互搭配的結果雖然多樣，但後世最常見的則為斬衰三年、齊衰期年（期即一年，又分杖期、不杖期兩種）、大功九月、小功五月和緦麻三月五類，稱為「五服」。[4] 基本上，生者與死者的關係，即可透過「五服」來加以定義分類。[5]

一、儒家喪禮的完成

　　喪服禮俗的形成最初來源於人們對於鬼魂的恐懼心理，中

---

[3] 張建國、李力譯，滋賀秀三著，《中國家族法原理》（北京：法律出版社，2002），頁18。

[4] 據丁凌華的研究，五服制度可分為服飾、服敘與守喪制度，三者相通，又以服敘為主要的部分。本文所說的五服制度指的是服敘，也就是規定各類親屬關係在服制中之等級序位的準則。有時稱之為喪服制度、服制、服紀。參見丁凌華，《中國喪服制度史》，頁3、114。

[5] 杜正勝，〈傳統家族結構的典型〉，收於《古代社會與國家》（臺北：允晨出版，黎明總經銷，1992），頁781。

國的喪禮儀式推測在夏商以前已存在。殷商時期喪禮中的祖先崇拜明顯展現了殷人關心生者禍福之特色，至周代，喪禮則轉變為表達對「政治秩序」的關懷，主要通行於貴族之間。[6]春秋戰國時期，儒家為了挽救禮壞樂崩的社會，對西周的典章制度詳加考究，並參照了當時傳統風俗，對其中缺漏與不足之處進行增添與修飾，希望建造出一個「君臣、父子、夫婦、兄弟、朋友」的倫理社會，因而產生留存至今，記載中國喪服制度最翔實完備的《儀禮‧喪服》篇，以及保存喪、葬、祭、弔諸多典故的《禮記》等重要禮書。[7]

《儀禮‧喪服》在內容上分為〈經〉、〈傳〉、〈記〉三部分：首先，在〈經〉的部分說明了喪服、喪期及其適用對象；其次，在許多〈經〉文條目後有〈傳〉，〈傳〉多以問答的方式呈現，它的功能在於闡析經文，並對服制的適用範圍加以說明；最後的〈記〉，則是在全篇之末補充〈經〉、〈傳〉的未及之處。另外，就〈傳〉文中有「傳曰」，〈記〉文中又有對〈記〉加以闡明的〈傳〉可推知，〈喪服〉篇內容非一時一地一人所撰寫，而是儒者一再傳衍詮釋的結果。[8]清末禮學學者胡培翬（1782－1849）即認為：「《儀禮》有〈經〉、有〈記〉、有〈傳〉，〈記〉、〈傳〉乃孔門七十弟子之徒之所為。」[9]閻鴻中亦指出，從《禮記》〈檀弓〉、〈曾子問〉、〈喪服小記〉、〈服

---

[6] 王明珂，〈慎終追遠──歷代的喪禮〉收於《中國文化新論‧宗教禮俗篇‧敬天與親人》（臺北：聯經出版事業公司，1982），頁321-322。

[7] 閻鴻中，〈周秦漢時代家族倫理的變遷〉（臺北：國立臺灣大學歷史學研究所博士論文，1997.6），頁108。又可參章景明，《先秦喪服制度考》（臺北：中華書局，1986），「儒家與喪服制度」，頁18-23。

[8] 閻鴻中，〈周秦漢時代家族倫理的變遷〉，頁106。

[9] 〔清〕胡培翬，《儀禮正義》，收於王雲五主編，《國學基本叢書》（臺北：臺灣商務印書館，1968），卷1，頁3。

問〉、〈三年問〉、〈喪服四制〉等篇中，孔子門人弟子與時賢討論喪服各項變數時，已將喪服制度視為成規的情形，可以想見喪服制度在孔子之前已大體成形，[10]而儒者在這個基礎上，繼以道德倫理秩序建立其心中理想的社會秩序，成為今天我們所看到的喪服規定架構。此一制度雖不盡合於先秦之初制，但透過儒者的極力提倡漸漸得到推行，對於後世有深遠的影響。[11]

二、喪服制訂原則

不論位於哪一層社會等級的人，都可能面臨自己或他人死亡的生命歷程，喪服制度即起源於人死之後，和死者親近的人在「事死如事生」的觀念下，欲將內心的悲哀表現於外的行為。而從〈喪服〉篇在《儀禮》中有其他各篇所沒有的〈傳〉，且在內容上所囊括的範圍上至天子下至庶民，[12]更能推知喪服禮制在古代社會的重要性。考察《儀禮‧喪服》的內容可知，喪服範圍雖不限於親屬，但以親屬為主，[13]而理解喪服制度最簡單的方式即是，將傳統社會的每個人視作一個圓心，以此圓心為中心點，劃出多層的同心圓，他人和自己的親屬關係依據相互的親疏遠近散佈在不同的圓圈上，越親者越靠近圓心，越疏者則越遠，這些同心圓的基本架構，即是喪服制度的基礎原則。[14]

---

[10] 閻鴻中，〈周秦漢時代家族倫理的變遷〉，頁106-107。

[11] 章景明，《先秦喪服制度考》，頁23-28。

[12] 石磊，〈儀禮喪服篇所表現的親屬結構〉，《中央研究院民族學研究所集刊》，53（臺北，1982），頁1。

[13] 石磊，〈儀禮喪服篇所表現的親屬結構〉，頁1。閻鴻中指出：喪服範圍雖不限於親屬，但以親屬為主。完全非親屬而有服的，主要是臣為君（包括舊君）及君的主要親屬有服，皆屬政治關係；另有些是擬親屬的關係，如撫養者為曾同居的繼父和隨改嫁的繼母等情況。除此之外，皆是血親、姻親和配偶等方面的親屬，見閻鴻中，〈周秦漢時代家族倫理的變遷〉，109頁。

[14] 杜正勝，〈五服制的族群結構與倫理〉，收於《古代社會與國家》（臺北：允晨出版，黎明總經銷，1992），頁857。

除此之外，喪服制度原則更是和宗法制度互為表裡。宗法制度是殷人為改造氏族社會的血緣關係，並維護嫡長子繼承秩序而產生的，而喪服制度即是為了推行宗法制度而對原始喪服習俗進行加工改造的結果，兩者皆是將父系宗族結構中的血緣親屬關係，與政治結構中尊卑上下關係相結合的制度。[15]因此，欲瞭解喪服制度的原則，必先對周代宗法制度有一定的認識。

周代宗法制度最根本的內容，在於《禮記‧大傳》所說的：

> 別子為祖，繼別為宗，繼禰者為小宗。有百世不遷之宗，有五世則遷之宗。百世不遷者，別子之後也，宗其繼別子之所自出者，百世不遷者也。宗其繼高祖者，五世則遷者也。[16]

宗法制度的核心為嫡長子繼承制，一個國君如果有一個以上的兒子，只有嫡長子可以繼承君位，而所謂「別子」就是指嫡長子以外的諸子。之所以稱「別」，就是表明他和君統相區別，自立宗統。「別子」即為新建宗統的始祖，即所謂的「別子為祖」，在這個新建的宗統中也依嫡長子繼承制，以「別子」的嫡長子「繼別」，稱為「宗子」。由嫡長子世代相襲的一系為「大宗」。別子的其他諸子，不能繼別，諸子之子也只能「繼禰」，也就是繼承其先父，是謂「小宗」。這種嚴格以嫡長子繼承的原則，是宗法制度中所謂「一本」的族群結構。[17]《禮記‧喪服小記》云：

---

[15] 丁鼎，《《儀禮‧喪服》考論》（北京：社會科學文獻出版社，2003.7），頁259。

[16] 〔唐〕孔穎達，《禮記正義》，收於楊家駱主編，《十三經注疏補正（七）》（臺北：世界書局，1971），卷34，〈大傳〉，頁12a。

[17] 杜正勝對「一本」的解釋是宗法制度中的族群結構「以嚴格的父系為主幹，對生

別子為祖，繼別為宗，繼禰者為小宗。有五世而遷之宗，
其繼高祖者也。是故祖遷於上，宗易於下。尊祖故敬宗，
敬宗所以尊祖禰者也。庶子，不祭祖者，明其宗也。[18]

相對於「大宗」為「百世不遷」，「小宗」則被規定為「五世而
遷」，意思是一個「小宗」會有繼禰、繼祖父、繼曾祖父、繼高
祖的四宗，共高祖的親屬為四世，共高祖之父的五世親屬即超過
親族的界線，已不算是同宗族人，不會有共同的祭祀活動，稱為
「絕族」。家族成員祭祀自己所從出的祖先為「尊祖」，而因
「大宗」百世不遷，所有「小宗」都必須祭祀之，是所謂的「敬
宗」，期能達到「收族」的效用，因此一個「小宗」除了擁有四
個「小宗」的親族以外，還有一個「大宗」，所以《白虎通・
宗族》說：「小宗有四，大宗有一，凡有五宗。人之親所以備
矣。」[19]

　　值得注意的是，雖然喪服制度深受周代宗法制度影響，但形
成於春秋至戰國間儒者之手的《儀禮・喪服》，其架構是以「五
世則遷」的小宗，而非「百世不遷」的大宗為其規範的對象；同
時也因為「禽獸知母而不知父」的看法，[20]遂以嚴格的父系親屬
為主體，母系、妻系親屬幾乎被排除在外。由此特徵可知，這是

子育女的婦人有嫡庶之分，對衆子又有長幼之別，一代僅有一位具嫡長身分任族
長，他即是這族的繼承人。代代族長連成貫串的直線，譬如大樹的主幹，主幹
只有一根，古人叫做『一本』。」見氏著，〈五服制的族群結構與倫理〉，頁
858。

[18] 〔唐〕孔穎達，《禮記正義》，卷32，〈喪服小記〉，頁1b。

[19] 〔漢〕班固撰，〔清〕陳立疏，《白虎通義》，收於王雲五主編，《國學基本叢
書》（臺北：臺灣商務印書館，1968），卷8，頁331。

[20] 〔清〕張爾歧，《儀禮鄭注句讀》（臺北：學海出版社，1978），卷11，「為人
後者為其父母報條」，頁13a。

一套以古禮為基準而揉合春秋時期以來社會實況，以期適用於平民而非封建貴族的禮制。[21]

除了從宗法制度發展而來之外，喪服制度事實上還存在著其他重要的原則與之相互作用，從而構築出一個「定親疏，絕嫌疑，別同異，明是非」的人倫體系。[22]《禮記·大傳》曰：

> 服術有六：一曰親親，二曰尊尊，三曰名，四曰出入，五曰長幼，六曰從服。[23]

五服間的輕重之分，即是依此六個「服術」而定。鄭玄注：「術猶道也。親親，父母為首；尊尊，君為首；名，世母、叔母之屬；出入，女子子嫁者及在室者；長幼，成人及殤也；從服，若夫為妻之父母，妻為夫之黨服。」，[24]即是對六個原則做了初步的規定，茲依序說明如下：

（一）「親親」

「親親」是制服原則的第一條件，意指根據親屬關係的親疏遠近，規定在喪禮中生者為死者所穿著的服飾規格式樣及服喪的界線，而父母是與人子關係最為親密者，故「親親，父母為首」，為父母服三年喪。而為其他親屬的服喪原則，如《禮記·喪服小記》云：

---

[21] 杜正勝，〈傳統家族結構的典型〉，頁780-781。杜氏指出：「母系、妻系在這（喪服制度）系統中所占的分量極其輕微，不是重視婚姻的封建貴族所能想像的。」
[22] 〔唐〕孔穎達，《禮記正義》，卷1，〈曲禮上〉，頁12a。
[23] 〔唐〕孔穎達，《禮記正義》，卷34，〈大傳〉，頁11b。
[24] 〔唐〕孔穎達，《禮記正義》，卷34，〈大傳〉，頁11b。

> 親親，以三為五，以五為九。上殺，下殺，旁殺，而親畢
> 矣。[25]

鄭注云：「己，上親父，下親子，三也。以父親祖，以子親孫，
五也。以祖親高祖，以孫親玄孫，九也。殺謂親益疏者，服之則
輕。」[26] 自己、父親和兒子三代，是所謂的「三」；從自己上推
至祖父，下延至孫五代，是所謂的「五」；再繼續上推至高祖，
下延至玄孫九代，則為「九」。在「三」的範圍裡，因包含父
親，所以包括親兄弟；「五」的範圍裡，因同祖父，故含有堂兄
弟；擴及到「九」的層級，則因推至高祖，而將族兄弟也算入。
從自己往外推算，喪服依次往上代遞減稱作「上殺」、往下代遞
減為「下殺」，往兩旁親屬遞減則為「旁殺」。服制愈輕，表示
與此親屬的關係愈疏遠。而《禮記·大傳》曰：

> 四世而緦，服之窮也；五世袒免，殺同姓也；六世而親屬
> 竭也。[27]

「世」表示親疏等差，四世是五服的極限，也就是說有服之親屬
範圍為上至高祖下至玄孫的九代為止，謂之「親畢」、「服之窮
也」，而共高祖之父的五世族人死亡就只要臨喪弔問，袒免而

---

[25] 〔唐〕孔穎達，《禮記正義》，卷33，〈喪服小記〉，頁2a。
[26] 〔唐〕孔穎達，《禮記正義》，卷33，〈喪服小記〉，頁2a
[27] 〔唐〕孔穎達，《禮記正義》，卷34，〈大傳〉，頁11a

已。[28]遠至六世的親屬就不再納入親屬的範圍了。[29]也就是孔穎達說的：「同父則期，同祖則大功，同曾祖則小功，同高祖則緦麻，高祖外無服」，[30]著實呼應了前述宗法制度中小宗五世而遷的原則。

（二）「尊尊」

「尊尊」為宗法制度的重要核心，亦是服制的重要參酌基準，就是依身分地位的尊卑貴賤作標準，而定喪服之輕重的一個原則。宗法制度特徵在於父權的鞏固與加強，具體核心為「父至尊」與嫡長子繼承制，是故，何者為尊何者為卑在喪服制度中，便表現為父重於母、父系重於母系，夫重於妻，嫡長子重於眾子，嫡孫重於庶孫等等內容。

「父至尊」概念首先表現在為父親服斬衰三年的服制上。依親親原則，親屬之間四世服緦，三世服小功，二世服大功，一世則服期年，父為一世，原應服期，但一方面因「其恩厚者，其服重，故為父服斬衰三年」；[31]另一方面因尊尊，以宗統為重，人子不可以兄弟伯叔之服服父喪，故加隆至三年。相較之下母服則因父為「至尊」且「家無二尊」之理，所以子女只能為母親服齊衰三年之服，而且如果父親健在，則再降為母服齊衰杖期。[32]而喪服中對母系親屬的服喪範圍也僅限於外祖父母、舅及舅之子、

---

[28] 袒免為五服以外的親屬服制。「袒」指袒露左臂，「免」指去冠括法，即脫帽後以寬一寸的麻布條從脖子後繞於額前相交，再向後纏繞於髮髻。參見丁凌華，《中國喪服制度史》，頁148。

[29] 參見杜正勝，〈傳統家族結構的典型〉，頁781-782；〈五服制的族群結構與倫理〉，頁857-858。

[30] 〔唐〕孔穎達，《禮記正義》，卷33，〈喪服小記〉，頁2b。

[31] 〔唐〕孔穎達，《禮記正義》，卷63，〈喪服四制〉，頁22b。

[32] 關於母服制度的分析，請參見本章第二節。

從母（母之姊妹），及從母之子，且服制限於最輕的「緦麻三月」，只有外祖父母與從母加服至小功。

「尊尊」原則亦著重於對嫡庶關係的辨別，〈喪服・父為長子章〉曰：

> 父為長子。傳曰：「何以三年也？正體於上，又乃將所傳重也。庶子不得為長子三年，不繼祖也。」[33]

一般來說，父親為眾子服齊衰不杖期，但如果父親的身分為宗子，就必須為其長子服斬衰三年，清儒程瑤田（1725－1814）的解釋則更為清楚：

> 己與尊者為一體，而為繼禰之宗子，主禰廟之祭，斯謂之重，言其為受重之人也。其長子適適相承，是己所受之重，將於長子傳之。[34]

可見得因為宗子繼承祖宗正體，長子繼承父業，主禰廟之祭，所以喪服制度根據「尊尊」原則規定身為宗子的父親為其長子服最隆重之斬衰三年之服。父親若是庶子，則不能為自己的長子服三年，箇中原因，鄭玄認為是在於長子既是「先祖之正體」，將來更是「代己為宗廟主」的緣故。[35]

「為人後者」之服亦是「尊尊」原則的另一個體現，喪服傳曰：「大宗者，收族者也，不可以絕，故族人以支子後大宗

---

[33] 〔清〕張爾岐，《儀禮鄭注句讀》，卷11，「父為長子」條，頁5a。

[34] 〔清〕程瑤田，《儀禮喪服文足徵記》，收於《續修四庫全書》經部95冊（上海：上海古籍出版社，2002），卷4，〈正體於上義述〉，頁85a。

[35] 〔清〕張爾岐，《儀禮鄭注句讀》，卷11，「父為長子」條，頁5a。

也」，[36]表示宗子不可絕嗣，所以在宗子無後時，必須以支庶子入繼為其後嗣，而為人後者為所後之父服斬衰三年，為本生父降服齊衰不杖期。對出為人後的人而言，在親情上，對本生父的感情可能重於所後之父，但由於為人後者已經出繼為大宗的繼承人，是故只能以所後之父為尊，而為其本生父降服。[37]

爵位高低也是決定喪服「尊尊」原則的體現之一。換言之，喪服制度除了根據每個人在家族中的宗法身分來訂定各自的喪期久暫與喪服輕重之外，還特別針對大夫以上的貴族之家，制訂突顯其政治尊貴等級的服制。例如天子與諸侯由於處於「至尊」，因而對於旁親期服以下者一概降為無服，大夫則對緦麻之親降為無服，也就是何休（129-182）所言的「天子、諸侯絕期，大夫絕緦」。[38]而回到鄭玄為「尊尊」所下的注解：「尊尊，君為首」，則更可見「尊尊」原則體現了從宗親範圍擴大運用到政治關係的痕跡，《禮記·喪服四制》云：

> 資于事父以事君，則敬同。貴貴、尊尊，義之大者也，故為君亦斬衰三年，以義制者。[39]

從父、夫、大宗為尊尊的基礎性內容出發，而延伸至政治關係中

---

[36] 〔清〕張爾岐，《儀禮鄭注句讀》，卷11，「為人後者為其父母報」條，頁13a。

[37] 清人徐乾學語：「古禮，大宗無子則立後，未有小宗無子而立後者也，自秦漢以後，世無宗子之法，凡無子者，即小宗亦為之置後。」引自〔清〕胡培翬，《儀禮正義》，卷22，頁53-54。由此鄭雅如認為：「尊祖敬宗的精神隨著立後制度的普遍施行而深入每一個父系家庭。」見氏著，《情感與制度：魏晉時期的母子關係》，頁46。

[38] 〔清〕阮元校勘，《公羊傳》（臺北：藝文印書館，嘉慶二十年重刊宋本，2001），卷6，10b。

[39] 〔唐〕孔穎達，《禮記正義》，卷63，〈喪服四制〉，頁22b。

的「尊君」。所以為身分尊貴的「君」（諸侯為天子、卿大夫為諸侯、重臣為卿大夫）要服斬衰三年，為「尊尊」之首。可見若欲說明某兩人的喪服關係，除了考慮親疏遠近、宗法身分、嫡庶以外，亦不可忽略政治上的爵位對喪服輕重變化的影響。[40]

（三）「名」、「出入」、「長幼」與「從服」

除了「親親」、「尊尊」兩大原則外，喪服原則還有「名」、「出入」、「長幼」與「從服」。首先是「名服」，「名」，即名義，以世母、叔母為例，兩者本來為異姓，和自己實無親屬關係，但因配於世、叔父而有母名，所以為之有服。其次為「出入」，是依所歸之宗族而定服之輕重的一個原則，主要指的是女子出嫁或男子出繼，則以改屬之宗為本位，而為本宗親屬降服，是謂「出」。而若女子出嫁後離婚而歸於本宗，則恢復在室未嫁的狀態，稱之為「入」。其三為「長幼」，鄭注云：「成人及殤也」，指依據服喪對象的年紀而制訂不同等級的喪服，其原則為成人者服重，為「男女未冠笄而死者」服輕，[41]如果不滿八歲而死，則為無服之殤，不為其制服。[42]

最後的「從服」較為複雜，意指服喪者與服喪對象本來沒有直接的親屬或政治關係，但由於服喪者的某一親屬與服喪對象有宗親或政治關係，所以隨此一親屬為其服喪。《禮記・大傳》曰：「從服有六，有屬從，有徒從，有從有服而無服，有從無服而有服，有從重而輕，有從輕而重。」[43]這裡僅就「屬從」與

---

[40] 閻鴻中，〈周秦漢時代家族倫理的變遷〉，頁114。
[41] 〔清〕張爾歧，《儀禮鄭注句讀》，卷11，「子女子子之長殤中殤」條，頁19a。
[42] 章景明，《先秦喪服制度考》，頁33-34
[43] 〔唐〕孔穎達，《禮記正義》，卷34，〈大傳〉，頁11b。

「徒從」兩種稍做說明。「屬從」，孔疏云：「屬謂親屬，以其親屬，為其支黨」，[44]指服喪者與服喪對象只有間接的親屬關係，如對於人子而言，母之黨本為外族，但因與母的親情，所以從母而為母之黨服喪；對妻來說，因出嫁歸屬於夫之宗，所以須為夫之黨服喪，慣例上比夫服降一等；對於丈夫而言，則須隨妻子為妻之父母服緦麻三月。

至於「徒從」，孔穎達疏曰：「徒，空也，與彼無親，空服彼之支黨。」[45]指服喪者與服喪對象不存在親屬關係，服喪者一般都是處於從屬地位的人，如臣為君之黨、妻為夫之君、妾為女君之黨、庶子為君母之親、子為母之君母等。根據《禮記・喪服小記》云：「從服者，所從亡，則已。屬從者，所從雖沒也，服。」[46]可知「屬從」的服喪者與服喪對象之間因為存在間接親屬關係，因而無論其中間關係人在世與否，服喪者都要保持這一服喪關係。相反的，「徒從」的服喪者則是在所從者死後，即不再為徒從對象有服。[47]

由於「慎終」的文化觀念，儒者訂定了一套服制，將死者所有親屬和具有其他關聯性的人們（如君臣、朋友）納入其中，並以服制的輕重界定彼此的關係。喪服制度所表露的人倫秩序，是以父系小宗親屬為主要範圍，母系親屬被歸類為「外親」，從服喪的輕重比例來看顯得較為疏遠。制服的原則，以「親親」為最根本的依據，再以「尊尊」明白表示服喪者與其對象的宗法身分與爵位高低，從而可知喪服制度中所表現出來的人倫關係，雖以親屬為主，但卻同時涉及了複雜的社會關係網絡，而也唯有透過

---

[44]〔唐〕孔穎達，《禮記正義》，卷34，〈大傳〉，頁11b。
[45]〔唐〕孔穎達，《禮記正義》，卷34，〈大傳〉，頁11b。
[46]〔唐〕孔穎達，《禮記正義》，卷32，〈喪服小記〉，頁3b。
[47]關於「從服」的詳細討論，參考章景明，《先秦喪服制度考》，頁35。

對宗法秩序的瞭解，才能更加掌握喪服制度中所流露的上下、尊卑、親疏、遠近的人際網絡。

第二節　《儀禮·喪服》中的母服制度

　　傳統中國家族，以喪服制度來劃定親屬之間的親疏遠近與上下尊卑，母與子的喪服關係當然亦包括其中。雖然在父系家族或宗族為中心的傳統社會，因婚姻關係而構成的母族和妻族不占重要地位，[48]但在人類的原始情感中，對父母的感情卻是同等的。[49]孔子曰：「子生三年，然後免於父母之懷。」，[50]在親情上，父親與母親皆為孩子的重要他人，而母親對兒子而言，除了有養育之恩以外，更有懷胎十月臍帶相連的親生之情。《禮記·三年問》云：

> 凡生天地之間，有血氣之屬，必有知，有知之屬，莫不知愛其類。今是大鳥獸，則失其群匹，越月逾時焉，則必反巡，過其故鄉，翔回焉，鳴號焉，蹢躅焉，踟躕焉，然後乃能去之；小者至於燕雀，猶有啁噍之頃焉，然後乃能去之；故有血氣之屬者，莫知於人，故人於其親也，至死不窮。……將由夫修飾之君子與，則三年之喪，二十五月而畢，若駟之過隙，然而遂之，則是無窮也。故先王焉為之

48　杜正勝，〈五服制的族群結構與倫理〉，收於杜正勝，《古代社會與國家》，頁869

49　新石器時代如半坡、姜寨文化來看，居住基址大約二十平方公尺左右，只適合夫妻及其幼年或少女子女同居，反映了父母子女之間的密切情感。見杜正勝，〈五服制的族群結構與倫理〉，頁864。

50　〔唐〕孔穎達，《禮記正義》，卷58，〈三年問〉，頁22a。

立中制節，壹使足以成文理，則釋之矣。[51]

連鳥獸燕雀都會傷其同類之逝了，何況人失去雙親的哀傷，是故儒家認為「夫三年之喪，天下之達喪也」，[52]每個人不論社會階級、爵位，面對父母之死，都應為其服三年喪，才足以表達彼此至親的情感。但事實上，在講究宗法以及施行一妻多妾制的社會中，人子為母所服不但異於為父服的三年，而且一個人除了親生母親以外，可能還擁有其他也含有「母」名的親屬，並對其有服喪之義務。以下，即以《儀禮‧喪服》中與母服相關的規定為核心，分析在中國傳統社會中，母子關係在喪服制度中的座標及其所展現的意義。

一、母服的基本準則

關於為母服喪，《儀禮‧喪服》規定父卒，為母服齊衰三年，若父在，則為母服齊衰杖期為最基本的準則。若將母服規定與為父服斬衰三年的喪制作比較，即可明顯看出兩者在服制上有斬衰齊衰的基本差異。〈喪服〉傳曰：「為父何以斬衰也？父至尊也」，[53]而為母何以齊衰？《禮記‧喪服四制》的解釋為：

> 資于事父以事母而愛同。天無二日，土無二王，國無二君，家無二尊，以一治之也。故父在母齊衰期者，見無二尊也。[54]

---

[51] 〔唐〕孔穎達，《禮記正義》，卷58，〈三年問〉，頁21b。
[52] 〔唐〕孔穎達，《禮記正義》，卷58，〈三年問〉，頁22a。
[53] 〔清〕張爾岐，《儀禮鄭注句讀》，卷11，「父」條，頁4b。
[54] 〔唐〕孔穎達，《禮記正義》，卷63，〈喪服四制〉，頁22b。

雖然人子侍奉父母的情感與敬愛是一樣的，但在「家無二尊」的原則下，人子只能為母親服低斬衰一等的齊衰服。除了服制上的差別之外，子為母服亦須再分為父在世或父卒兩種情況，如果母死時父親尚在，子為母親服喪的時間須從三年降殺至一年，其主要原因在〈喪服〉傳中可以得到解釋：

> 何以期也？屈也。至尊在，不敢伸其私尊也。父必三年然後娶，達子之志也。[55]

對於此段傳文，元人吳澄（1249－1333）進一步分析：「夫為妻之服既除，則子為母之服亦除，家無二尊也。子服雖除，而居喪之實如故，所殺者三年之文而已。」[56]人子的母親去世，對父親而言，妻卒，夫為妻服齊衰杖期，喪期為一年，而對人子來說，父親是「至尊」，母親是「私尊」，人子若為母服三年，即等於會在父親除服後，還身著喪服，違反了「家無二尊」的原則，所以若父親尚在世，人子服喪即隨父親除服而止，僅為母服一年之喪，其心中對母親的思念則以「心喪三年」來表達，而父親也必須顧慮到兒女的哀戚之情，在妻子去世三年之後才能續娶。

另一方面，此處所言之母，基本上指的是親生母親，清人胡培翬解釋道：

> 自父言之，則有適母、妾母之分；自子言之，則生我者即母。妾子之於母，與適子之於母同，《經》無「所生母」

55 〔清〕張爾歧，《儀禮鄭注句讀》，卷11，「父在為母」條，頁9b。
56 〔清〕張爾歧，《儀禮鄭注句讀》，卷11，「父在為母」條，頁9b。

明文，謂及包於「父卒，為母」之中，其說是也。[57]

為人子對母親的感情，理應沒有嫡庶上下之別，所以不論是嫡母之子或妾所生子，為其親母之服喪，原則上皆服膺此項規定。但亦有例外的情況，其一，對於庶子而言，嫡母與父為一體，有「胖合」之義，是庶子禮法上的母親，[58]所以庶子除了為其生母服此服以外，也須為嫡母服此服。其二，在士爵位以上的家族中，庶子為生母的服喪規定尚存在其他變化，下文將一一討論。

二、子為父之嫡妻之服制

嫡母若早逝或被父所出，父親再娶之妻即為繼母，承接原本嫡母在家內所有的權利與義務，所以《儀禮·喪服》規定為繼母之服為：若父卒，為齊衰三年；若父在，則齊衰期年，其說明為：

> 繼母如母。傳曰：繼母何以如母？繼母之配父與因母同，故孝子不可殊也。[59]

鄭注：「因，猶親也。」[60]可見繼母因為「配父」，所以得到家中子女對親母一般的尊重，而為其服齊衰服。同樣因為「配父」所以受子服「父卒，齊衰三年；父在，齊衰期」重喪的，還有

---

[57] 〔清〕胡培翬，《儀禮正義·喪服》，卷21，頁30。

[58] 〈喪服〉傳曰：「父子一體也，夫妻一體也，昆弟一體也，故父子首足也，夫妻胖合也，昆弟四體也。」見〔清〕張爾歧，《儀禮鄭注句讀》，卷11，「世父母叔父母」條，頁11a。另嫡母：妾生子稱父之正妻，參見黃彰健，《明代律例彙編》（臺北：中央研究院歷史語言研究所，1979），頁32。

[59] 〔清〕張爾歧，《儀禮鄭注句讀》，卷11，「繼母如母」條，頁7b-8a。

[60] 〔清〕張爾歧，《儀禮鄭注句讀》，卷11，「繼母如母」條，頁8a。

「為人後者，為所後者之妻」的情況。[61]為人後者在本章第一節已經說明其必須遵行「不貳斬」的原則，為其所後父服斬衰三年，而因「夫妻一體」的概念，所以為人後者為所後母必須「若子」一般，為其服齊衰重服，而降本生父母之服為齊衰不杖期，[62]處處可見「家族公義」凌駕了私情的情況。[63]從嫡母、繼母、所後母得到人子對親生母之服相同的待遇可知，除了血緣以外，婦人是否「配父」，是其是否「如母」的關鍵，而也唯有「如母」，家中長子、眾子才會為其服重服。但也應注意古代喪服制度。在以父系宗法為圭臬的同時，對母子之間的親生情感有一定程度的重視。〈禮記・服問〉：「母死，則為其母之黨服」可知子為生母之黨服為「屬從」，[64]即使母歿，子仍為母黨有服；而〈禮記・喪服小記〉云：「君母卒，則不為君母之黨服。」[65]則可見子為嫡母、繼母之黨服為「徒從」，嫡繼母歿就不再服其黨。由子為母黨服之不同，可見禮制中對現實人情的參酌。

　　與人子為母服重喪並非僅僅依循血緣關係一樣，母親為子服喪的隆殺，也並非以親生與非親生為其劃分依據，而是依照宗法制度中「尊尊」原則，分為「為長子」與「為眾子」之服兩種。

---

[61]　〔清〕張爾岐，《儀禮鄭注句讀》，卷11，「為人後者」條，頁5a。

[62]　「為人後者，為其父母（服齊衰不杖期），報。傳曰：何以期也，不貳斬也。何以不貳斬也？持重於大宗者，降其小宗。為人後者孰後？後大宗也。曷為後大宗？大宗者，尊之統也。」見〔清〕張爾岐，《儀禮鄭注句讀》，卷11，「為人後者為其父母報」條，頁12b-13a。鄭雅如認為此處可能是因為生父於子已無至尊之義，所以為本生父母皆為齊衰不杖期，見氏著，《情感與制度：魏晉時代的母子關係》，頁46。

[63]　筆者參考杜正勝於〈五服制的族群結構與倫理〉一文所使用的「家族公義」一詞，所指涉的是相對於「母子私情」的父系宗法原則。

[64]　〔唐〕孔穎達，《禮記正義》，卷57，〈服問〉，頁17b，但「母出，則為繼母之黨服」。

[65]　〔唐〕孔穎達，《禮記正義》，卷33，〈喪服小記〉，頁5a。

母為長子服齊衰三年，〈喪服〉傳曰：「何以三年？父之所不降，母亦不敢降」。[66]由本章第一節可知，長子為先祖之正體，是將來的宗廟主，所以父為其服斬衰三年，與父一體的嫡母本應也服斬衰三年，但因子為嫡母最多只服齊衰三年，因不能違反母尊之義，所以母為長子服齊衰三年即可。嫡母的其他兒女以及妾子們，稱為「眾子」，[67]嫡母為「眾子」服齊衰不杖期，[68]顯然親生與否並非制服的依據，為己子與妾生子同樣服齊衰不杖期，表示禮制要求嫡母賦予親生子和其他庶子無等差的母愛，就如同要求人子必須視嫡母如親生母親敬愛一般，兩者皆源自父系為尊之最終原則。

三、子為父之庶妾之服制

相對於「與夫齊體」的妻，妾者則是「接也，以時接見也」的角色，[69]可見妾在家中地位與妻的天差地別，職是之故，雖然庶子可為其生母服齊衰之重喪，但是當服喪者之父尊為天子、諸侯、大夫時，因其生母為妾，與父親地位相差過於懸殊，使得庶子為生母之服必須有所「厭降」。[70]關於這方面的規定，其中一條為公之庶昆弟、大夫之庶子，為母服大功九月，〈喪服〉傳解釋道：

---

66 〔清〕張爾歧，《儀禮鄭注句讀》，卷11，「母為長子」條，頁8b。

67 鄭注：「眾子者，長子之弟及妾子、女子子在世亦如之。」見〔清〕張爾歧，《儀禮鄭注句讀》，卷11，「為眾子」條，頁12a。

68 〔清〕張爾歧，《儀禮鄭注句讀》，卷11，「為眾子」條，頁12a。

69 〔漢〕班固，〔清〕陳立疏，《白虎通義》，卷10，收於王雲五主編，《國學基本叢書》，頁411。

70 「厭」意為壓抑、抑制。服喪者因其父親尊為天子、諸侯、大夫等爵位，而為其他親屬降服的情形，稱為「因厭而降」。

何以大功也？先君餘尊之所厭不得過大功也。大夫之庶
子，則從乎父而降也。父之所不降，子亦不敢降也。[71]

鄭玄注曰：「公之庶昆弟，則父卒也；大夫之庶子，則父在
也。」[72]意思是說：大夫之庶子，在父親在世時，因其父地位尊
貴，所以為妾母之服必須由齊衰一年厭降到大功九月，唯待父
卒，才可為母服伸為齊衰三年。但若身處在更尊貴的諸侯之家，
因為其父親身分更是非凡，所以連在父親去世後，餘尊仍然存
在，庶子仍不能如一般人為親母服齊衰三年，而厭降為其母僅有
大功九月之服。而在父親在世時，則另立規定為：

公子為其母，練冠、麻、麻衣、縓緣……既葬除之。傳
曰：「何以不在五服之中也？君之所不服，子亦不敢服
也。」[73]

「公子」即諸侯之庶子，在己母死僅為其服「練冠、麻、麻衣、
縓緣」，此為不在五服之內的服制，幾乎近於無服，且既葬除
之，[74]產生這樣規定的原因在於諸侯身分尊貴，為庶妾無服，所
以「君之所不服，子亦不敢服也」，[75]但仍通融庶子有表達母喪

---

[71] 〔清〕張爾歧，《儀禮鄭注句讀》，卷11，「為公之庶昆弟為母」條，頁22b。
[72] 〔清〕張爾歧，《儀禮鄭注句讀》，卷11，「為公之庶昆弟為母」條，頁22b。
[73] 〔清〕張爾歧，《儀禮鄭注句讀》，卷11，「記」，頁31b。
[74] 目前本文所討論的斬衰、齊衰、大功、小功、緦麻，是限於各種喪服在既殯成服
時的服飾形式，事實上，自成服到終喪除服的期間內，可能有好幾次變服，例
如：斬衰齊衰要經歷既虞卒哭、小祥、大祥三次由重至輕的變服，大功小功成服
後，也會經歷一次變服。此處「公子為其母，練冠、麻、麻衣、縓緣……既葬除
之」，沒有變服，是可知其服喪等級之低。參見章景明，《先秦喪服制度考》，
頁261-279；丁凌華，《中國喪服制度史》，頁88-98。
[75] 〔清〕張爾歧，《儀禮鄭注句讀》，卷11，「記」，頁32a。

悲痛之情的方式，所以有「練冠、麻、麻衣、縓緣」的產生。

　　至於士階層之庶子為生母服的規定，鄭注云：「士雖在，庶子為母皆如眾人。」賈疏云：「士卑無厭故也。」[76]可知士之爵位較低，其庶子可為其母服齊衰之重服，並未因其父的爵位有所改變，與常人相同。但是還有一種情況，庶子不論是生在何種爵位之家，都必須降殺為其生母之服，亦即庶子為父後者時，為其母僅能服緦麻三月，〈喪服〉傳曰：

> 何以緦也？傳曰：「與尊者為一體，不敢服其私親也。然則何以服緦也？有死於宮中者，則為之三月不舉祭，因是以服緦也。」[77]

庶子若為家族的繼承人，那麼他就與尊者一體，在家族中的地位大幅提高，而與其生母在身分上的差距擴大，所以為之僅服緦麻三月，是五服中最輕之服，可見作為「私親」的妾母在宗法社會中地位的低賤，所以全體的家族公義很輕易的凌駕了私人的母子之情。[78]而此條文只言「庶子為父後」，未辨明父親身分的貴賤，可見得「尊祖」、「尊父」之精神，是所有父系家庭皆必須遵行的原則。[79]

　　妾在家庭中地位低賤，遂時常面臨子為其服喪必須減殺服等的情況，但反觀妾為其子之服，卻沒有這樣須抑私情的限制。

---

[76] 〔清〕張爾歧，《儀禮鄭注句讀》，卷11，「庶子為父後者為其母」條，頁29b。

[77] 〔清〕張爾歧，《儀禮鄭注句讀》，卷11，「庶子為父後者為其母」條，頁29b。

[78] 杜正勝，〈五服制的族群結構與倫理〉，收於《古代社會與國家》，頁870。

[79] 鄭雅如，《情感與制度──魏晉時代的母子關係》，頁41。

《儀禮‧喪服‧齊衰不杖期章》：

> 公妾、大夫之妾為其子。傳曰：「何以期也？妾不得體
> 君，為其子得遂也。」[80]

父母為嫡長子以外的眾子原本應服齊衰不杖期，但如賈公疏所
云：「諸侯為眾子無服；大夫為眾子大功。其妻體君亦從夫而
降。」[81]表明若父母的身分為大夫，則為眾庶子降服大功，若身
分為天子諸侯，則為眾庶子無服，[82]而兒子的生母若是父親之妻
的話，因「體君」的關係，為他人的服喪隨夫升降，所以大夫之
妻為眾子服小功，天子諸侯之妻則為眾子無服。可是若是諸侯與
大夫的妾，情況則大大不同，其身分「因不得體君」，所以為他
人之服不隨夫升降，反而「自為其子得申」，可以為其子服原本
的齊衰不杖期。[83]雖然妾母為其親生子的服制符合人情，但與庶
子為生母所服相較，卻可發現母為子之服重於子為母之服的情
形，實違背了母親為人子「私尊」的倫常次序，與嫡母為長子服
不能違背母尊於子的準則相距甚遠，可見嫡妻與庶妾在家中位階
的涇渭分明。

---

[80] 〔清〕張爾歧，《儀禮鄭注句讀》，卷11，「公妾以及士妾為其子」條，頁
15b。
[81] 〔清〕張爾歧，《儀禮鄭注句讀》，卷11，「公妾以及士妾為其子」條，頁
16a。
[82] 《儀禮‧喪服‧齊衰不杖期章》：「為眾子」鄭注曰：「眾子者，長子之弟及妾
子。女子在室亦如之。士謂之眾子，未能遠別也；大夫則謂之庶子，降之為大
功；天子國君不服之。」身分為士的父母為嫡長子以外的眾子的喪服無嫡庶分
別。但若服喪者身費為大夫，則為眾庶子降服大功，若身分為天子諸侯，則為眾
庶子無服，就是所謂「天子諸侯絕旁期」。〔清〕張爾歧，《儀禮鄭注句讀》，
卷11，「為眾子」條，頁12a。
[83] 〔清〕張爾歧，《儀禮鄭注句讀》，卷11，「公妾以及士妾為其子」條，頁
16a。

庶子對生母之服尚因為宗法、爵位之因素而有所減殺，家中
非庶妾親生的孩子，對庶母的喪服禮制則更是如此。《儀禮・喪
服・緦麻三月》云：

> 士為庶母。傳曰：「何以緦也？以名服也。大夫以上，為
> 庶母無服。」[84]

庶母身分卑賤，對家中非他所生的小孩而言，只因其有「母
名」，故在庶母死後為其服緦麻三月之服，但這也僅限於士之家
而已，大夫以上，則對庶母無服。相對的，庶母為非親生子之服
則為大功，《儀禮・喪服》亦有規定：

> 大夫之妾為君之庶子。傳曰：「何以大功也？妾為君之黨
> 服，得與女君同。」[85]

鄭玄注云：「妾為君之長子亦三年，自為其子期，異於女君也。
士之妾，為君之眾子亦期。」在大夫以上之家，眾子為庶母無
服，庶母則和女君一樣，為君之黨服，故為君之庶子服大功九
月，為君之長子服齊衰三年。[86]而就算是在士或庶民之家，眾子
為庶母也僅服緦麻三月，低於庶母為眾子所服的齊衰不杖期，再
次證明了母為子之「私尊」，並非完全適用於父之庶妾為母時的
母服制度上。

---

[84] 〔清〕張爾歧，《儀禮鄭注句讀》，卷11，「士為庶母」條，頁29b。
[85] 〔清〕張爾歧，《儀禮鄭注句讀》，卷11，「大夫之妾為君之庶子」條，頁23a。
[86] 「妾為君之長子，與女君同。」出自〔唐〕孔穎達，《禮記正義》，卷33，〈喪服小記〉，頁5a。

妾除了作為己子的親生母親，以及眾子的庶母之外，還可能成為「慈母」。《儀禮・喪服》云：

> 慈母如母（父卒，齊衰三年；父在，士階層齊衰期，大夫階層大功九月）。傳曰：慈母者何也？傳曰：「妾之無子者，妾子之無母者，父命妾曰：『女以為子。』命子曰：『女以為母。』若是則生養之，終其身如母，死則喪之三年如母。貴父之命也。」[87]

由〈喪服〉傳的解釋可知，「慈母」為父親命家中無子之妾撫育某一無母之庶子，並賦予他們如同母子的關係，徐乾學《讀禮通考》說道：「慈母而等之於母，正以有父之命也。」[88]可知其母子關係成立的關鍵在於「父命」，若無「父命」，而只是單純的庶母養育家中某一非親生庶子，則慈母之服是不成立的，而另服「為庶母慈己者」小功五月之服，[89]由此可見，「父命」對母子關係的影響力。雖然如此，但「父命」的權力依然有其極限，其一，《禮記・喪服小記》云：「慈母妾母不世祭」[90]、「為慈母之父母無服」，[91]可見禮制仍重視親生之情，所以以此辨別慈母與親生母親的不同；其二，對嫡母而言，並不用經由「父命」，所有妾子即皆為其子；而父親更不可命嫡妻之子為妾子，可見即

87　〔清〕張爾歧，《儀禮鄭注句讀》，卷11，「慈母如母」條，頁8a。
88　〔清〕徐乾學，《讀禮通考》，收於《景印文淵閣四庫全書》總112冊（臺北：臺灣商務印書館，據國立故宮博物院藏本影印，1983），卷7，頁5b-6a。
89　〈喪服〉傳曰：「君子子者，貴人之子也，為庶母何以小功也？以慈己加也。」見〔清〕張爾歧，《儀禮鄭注句讀》，卷11，「君子子為庶母慈己者」條，頁28a。
90　〔唐〕孔穎達，《禮記正義》，卷33，〈喪服小記〉，頁6b。
91　〔唐〕孔穎達，《禮記正義》，卷33，〈喪服小記〉，頁5b。

使是「父命」，亦不能擾亂嫡庶貴賤之分野。

四、子為非父姻親之母的服制

透過父親的意志，母子關係有超越血緣而成立的可能性，相反地，母子關係是否也可能因為父親的意志而全然斷裂？從《儀禮・喪服》中得來的答案應是否定的。傳統中國的離婚規範中，有所謂「七去」或者稱「七出」，表面上是規範男性與妻子離婚的條件。「七出」者：

> 七出者：不順父母，出；無子，出；淫僻，出；惡疾，出；姑疾，出；多口舌，出；竊盜，出。不順父母，出者，謂其逆德也；無子者，謂其絕世也；淫僻者，謂其亂族也；嫉妒者，謂其亂家也；惡疾者，謂其不可供粢盛也；多口舌者，謂其離親也；竊盜者，謂其反義也。[92]

男性有完全的主動權可憑藉此七項條件與妻子結束婚姻關係。[93]婦人若被出，則不復為夫族成員，在重宗法與父命的社會中，遇此情況，母子之間的喪服禮制勢必受到若干影響。《儀禮・喪服・齊衰杖期章》云：

> 出妻之子為母。傳曰：「出妻之子為母，期，則為外祖父

---

[92] 〔漢〕戴德，《大戴禮記》（臺北：臺灣商務印書館，據上海涵芬樓借野竹齋沈氏藏明刊本景印，1979），卷13，頁6a。；又見於〔魏〕王肅，《孔子家語》（臺北：臺灣商務印書館，據上海涵芬樓借江南書館藏明翻宋本景印本影印，1979），卷6，頁13a

[93] 但另有三不去之限制，〔漢〕戴德，《大戴禮記》，卷13，頁6a：「婦有三不去，有所取無所歸，不去；與更三年喪，不去；前貧賤後富貴，不去。」亦可見〔魏〕王肅，《孔子家語》，卷6，頁13a。

母無服」。傳曰：「絕族無施服。」[94]

出母的親生子為其母仍然可服齊衰杖期，因為「母子至親無絕道」，[95]以母子之間自然的血緣關係不可斷絕為制服的理由，僅刪除了子對母系親屬的服制，以示母親已非夫家親屬的事實。元代禮學家敖繼公（生卒年不詳）認為：「若妾子之為其出母則亦，或有不然者，非達禮也。」[96]認為所有生母，不論為妻或為妾，都應適用出母服的條文。但是，這樣重視母子親生至情的考量，若與宗法制度中的「尊尊」原則產生衝突時，則必須無條件的讓步，其具體表現在以下的條文之中：

> 出妻之子為父後者，則為出母無服，報。傳曰：「與尊者為一體，不敢服其私親也。」[97]

可見若子為父後，與祖禰一體，則對已非父族的出母無服，暗示著雖然憑藉「父命」或許無法完全取代母子私情，但「尊祖敬宗」的宗法制度卻絕對有斷絕母子至親關係的力量。

《儀禮·喪服》中對出母之服有明文規定，但對嫁母卻只有「嫁繼母」的條文：

> 父卒，繼母嫁，從為之服（齊衰杖期），報。傳曰：何以期

---

94 〔清〕張爾歧，《儀禮鄭注句讀》，卷11，「出妻之子為母」條，頁10a。
95 〔清〕張爾歧，《儀禮鄭注句讀》，卷11，「出妻之子為母」條，頁10a。
96 〔元〕敖繼公，《儀禮集說》，收於《景印文淵閣四庫全書》總105冊（臺北：臺灣商務印書館，1983），卷11，頁25a。
97 〔清〕張爾歧，《儀禮鄭注句讀》，卷11，「出妻之子為母」條，頁10a。

也？貴終也。[98]

鄭玄注重「終」字，對此條的注釋為：「嘗為母子，貴終其恩也」，[99]認為因繼母配父如母，所以母子之道不隨父卒而消失，表達了繼母與人子之間母子名分的重要性。魏經學家王肅則注重「從」字，認為「從乎繼母而寄育，則為服，不從則不服」，[100]認為子若從繼母改嫁，受撫育之恩，則為嫁繼母制服，此強調繼母對子的養育之恩。清末禮學家胡培翬更由此派解釋出發認為：

> 《經》但言繼母之嫁，而無父卒母嫁之文，蓋舉繼母以該親母。謂「繼母嫁而子從，乃為之服」，則「母嫁而子不從者，皆不為服」可知。謂「繼母嫁而子從者，必為之服」，則「親母嫁而子之從之者，亦必為服」可知此省文以見義也。[101]

胡培翬認為禮經是藉由繼母為例，使人自然推知若親母嫁，子從之，就為之有服的準則。

　　最後，在《儀禮・喪服》非父系親屬，亦與家中人子無血緣關係，卻擁有母名的是乳母，人子為其服緦麻三月之服，[102]馬融（79-166）曰：「以其乳養於己，有母名」，[103]〈喪服〉傳曰：

---

[98] 〔清〕張爾歧，《儀禮鄭注句讀》，卷11，「出妻之子為母」條，頁10a。
[99] 〔清〕張爾歧，《儀禮鄭注句讀》，卷11，「出妻之子為母」條，頁10b。
[100] 〔唐〕杜佑，《通典》（臺灣：臺灣商務印書館，1935），卷89，〈禮四十九〉，「齊衰杖周」條，頁488b。
[101] 〔清〕胡培翬，《儀禮正義》，卷22，〈喪服〉，頁42。
[102] 〔清〕張爾歧，《儀禮鄭注句讀》，卷11，「乳母」條，頁30a。
[103] 〔唐〕杜佑，《通典》，卷92，〈禮五十二〉，「緦麻成人服三月」條，頁501b。

「何以緦也？以名服也」。[104]郝敬（1558-1639）則進一步解釋道：「乳母，哺乳之母，外人婦代食子者。〈內則〉云大夫之子，有食母之類，非其所生子，亦非其父妾，本不名母，而以乳得名；本無服，而以名得服。」[105]從為乳母有服之制來看，可見禮法對於養育之恩的重視。

　　喪服禮制對母子的界定，為傳統中國母子人倫的基本框架。其中所展現的家庭秩序為父尊於母，所以為父服斬衰，為母服齊衰；嫡母尊於子，所以嫡母即使是為「傳正體」的長子服，亦不可超過長子為母之服；庶妾在大夫以上之家又最為卑下，使得妾的親生子為其服招致減降，而「父命」與「尊祖敬宗」更是能左右母子關係的成立與消散，在在彰顯了喪服禮制中的父系宗法特色。但另一方面，喪服禮制同時也注重母子現實生活中的親生鏈結、同居之情、撫養之恩，利用為母黨之服，是否為母世祭等規範，為人子與嫡母、繼母、慈母與親生母個別的關係畫出一幅人際關係的圖像，突顯制服者在制度與人情之間取得平衡的努力，也印證了《禮記・喪服四制》所說的：「凡禮之大體，體天地，法四時，則陰陽，順人情」之特色。

第三節　唐代《開元禮》中母服的改制

　　《儀禮・喪服》雖然是最早且影響傳統中國喪服制度最深的儒家經典，但先秦以降人與人之間由生活互動所培養的感情，以及人們在不同時代風氣下所經歷的家庭倫理，恐怕不僅僅是一套

---

[104] 〔清〕張爾歧，《儀禮鄭注句讀》，卷11，「乳母」條，頁30a。
[105] 〔明〕郝敬，《儀禮節解》，收於《四庫全書存目叢書》經部87冊（臺南：莊嚴文化，據湖北省圖書館藏明萬曆四十三年郝千秋郝千石刻郝氏九經解本，1997），卷11，頁47b-48a。

「經典」就能夠完全掌握的,而後世對《儀禮‧喪服》中母服制度的爭議乃至改革,即是明證之一。

唐人杜佑《通典》的卷七十九到卷一〇五〈禮典〉,記錄了東漢中葉至唐代士人對服制的議論與修正,其中有關母服的討論即佔了不少篇幅,[106]可見《儀禮‧喪服》中母服制度已不能滿足先秦以下母子的倫理關係與感情需求。以鄭雅如研究漢晉之間為母服喪的情況為例,即存在著為父後庶子欲為生母服重、傳重嫡子欲為出母服喪,以及繼子為嫁繼母應服何服等等的討論,[107]而「緣情制禮」的呼聲更是從不間斷,顯見人事的複雜與母子情感鏈結的多樣性,[108]對既有的禮制所提出的挑戰與修正。而漢代至唐代母服爭論所得出的共識與結果,則大致可見於唐玄宗開元二十年(732)之禮典《大唐開元禮》卷132〈五服制度〉之中。[109]《大唐開元禮》中的五服制度是繼《儀禮‧喪服》之後,現存第二篇對喪服禮做了全面性規定的文字史料,[110]而在《大唐開元禮》的母服禮制中,最引人注目的,無疑是其將《儀禮‧喪服》中人子對母服必須考慮父在而有所厭降的情況,改為不論父親是否在世,皆對母親服齊衰三年的新制,實為先秦母服制度制定以來最大的一次變革。

但此一母服改革的底定並非一蹴可幾,而是經歷了幾番波

---

[106] 據筆者估計〔唐〕杜佑,《通典》,卷79-105,〈凶禮〉中的135篇服議,有關於母服者為40篇。

[107] 鄭雅如,《情感與制度:魏晉時期的母子關係》,頁61-114。

[108] 余英時,〈名教危機與魏晉士風之演變〉,收於氏著,《中國知識階層史論(古代篇)》(臺北:聯經出版事業公司,1980),頁358-366。

[109] 張文昌,〈服制、親屬與國家──唐宋禮法之喪服規範〉,臺師大歷史系等編,《新史料‧新觀點‧新視角──天聖令論集(下)》(臺北:元照出版公司,2011),頁200。

[110] 張文昌,〈唐代禮典的編纂與傳承──以《大唐開元禮》為中心〉(臺北:國立臺灣大學歷史研究所碩士論文,1997),頁156。

折與論爭。[111]改革的直接起因，應溯源至武則天於高宗上元元年
（674）八月進號天后後，於十二月所提出的建言：

> 夫禮緣人情而立制，因時事而為範，變古者未必是，循舊
> 者不足多也。至如父在，為母止服一朞，雖心喪三年，服
> 由尊降。竊謂子之於母，慈養特深，生養勞瘁，恩斯極
> 矣，所以禽獸之情，猶知其母，三年在懷，理宜崇報。若
> 父在為母止一朞，尊父之敬雖同，報母之慈有缺，且齊斬
> 之制，足為差減，更令周以一朞，恐傷人子之志。今請父
> 在為母終三年之服。[112]

武氏以母親對兒女的慈愛與生養劬勞，認為父在，為母僅服齊衰
一年之喪是「報母之慈有缺」，因為為父服斬衰，為母服齊衰，
斬齊之間的差異已經可稱為「尊父」，而《儀禮・喪服》又將為
母服喪的時間由三年減為一年，實是「傷人子之志」。是故，武
則天主張人子對於母親「三年在懷」之恩「理宜崇報」，而建議
將為母之喪改為父在為母齊衰三年。姑不論武氏提出母服改制的
建議，是否基於女性意識，甚至有計劃地提高婦女地位，但至少
可以確定的是，此項提議代表了武氏在不跨出父系的框架下，為
提高皇后的權力或改善禮法中母親的地位，做出了最大的努力。[113]
　　高宗對於此項建言的回應雖為「下詔依行」，但史書記載卻

---

[111] 可參考陳弱水，〈初唐政治中的女性意識〉，頁165-203。高明士，〈唐代禮律
規範下的婦女地位——以武則天時期為例〉，頁115-132。
[112] 〔宋〕王溥，《唐會要》，收於楊家駱編，《歷代會要第一期書第六冊》（臺
北：世界書局，1963），卷37，〈服紀上〉，頁675-676。
[113] 鄭雅如認為此次禮法改革亦受佛教與蕃人文化的影響。參見鄭雅如，〈中古時期
的母子關係——性別與漢唐之間的家庭史研究〉，收於李貞德主編，《中國史新
論・性別史分冊》，頁185-186。

又說「當時亦未行用」，而是直到垂拱元年（685），武則天以皇太后的身分主政時，始將「父在為母齊衰三年」規定編入《垂拱格》中，成為正式的法律，也才算是此制真正開始實施的時期。[114]雖然實施的具體情況無法知悉，但根據《舊唐書》所記，此制在其後引起不小的爭議與更迭。

唐玄宗開元五年（717）右補闕盧履冰（生卒年不詳）首先提出反對的意見：

> 准禮，父在為母一周除靈，三年心喪。則天皇后請同父沒之服，三年然始除靈。雖則權行，有紊彝典。今陛下孝理天下，動合禮經，請仍舊章，庶叶通典。[115]

玄宗於是令百官詳議此事，後有刑部郎中田再思（生卒年不詳）提出不一樣的看法，認為：

> 乾尊坤卑，天一地二，陰陽之位分矣，夫婦之道配焉。至若死喪之威，隆殺之等，禮經五服之制，齊斬有殊，考妣三年之喪，貴賤無隔，以報免懷之慈，以酬罔極之恩者也。[116]

田再思贊成父在為母齊衰三年之制，而指出新制仍是「齊斬有

---

[114] 〔宋〕王溥，《唐會要》，收於楊家駱編，《歷代會要第一期書第六冊》，卷37，〈服紀上〉，頁676。《垂拱格》頒於垂拱元年（685）三月，是集武德以來、垂拱以前詔敕便於當時行用者，武則天親自撰寫序文。高明士認為「父在為母齊衰三年」規定正式開始實施的時期是其編入《垂拱格》之後，亦即垂拱元年（685）之後。參考高明士，〈唐代禮律規範下的婦女地位──以武則天時期為例〉，《文史》，4，頁121。

[115] 〔五代〕劉昫撰，《舊唐書》（北京：中華書局，1975），卷27，頁1023。

[116] 〔五代〕劉昫撰，《舊唐書》，卷27，頁1023-4。

殊」來符合「父尊」的宗法倫理標準，並著眼於《小雅・蓼莪》所云的「父兮生我，母兮鞠我，拊我畜我，長我育我，顧我復我，出入腹我，欲報之德，昊天罔極」之理，認為父母對人子有同等的生鞠之勞，人子無論對父或對母，都有昊天罔極的恩情必須報答，與武則天當年提出此制的理由可說是如出一轍，可見武氏著眼於母子至情的說法，對時人或多或少具有一定程度的感召力。

而田氏也由此更進一步發表自己對此爭議的見解。首先，他認為「周公制禮之後，孔父刊經已來，爰殊厭降之儀，以標服紀之節，重輕從俗，斟酌隨時」，而主張禮制應隨時代風俗而有權變，況且在春秋諸國，最知禮的魯國都「尚有子張問高宗諒陰三年，子思不聽其子服出母，子游謂同母異父昆弟之服大功，子夏謂合從齊衰之制」，可見服喪之制「自古已來，升降不一」。其次，「三年之制，說者紛然」，而父在為母三年，是高宗同意的政策，為「前王所是，疏而為律；後王所是，著而為令」，因此田再思用語強烈的反問對新制提出異議的官員：「何必乖先帝之旨，阻人子之情，虧純孝之心，背德義之本？有何妨於聖化，有何紊於彝倫？而欲服之周年，與伯叔母齊焉，與姑姊妹同焉？」可見田再思認為新制是遵守先帝之旨，且更能發揚人子之孝心，而非盧氏所言之「紊於彝倫」之制。最後，田再思更是反對將「庶事朝儀，一依周禮」的態度，並舉出許多今已不見行的周禮儀節，詰問道：「何獨孝思之事，愛一年之服於其母乎？」，認為實在沒有必要事事堅持舊禮，遂以「循古未必是，依今未必非」為其整篇建議的結論。[117]

---

[117] 〔五代〕劉昫撰，《舊唐書》，卷27，頁1024-1026。

由田再思的言論可知，喪服之制形成時的多樣與彈性、解釋禮經時的眾說紛紜以及為母服一年實不能滿足孝子之心等因素，都是為母服改革證成的重要依據，但盧履冰顯然認為田氏的說法甚謬，而再次上奏反對新制：

> 臣聞夫婦之道，人倫之始，尊卑法於天地，動靜合於陰陽，陰陽和而天地生成，夫婦正而人倫式序。自家刑國，牝雞無晨，四德之禮不愆，三從之義斯在。喪服四制云：「天無二日，土無二王，國無二君，家無二尊，以一理之也。故父在為母服周者，見無二尊也。」準舊儀，父在為母一周除靈，再周心喪，父必三年而後娶者，達子之志焉，豈先聖無情於所生，固有意於家國者矣。原夫上元肇年，則天已潛秉政，將圖僭篡，預自崇先。請升慈愛之喪，以抗尊嚴之禮，雖齊斬之儀不改，而几筵之制遂同。……且臣所獻者，蓋請正夫婦之綱，豈忘母子之道。[118]

　　盧履冰之所以堅守喪服四制中的「家無二尊」之理，其原因在於他認為唯有如此才能由「家」見「國」，使國家維持「國無二君」的秩序，避免武則天稱帝此等「牝雞司晨」的故事重演，所以他直指母服新制是武則天在上元年間「已潛秉政，將圖僭篡，預自崇先，請升慈愛之喪，以抗尊嚴之禮」的憑藉，而盧氏也不忘澄清自己並非忘卻母子之道的重要性，而是因為「正夫婦之綱」才是他認為制禮必須優先考慮的人倫。由此可見，玄宗年間對於母服一年或者三年的爭議，除了牽涉到禮制與人情之間的角

---

[118] 〔五代〕劉昫撰，《舊唐書》，卷27，頁1027-1028。

力之外，也蘊含了唐代部分士人對於女性干政的深惡痛絕。而在此目的之下，盧氏更針對武則天曾說的「禽獸之情，猶知其母」進行批判，認為「禽獸群居而聚麀，而無家國之禮，少雖知親愛其母，長不解尊嚴其父。引此為諭，則亦禽獸之不若乎！」[119] 著實再次壓抑了人子對母親的情感，而認為徒知「親母」而不知「尊父」，與禽獸無異，或可說是對人子的孺慕之情的最大貶抑。

除了盧履冰的極力反對，左散騎常侍元行沖（653－729）亦奏曰：

> 古之聖人，微性識本，緣情制服，有申有厭。天父、天夫，故斬衰三年，情理俱盡者，因心立極也。生則齊體，死則同穴，比陰陽而配合，同兩儀而成化。而妻喪杖期，情禮俱殺者，蓋以遠嫌疑，尊乾道也。……資於事父以事君，孝莫大於嚴父。……今若捨尊厭之重，虧嚴父之義，略純素之嫌，貽非聖之責，則事不師古，有傷名教矣。[120]

可見「天父」、「天夫」的父系宗法依舊是反對新制聲浪最大也最有影響力的理由，而雖然在盧履冰、田再思、元行沖先後提出見解后，「百僚議竟不決」，[121] 但到開元七年（719）八月玄宗還是下敕曰：

> 惟周公制禮，當歷代不刊；況子夏為傳，乃孔門所受。格

---

[119] 〔五代〕劉昫撰，《舊唐書》，卷27，頁1028。
[120] 〔五代〕劉昫撰，《舊唐書》，卷27，頁1030。
[121] 〔五代〕劉昫撰，《舊唐書》，卷27，頁1031。

條之內，有父在為母齊衰三年，此有為而為，非尊厭之
義，與其改作，不如師古，諸服紀，宜一依喪服文。[122]

雖然玄宗決定「諸服紀，宜一依喪服文」結束了此場爭論，但此
敕書在頒布之後，並沒有得到照實的遵循：

自是卿士之家，父在為母行服不同。或既周而禫，禫服六
十日釋服，心喪三年者；或有既周而禫，禫服終三年者；
或有依上元之制，齊衰三年者。時議者是非紛然。[123]

而元行沖面對當時卿士之家各行其是的情況，批評道：

聖人制厭降之禮，豈不知母恩之深也，以尊祖貴禰，欲其
遠別禽獸，近異夷狄故也。人情易搖，淺識者眾，一紊其
度，其可止乎！[124]

足見親情恩重的原則下加厚的新制，雖然有悖於古禮，但仍為當
時一些士人接受，並選擇違背官方規定而實踐之，足見母系與父
系，「一親」與「一尊」自《儀禮・喪服》施行以來永久的抗
衡。[125]

可能正是因為開元年間新制舊制之間的爭議不休，以及頒
下「一依古禮」的敕令之後，卻仍有不少人決定順依「人情」

---

[122] 〔五代〕劉昫撰，《舊唐書》，卷27，頁1031。
[123] 〔五代〕劉昫撰，《舊唐書》，卷27，頁1031。
[124] 〔五代〕劉昫撰，《舊唐書》，卷27，頁1031。
[125] 有關於自先秦到清代禮學家對於「親親」「尊尊」二系關係的討論，可參張壽
安，《十八世紀禮學考證的思想活力——禮教論爭與禮制省》一書第二章。

而服新制之喪，抑或誠如學者所指出的，其實在隋文帝仁壽三年（603）已因古禮「父在為母服一年」有違人情，禁止人子在這一年喪期間舉行小祥的吉禮，證明在隋代已對父在為母的一年之喪有另一番的反省與思考，[126]而到了唐代，更與重視門閥、外親以及信仰道教等社會大背景相結合，[127]以致於開元二十年（732）中書令蕭嵩與學士修定五禮時，議請依上元敕，以父在為母齊衰三年為此後唐代的母服定制，[128]最後納入《大唐開元禮》，成為往後唐代遵行的國家禮典，自高宗至玄宗朝的母服爭議終於塵埃落定，先秦至唐代程度最大的母服變革於焉成形。

關於開元二十年以後「父在為母服三年」條文在唐代的實踐狀況，據羅彤華的研究可知，在《開元二十五年令》出現了三年齊斬只解官不心喪之新制。心喪者，主要是為不得行三年之服的諸母而設，其主因為子為父親已服三年的重喪，無心喪之必要，而對母親因只服一年喪解官一年，故有為其心喪的需求。《開元二十五年令》三年齊斬只解官不心喪之制的出現，代表著此時國家已明確規定子為母實行齊衰三年解官之服，而刪除了之前《永徽令》、《開元七年令》因父在，而為母服齊衰杖期，而心喪三

---

126 陳弱水，〈初唐的女性意識〉，收於《隱蔽的光景：唐代的婦女文化與家庭生活》，頁180

127 有關《開元禮》之所以提高母服的原因，藤川正數認為這背後除了有政治上武韋政權為了提高自己女主的地位而提高母服的因素之外，其成功的原因亦以唐代重視門閥、重視外親以及道教信仰等社會條件為基礎，使得蘊含「母親主義」的喪服改制成形。藤川正數，〈唐代における母親主義の服紀改制について〉，《東方學》，第16期（1958.04），頁35-57。另外，吳麗娛則指出唐代喪服禮的修訂與北朝習俗之間的關係。參見氏著，《唐禮摭遺──中古書儀研究》，（北京：商務印書館，2002），頁495-520。

128 〔唐〕杜佑，《通典》（臺灣：臺灣商務印書館，1935），卷134〈禮九十四〉，「齊衰三年正服」條，頁700b，亦記載：「子為母。」注曰：「舊禮父卒為母，今改與父在同。」

年之制，[129]由此項改變可見《開元禮》在頒定之後實踐於官員之間的痕跡。

　　唐代為母服齊衰三年的變革，因武則天對母親生育之恩的重視而被提出，其間曾因武則天的得勢而被納入《垂拱格》，但也一度因人亡而政息。在開元二十年《開元禮》頒行之前，「父在，為母齊衰三年」的新制曾激起玄宗朝官員針鋒相對的討論，反對者堅持「家無二尊」必須體現於父在，而厭降母服為一年的規定，並認為此亦代表了「夫為妻綱」不可侵犯的家庭倫理；支持者則在依然遵守「父斬母齊」服制等差的前提下，正視真實生活中母親對於己子的鞠育之恩。長期以來母子情感對父系宗法觀念的挑戰、唐代兩造意見的僵持，以及社會對舊制新制的遵行不一，促使《開元禮》母服不論父在父卒皆齊衰三年規定的形成，「哀哀父母，生我劬勞」同樣重視父母養育之恩的觀念，在國家禮制中得到進一步的承認，並為往後的宋代的《天聖令》、[130]元代的《元典章》、明初的《大明令》所承襲，可謂影響甚鉅。

小結

　　喪服，是生者以外在的服飾表達對死者逝去至痛的感念，基於「事死如事生」的概念，生者為死者服何種等級的服制，意味

---

[129] 羅彤華，〈唐代官人的父母喪制——以〈假寧令〉「諸喪解官」條為中心〉，臺師大歷史系等編，《新史料・新觀點・新視角——天聖令論集（下）》（臺北：元照出版公司，2011），頁18-21、27「解官心喪表」。

[130] 1998年，戴建國先生於浙江寧波天一閣發現明鈔本北宋《天聖令》，其中《喪葬令》之附錄載有「喪服年月」條，刊列了五服制度下之親屬服制，現已整理出版。見天一閣博物館、中國社會科學院歷史研究所天聖令整理課題組，《天一閣藏明鈔本天聖令校證——附唐令復原研究（上）》（北京：中華書局，2006），頁211-225。

著彼此的親疏遠近與尊卑上下。而《儀禮‧喪服》即從「親親」出發表達人與人之間情感的深淺薄厚，藉由「尊尊」來提示身分的貴賤高低，試圖一一涵蓋人與人之間的相對關係，成為傳統中國喪服制度的基石。

喪服禮制對母子的界定，為傳統中國母子人倫的基本框架。母親懷胎十月，與其子有臍帶相連、血脈相通的事實，而在子女出生之後，也同時擔負著保護養育的責任，若以「親親」的角度來看，子為母所服之喪理應為最隆之禮，但在深受父系宗法影響的喪服制度中，人子對母親的感恩之情，卻無法得到如實的表達，而必須考量父在、父卒、爵位高低、子為嫡、為庶以及母親為妻、為妾等因素而有所降除，實可見母子情感與禮制規範之間的差距。

此一差距隨著漢代以降封建社會的崩解而越見明顯，魏晉時期即不斷有「緣情制禮」的呼聲，唐代武則天則不同於此前在《儀禮‧喪服》框架下所進行的母服討論，提出「父在，為母服齊衰三年」的建議，直接試圖修改古禮條文以縮小厭降的程度，撼動了「父至尊」、「母亞尊」的壁壘，在當時掀起一番激烈的討論。「父在，為母服齊衰三年」雖然備受爭議，然最後終為《大唐開元禮》接受，成為唐玄宗二十年（732）迄明洪武七年（1374）以前的母服定制。

由本章的討論可見，《儀禮‧喪服》中的母服規定，雖然無法完全涵蓋母子之間現實的複雜人事情感，但無疑是傳統中國喪服制度最權威的經典，而其中對天子、諸侯、大夫、士庶階層的分梳，更區隔皇家之尊與士庶的不同之處。這些因素，可能正是禮部官員面對明太祖欲為孫貴妃任情治喪時，搬出《儀禮》父在為母服齊衰一年，而大夫以上家庭非庶母親生子為庶母更是無服

的原因。但明太祖顯然對此項建議大為不滿，而欲更進一步了解明代以前母服規定、討論與實踐的情況，而唐代母服的變革始末亦在明代官員所呈上的報告之中。[131]

　　洪武朝孫貴妃之死，意外的激起明太祖對喪服制度中母服的關注，這件偶發事件，為明代的母服制度帶來多大的影響，明太祖對於當時的母服制度的看法為何，此後明代母服規定是否延續了唐代的變革，或有更進一步的蛻變，則留待下一章討論。

---

[131] 事實上亦是如此，見〔明〕太祖撰，《御製孝慈錄》，收於（明）張鹵校刊，《皇明制書》，卷12，頁7a-8b。

第二章
孝順父母：明代《孝慈錄》的制訂及其孝道觀念

> 苑中高樹枝葉雲，上有慈烏乳雛勤，雛翎少乾呼教飛，騰翔啞啞朝與昏。有時力及隨飛去，有時不及枝內存，呼來呼去羽翎硬，萬里長風兩翼振。父母雙飛緊相隨，雛知返哺天性真，歔欷慈烏慟惻仁，人而不如鳥乎？將何伸，將何伸？吾思昔日微庶民，苦哉！憔悴堂上親有似，不如鳥之至孝精，歔欷歔欷夢寐心不泯。
>
> 明太祖，《御製明太祖文集》，卷13，〈思親歌〉

　　明太祖御製的〈思親歌〉，以慈烏乳雛與雛鳥返哺的過程，提醒臣民對父母生養之恩的回報，並以自己對雙親無盡的懷念強調孝親的重要性。而由明太祖御製《孝慈錄》的書名可知，此書的頒訂與明太祖的孝道觀念有一定的關聯性，是故，在解析《孝慈錄》的底蘊之前，本章擬先探索太祖在位期間提倡孝道的方式與內容，以突顯《孝慈錄》在洪武朝孝道政策中的位置。其次，說明《孝慈錄》的頒訂過程，闡析其中所流露的治國理念。最後，配合《孝慈錄》所載的喪服制度，揭示其中的孝道內涵、對母子關係的規範，並與此前的母服制度進行比較，以彰顯《孝慈

錄》在歷代喪服制度中的特殊意義。

第一節　明太祖對孝道的提倡

　　明太祖曾說：「人情莫不愛其親，必使之得盡其孝，一人孝而眾人皆趨於孝，此風化之本也。故聖人之於天下，必本人情而為治。」[1]在中國，「以孝治天下」無疑是治國的基本原則之一，因為「孝」不只是個人道德和家庭倫常的表現，還關乎社會整體秩序的穩定，而「天子之孝」無疑是全國的道德典範，同時也是移風易俗的最大指標，可說是政教的重心所在。另一方面，明太祖認為蒙古政權對中國文化造成極大的摧殘，即位以後，致力於回歸先王之道，對中國文化進行再建構的工作，其中關涉的範圍包括衣冠禮樂在內的社會習俗，以及利用教化重建理想的社會秩序，[2]而對孝的提倡與宣導亦囊括其中。

一、明太祖勸孝之方式

　　首先，明太祖利用「以身作則」的方式，提供臣民一個孝子的模範。洪武三年（1370）九月，他下令將他在太廟祝文中的代稱──「臣」，改為「孝子皇帝」，而在往後的祭祖活動中，明太祖都以「孝子皇帝」自居。[3]除此之外，亦時常表達其對雙親

---

[1] 〔明〕夏原吉監修；〔明〕胡廣等修纂，《明太祖實錄》（臺北：中央研究院歷史語言研究所，1967），卷49，頁2a，洪武三年二月壬戌條。

[2] 范德（Edward L. Farmer），〈朱元璋與中國文化的復興──明朝皇權專制的意識型態基礎〉，收於張中政主編，《明史論文集》（合肥：黃山書社，1993），頁383-384。

[3] 「詔翰林侍讀學士魏觀，自今太廟祝文，止稱孝子皇帝，不稱臣。凡遣太子行禮，止稱命長子某，勿稱皇太子，著為令。」見《明太祖實錄》，卷56，頁4b，洪武三年九月乙己條。又可參見《明太祖實錄》，卷58，頁10b-11a，洪武三年十一月丁未條：「將有事于圜丘告仁祖廟，請配享，祝文曰：『孝子皇帝元璋

的感念之情，例如至正二十四年（1364）四月，在中書省官員進宗廟祭享及月朔薦新禮儀後，太祖忽然悲從中來的說到：

> 吾昔遭世艱苦飢饉相仍，當時二親俱在，吾欲養而力不給。今賴祖宗之佑，化家為國，而二親不及養，追思至此，痛何可言。因命並錄皇考妣忌日，歲時享祀以為常。[4]

可見得太祖子欲養而親不待的遺憾，而在位期間，他也時時提到自己「昔喪親適值艱難之際，今富有天下，不能為一朝之養」、[5]「今日雖尊為天子，富有四海，欲致敬盡孝為一日之奉不可得矣」的終生之痛。[6]並且還說過自己「夢見吾親聚處之歡，一如平生」，相信「父母子孫，本同一氣，精神所格，有感必應」，[7]以形諸於夢寐的親子相處，一方面認同天下父母子孫之間為同氣一體，若孝心精誠即可相感應的現象，一方面也以此證明自己的孝心之純，足為天下模範的事實。

　　除了以身作則來昭告以孝治天下之外，自開國以來，明太祖亦不遺餘力的鼓吹全國各地上報孝子孝行，據《大明會典》記載：

　　敢昭告于皇考仁祖淳皇帝，今月二十五日冬至恭祀昊天上帝于圜丘，謹請皇考作主配神」」。也可參見《明太祖實錄》，卷189，頁4a，洪武二十一年三月乙酉條：「……某年某月某日孝子皇帝元璋敢昭告于皇考仁祖淳皇帝。」。

[4]　〔明〕呂本等輯，《皇明寶訓》，收於《四庫全書存目叢書》史部53冊（臺南：莊嚴文化，據故宮博物院圖書館藏明萬曆三十年秣陵周氏大有堂刻本影印，1996），卷1，〈孝思〉，頁13b，甲辰條。

[5]　《明太祖實錄》，卷45，頁4b，洪武二年九月己酉條。

[6]　〔明〕呂本等輯，《皇明寶訓》，收於《四庫全書存目叢書》史部53冊，卷1，〈孝思〉，頁16a，洪武八年三月丙寅。

[7]　《明太祖實錄》，卷45，頁4b，洪武二年九月己酉條。

洪武元年令。今凡孝子、順孫、義夫、節婦，志行卓異
者，有司正官舉名，監察御史、按察司體覈，轉達上司，
旌表門閭。[8]

可見得甫一開國，孝子即為旌表的首要人選。而據《明實錄》所
載洪武朝272件旌表事例中，旌表孝行的有29人，下表即為洪武
朝29件因孝旌表的時間、當事人及其受旌表的原因。

表二　洪武朝受旌表者孝行一覽表

	受旌表者	時間	旌表事蹟
1	范祖幹	元至正十八年（1358）十二月	父母卒，悲哀三年如一日。
2	姜瑜	洪武六年（1373）十二月	為母廬墓三年。
3	李大妻甄氏	洪武十六年（1383）二月	為姑廬墓三年。
4	王中	洪武十六年（1383）二月	為母廬墓三年。
5	李英	洪武十六年（1383）八月	為母吮疽嘗糞。母常病疽；母卒，廬墓三年。
6	徐允讓	洪武十七年（1384）正月	元末兵亂，捐身以救父死。
7	侯昱	洪武十八年（1385）二月	母病，晝夜侍湯藥；母歿，廬墓三年。
8	李德	洪武十八年（1385）二月	元末兵亂，負母逃難。

---

[8] 〔明〕申時行修，《（萬曆）大明會典》（北京：中華書局，1989），卷79，
〈旌表〉，頁457。

	受旌表者	時間	旌表事蹟
9	張拾	洪武十八年（1385）六月	元末兵亂，拾身隸軍伍。母病，旦夕焚香籲天臥冰以療母疾。上因其孝蠲其軍役。
10	李某女	洪武二十年（1387）四月	旦夕焚香籲天療母疾，母遂愈。
11	王興	洪武二十一年（1388）正月	臥冰籲天療母疾，母遂愈。
12	丁歪頭	洪武二十四年（1391）三月	割肝療母疾，母遂愈。
13	徐真童	洪武二十四年（1391）四月	割肝療母疾，母遂愈。
14	顧仲禮	洪武二十四年（1391）十月	為母廬墓三年。
15	曹鏞	洪武二十五年（1392）二月	父早卒，事母龍氏至孝。
16	王僧兒	洪武二十五年（1392）五月	割肝療母疾，母遂愈。
17	姚觀壽	洪武二十五年（1392）八月	事其父明克盡孝道。
18	魏敏	洪武二十五年（1392）十月	為母廬墓三年。
19	禮關	洪武二十六年（1393）二月	割肝療母疾，母遂愈。
20	張住	洪武二十六年（1393）四月	事親克盡孝道。
21	王重	洪武二十六年（1393）四月	事親克盡孝道。
22	杜仁義妻韓氏	洪武二十六年（1393）四月	事親克盡孝道。
23	張二女勝奴	洪武二十六年（1393）四月	事親克盡孝道。
24	劉驢兒	洪武二十六年（1393）六月	割肝療父疾。

	受旌表者	時間	旌表事蹟
25	沈德	洪武二十六年（1393）六月	割肝療父疾，父遂愈。
26	王德兒	洪武二十六年（1393）六月	割肝療母疾，母遂愈。
27	姚金土	洪武二十六年（1393）六月	割肝療母疾，母遂愈。
28	史以仁	洪武二十六年（1393）六月	割股療母疾，母遂愈。
29	李德成	洪武二十七年（1394）七月	母早亡，德成乃摶土肖象，日奠飲食，奉之如生。會朝廷徵孝廉，有司以德成應詔擢光祿司，署丞遷太常寺贊禮郎，尋陞尚寶司丞。

資料來源：《明太祖實錄》，卷6、86、152、156、159、171、173、181、188、208、213、216、217、220、222、225、227、228、233。

　　由表中可以看到，不論是孝子、孝女還是孝婦，事親、事舅姑甚謹、盧墓三年、孝感奇蹟、身代父死、割股、割肝等等，都可以是他們受旌表的原因，[9]第29例的李德成甚至因孝行誠篤而被拔擢為官。事實上，在洪武十八年（1385），已有詔舉孝廉之舉：

　　　　丙午，詔舉孝廉之士。上諭禮部臣曰：「朕向者令有司
　　　　舉聰明正直之士，至者多非其人，甚孤所望。朕聞古者
　　　　選用孝廉。孝者忠厚愷弟，廉者潔己清修，如此則能愛人
　　　　守法，可以從政矣。其令州縣，凡民有孝廉之行著聞鄉里

9　關於明代孝婦相關問題的探討，見林麗月，〈孝道與婦道：明代孝婦的文化史考察〉，《近代中國婦女史研究》，6（臺北，1998.8），頁3-29。；割股行孝的相關探討，見邱仲麟，〈隋唐以來割股療親現象的社會史考察〉，臺北：國立臺灣大學歷史學系博士論文，1996。

者，正官與耆民以禮遣送京師，非其人勿濫舉。」[10]

太祖認為「孝者，忠厚愷弟」而必可「愛人守法」，成為其所期望的官員，所以才有上述被拔擢為官的孝子產生。

另一個較特別的旌表情況是第9例的薊州遵化縣孝子張拾，因其孝行而蠲免軍役，這種事例在洪武二十七年（1394）亦可看到相似的情況：

> 辛丑，詔免孝子郝安童軍役。安童，永州府祁陽縣人。父玄戍定遼，以辛卒。安童當補役，以母老無他兄弟供養，且有姑守節老而無依，亦仰給於己，詣闕自陳。上憐之，復其身。[11]

孝子安童雖然沒有如張拾一樣受到旌表，但皇帝仍因家中上有母、姑待養而免其軍役，可見得孝道價值超越國家軍役義務的可能性。

從以孝免役的例子可看出明太祖對孝道的支持之外，對於重視法治的明太祖而言，因孝免罪更可凸顯孝道在明太祖心中的崇高價值。吳元年（1367）即發生過此類案例：

> 蒲臺民有供芻蕘違令者，大將軍徐達欲斬之，其子乞以身代，達送之建康。上以其孝，並其父宥之。[12]

---

[10] 《明太祖實錄》，卷176，頁4a-4b，洪武十八年十二月丙午條。
[11] 《明太祖實錄》，卷233，頁1a，洪武二十七年五月辛丑條。
[12] 《明太祖實錄》，卷28下，頁17b，吳元年十二月戊辰條。

父親有罪而其子乞求代罪，最後太祖因孝寬宥這對父子，沒有人受到懲罰。此舉的目的，史書雖無明載，但在洪武八年（1375）的類似案例中，則錄下了明太祖更明確的說明：

> 淮安府山陽縣民有父得罪當杖，請以身代。上謂刑部臣曰：「父子之親，天性也，然不親不遜之徒，親遭患難有坐視而不顧者。今此人以身代父，出於至情，朕為孝子屈法，以勸勵天下。」其釋之。[13]

從太祖對父母的情感描述可知，親子之間的天生情感一直以來是太祖強調的孝道基礎，而這份情感則可使重視法治的他寧「為孝子屈法」，以勸勵天下那些對雙親遭受患難而坐視不管的人。[14]而除了子救父的案例，也存在因救母之孝而宥罪的情況：

> 戊寅，鷹揚衛軍婦失火焚軍士廬舍。所司坐當笞，婦年六十餘，其子請代受刑。上曰：「子孝其母，而母非故犯，宥之。」[15]

可見不論是父是母犯罪，太祖都因人子對他們的孝心，而寬宥其罪，沒有任何差別。

另一例子，面對洪武二十五年（1392），天策衛卒吳英父得罪繫獄，英詣闕陳情，願為官奴以贖父罪時，太祖雖仍珍視其孝心，並且認為吳英「非知書者，能如此亦可謂難矣」，所以「特

13　《明太祖實錄》，卷96，頁2b，洪武八年正月癸酉條。
14　但也須注意這類孝行因為與國法之間的衝突，所以是被排除在旌表之外的。
15　《明太祖實錄》，卷158，頁3a-3b，洪武十六年十二月戊寅條。

屈法以宥其父,將以勵天下之為人子者」,但也向吳英勸諭另一番人子盡孝的道理:

> 上諭英曰:「汝之情固有可矜,但汝平時何不勸諫汝父,使不犯法?今罪不可貸,然念汝愛父之至,特屈法宥之。汝自今凡遇父有不善,當即諫止,若不聽,必再三言之,使不陷於非義,斯為孝也。」[16]

太祖認為真正的孝,應是在平時勸諫父母不可犯法,或想盡辦法遏止他們有犯法的行為,而非到最後才捨身救之。可見在太祖心中有一套對「孝」以及兒女與雙親之間應如何互動的見解,而其中的整體內涵為何,則在太祖的御製諸書中有更清楚的闡明。

二、明太祖孝道觀念的內涵

明太祖不僅透過以身作則、旌表孝子或大赦孝子父母之罪等方式來提倡孝道,亦利用《大誥》、《大誥續編》、《大誥三編》、《教民榜文》、《資世通訓》等御製書籍來說明其所認可的孝道行為與內涵,進而對其治下的官員與平民百姓提出品格上的要求。在這幾部頒布天下的御製書籍中,以洪武八年(1375)的《資世通訓》最早成形,明太祖在此書中分別明述了身為君、臣、民、士、農、工、商、僧道等等社會身分應有的行為法度,而檢視各篇章的內容即可知道,「孝」幾乎是上至君主下至臣民都必須遵守的倫理道德。在《資世通訓》〈君用章〉提到「君備知十八事」,其中一事即為「孝,孝於父母」;在〈臣用章〉中

---

[16] 《明太祖實錄》,卷215,頁3a,洪武二十五年正月甲辰條。

也提到官員應「奉父母，篤以溫清甘旨，勤敬而不怠，諫父母之非懇切，至於沒身，不陷父母」；在〈民用後章〉中也提醒百姓「孝於父母者，朝出必告父母知，言今日往東，若要歸來，抵日暮方還。所告者為何？恐至晚不歸，使父母無方可望，其憂甚也，故遊必有方，孝之至也。歸必告吉凶，使父母樂而無疑」；甚至連在〈農用章〉中，明太祖也告訴農民「厚奉父母」是使禾苗豐收的條件之一，孝事父母是不分階級都必須銘記遵守的善行。[17]

明太祖的孝道內涵，到了洪武十八年（1385）至十九年（1386）所陸續頒行的《大誥》、《大誥續編》、《大誥三編》中，發展出更為清晰完整的脈絡。首先，明太祖最為重視，也一再提醒的孝道基礎，是人子須時時刻刻牢記父母親的生身之恩。在洪武十八年（1385）頒行的《大誥》〈諭官生身之恩第二十四〉篇中他提到：

> 朕常命官，每諭生身之恩最重，其詞云何？曰：「汝知父母之慈乎？且如初離母身，乃知男子，母徑聞父生兒矣。父既聞之，以為禎幸。居兩月間，夫妻閱子寢笑父母亦歡。幾一歲間，方識父母，歡動父母。或肚踢，或擦行，或馬跑，有時依物而立，父母尤甚歡情。然而鞠育之勞，正在此際，所以父母之勞，憂近水火，以其無知也。設若水火之近，非焚則溺，冬恐寒逼，夏恐蟲傷，調理憂勤，勞於父母，豈一言而可盡？及其長也，有志四方，能不致

---

[17] 〔明〕太祖撰，《資世通訓》，收於〔明〕張鹵校刊，《皇明制書》（臺北：成文出版社，據明萬曆年間刻本影印，1969），卷2，頁3b、5b、8a、10b。

父母之憂，此為孝也。」[18]

明太祖與官員言孝時，以相當細膩的手法描繪了孩子從出生到成人每一個日常生活的情境，強調父母迎接孩子來到人世的歡悅，與在孩子成長過程中所付出的辛勞，將父母對於人子的「生身之恩」與「鞠育之勞」當作闡明孝道的基礎。而在洪武十九年（1386）三月《大誥續編》的〈明孝〉中，明太祖則是更詳細的列舉了十六項人子應回報父母的合格孝行（見表三），其中包括從私領域的寢食照料，家業管理、雙親之命的奉違態度，到公領域的待人接物與移孝作忠，都是明太祖認為人子欲盡孝道必須注意的要項，可說是明太祖孝道觀念內涵的總集成。[19]而明太祖要求天下臣民遵守的「五常」，或稱為「五教」，即是從〈明孝〉十六項類目中抽繹濃縮，形成「父子有親，君臣有義，夫婦有別，長幼有序，朋友有信」更為簡潔的內容。[20]明太祖認為「五教既興，無有不安者也」，[21]並使「強不得凌弱，眾不敢暴寡」。[22]而若將「五常」與〈明孝〉篇結合來看的話，可以說安定天下倫理秩序的根本，無疑是人子的孝心。

　　另一方面，太祖又利用〈明孝〉中的「事君以忠」、「涖官以敬」兩個類目加以發揮，作為針對官員們三申五令的孝行勸導

---

[18] 〔明〕太祖撰，《御製大誥》，收於《明朝開國文獻》第1冊（臺北：臺灣學生書局，1966），頁12b-13a。

[19] 〔明〕太祖撰，《御製大誥續編》，收於《明朝開國文獻》第1冊（臺北：臺灣學生書局，1966），頁5b-7a。

[20] 〔明〕太祖撰，《御製大誥》，收於《明朝開國文獻》第1冊，頁17b；〔明〕太祖撰，《御製大誥續編》，收於《明朝開國文獻》第1冊，頁1a。此句話係出自《孟子》。參見〔漢〕趙岐注、〔宋〕孫奭疏，《孟子注疏》，收於〔清〕阮元校勘，《十三經注疏》（臺北：藝文印書館，據清嘉慶二十年江西南昌府學開雕本影印，2001），卷5下，〈滕文公章句上〉，頁3b。

[21] 〔明〕太祖撰，《御製大誥》，收於《明朝開國文獻》第1冊，頁17b

[22] 〔明〕太祖撰，《御製大誥續編》，收於《明朝開國文獻》第1冊，頁65b。

內涵。例如在〈御製賢臣傳序〉中,明太祖說道:

> 賢之所學,初篤明孝親,何篤明孝親者也?蓋父母之親,
> 天性也,加以篤明是增孝也。孝之既明矣,然後乃能事
> 君,所以忠於君,而不變為姦惡者,以其孝為本也,所以
> 非孝不忠,非忠不孝。所以事君者,若父母生,必榮貴
> 之,厚養之,以顯之,此其所以孝也。如事君不忠,致父
> 母生有累焉,如不累焉,身當其罪者,則父母憂戚焉,此
> 賢者之孝,憂父母生若是也。或父母已逝,而孝猶篤然而
> 慎焉,不敢不忠君者,孝在安神魂於九泉,若或不忠,惟
> 恐陰陽之道殊,恐連父母有所不知,宵晝思音容而不復
> 見,常以為傷心,安敢不忠君,棄富貴而累祖宗也哉?[23]

在這段話中,明太祖從「父母之親天性也」出發,告誡官員若是
忠君,可厚養、顯榮父母,而若事君不忠,則可能使父母擔心甚
至連累父母一同受罪。明太祖這種移孝作忠,再將忠反推回孝的
「忠孝兩全」勸告,亦出現在〈相鑑姦臣傳序〉太祖責備姦臣
「初欲榮父母而返累父母,本欲榮身而又殺身,必欲顯父母而至
於滅姓也」的話語中,[24]並且在三部大誥之中,也隨處可見。例
如《大誥》中〈君臣同遊〉說道:「政者何?惟務為民造福,拾
君之失,撙君之過,補君之缺,顯祖宗於地下,歡父母於生前,
榮妻子於當時」;[25]又如《大誥續編》中〈相驗囚屍不實〉則認

---

[23] 〔明〕太祖撰,《御製賢臣傳》,收於《明朝開國文獻》第2冊(臺北:臺灣學
   生書局,1966),頁2a-3a。
[24] 〔明〕太祖撰,《御製賢臣傳》,收於《明朝開國文獻》第3冊(臺北:臺灣學
   生書局,1966),頁2b。
[25] 〔明〕太祖撰,《御製大誥》,收於《明朝開國文獻》第1冊,頁4a。

為處罰不才的官員，是因其「不思父母妻子，妄為百端，所以刑奸頑不孝之徒」；[26]再如《大誥三編》〈進士監生不悛〉，則提及受懲罰的監生王本道等三百六十四人，是「不能推父母之慈情，立志在於祿位，顯揚祖宗，豐奉父母」而盡喪父母之勞。[27]由上可知，太祖所提倡的孝道內涵中，實蘊含了對官員「忠孝兩全」的邏輯推理與嚴格要求。

由《大誥》、《大誥續編》、《大誥三編》中，可以看到明太祖對天下臣民所申明的「父子有親，君臣有義，夫婦有別，長幼有序，朋友有信」之「五常」，亦可看見誡諭官員的「忠孝兩全」之孝道倫理，這樣的孝道教化內涵，在洪武二十年（1387）時，詔令頒至天下，令各處官民之家傳誦。[28]但須注意的是到了洪武三十年（1397）的另一個詔令，改變了教化一般百姓的內容：

> 辛亥，上命戶部下令天下民，每鄉里各置木鐸一，內選年老或瞽者，每月六次持鐸徇于道路曰：「孝順父母，尊敬長上，和睦鄉里，教訓子孫，各安生理，毋作非為」。……庶使人相親愛，風俗厚矣。[29]

「孝順父母，尊敬長上，和睦鄉里，教訓子孫，各安生理，毋作非為」被收入於洪武三十一年（1398）頒行全國的《教民榜文》之中，成為後世所流傳的「聖諭六言」。由此可看到洪武時期的民間教化，從宣傳三部《大誥》中的「五常」轉變為傳誦《教民

---

[26] 〔明〕太祖撰，《御製大誥續編》，收於《明朝開國文獻》第1冊，頁33a

[27] 〔明〕太祖撰，《御製大誥續編》，收於《明朝開國文獻》第1冊，頁13a。

[28] 《明太祖實錄》，卷182，頁8a，洪武二十年閏六月甲戌。

[29] 《明太祖實錄》，卷255，頁1a，洪武三十年九月辛亥條。

榜文》中的「六諭」，[30]代表著孝道宣揚的首要內容從「父子有親」轉變為「孝順父母」的過程，無疑地更符合明太祖在《大誥》中，對父母生身之恩與鞠育劬勞的強調。[31]而「孝順父母」也同時比自古以來統治者所強調的「父慈子孝」更強烈的意識到母親的地位，也更易為一般庶民所接受，而較具影響力。[32]

　　《教民榜文》是通過設立里老，並以里甲為基礎，結合里社、社學、鄉飲等制度，以調節民間糾紛、施行教化為特徵的制度性規定，[33]其頒布的主要目的在於區別哪些地方事務由地方老人處理，哪些由地方官來負責，[34]可以視為明朝鄉約制度的初立。[35]根據酒井忠夫的研究，《教民榜文》雖然隨著里甲制在成化、弘治之際的廢弛而形同具文，但其中的六諭，卻因為嘉靖八年（1529）王廷相（1474－1544）將鄉約結合六諭上奏的題准，成為地方官、士人教化地方社會的主要內涵，使得六諭的內容，在嘉靖以降的明代社會為人所熟知。[36]成書約於嘉靖十四

---

[30] 常建華指出：洪武時期的民間教化大致上有一個從宣傳《大誥》三編向宣傳《教民榜文》轉化的過程。見常建華，《明代宗族研究》（上海：上海人民出版社，2005），頁193

[31] 〔明〕太祖撰，《教民榜文》，收於〔明〕張鹵校刊，《皇明制書》（臺北：成文出版社，據明萬曆年間刻本影印，1969），卷9，頁15b-16a：「父母生身之恩至大，其鞠育劬勞詳載《大誥》。」

[32] 井上徹，〈明朝對服制的改定——《御製孝慈錄》的編纂〉，收於錢杭翻譯，井上徹著，《中國的宗族與國家禮制》，頁346-347。

[33] 常建華，《明代宗族研究》，頁199。

[34] Edward L. Farmer, *Zhu Yuanzhang & Early Ming Legislation*（New York: E.J. Brill, 1995），p.74.

[35] 常建華，《明代宗族研究》，頁199。

[36] 酒井忠夫，《中國善書の研究（增補版）》（東京都：國書刊行會，1999-2000），頁58-78；另一方面，常建華亦指出，事實上在嘉靖八年的題准之前，已有地方官將六諭與鄉約結合的事例，最有名的即是正德時期王陽明於南贛推行《南贛鄉約》時，加入了聖諭六言。其後聖諭六言即隨著王門學人在各地的講學、從政與推行鄉約制度，使得聖諭六言在嘉靖、隆慶年間漸漸廣為流傳，為人人所熟知，成為許多地方官為政時勸諭百姓的內容。見常建華，《明代宗族研究》，頁158-306。關於聖諭六言在明代中後期被極力提倡的情況，亦可見詹康，〈明代的教化思想〉，頁80-82。

年（1535）的黃佐（1490－1566）《泰泉鄉禮》，其中的〈諭俗文〉即記到：

> 上司深愛爾民做好人，幹好事，孝順父母，尊敬長上，和睦鄉里，教訓子孫，守本分業，為太平民，不犯刑條，何等快活，不致禍敗，何等安康。[37]

可看到聖諭六言融入諭俗文的痕跡，而在同書中的〈勸孝文〉所敘述的孝行，也是以太祖的「孝順父母」及其孝道觀念之內涵作為出發點來進行論述。[38]另外，也可在士人的家訓中看到同樣的現象，[39]茲舉高攀龍（1562－1626）的〈家訓〉為例：

> 人失學，不讀書者，但守太祖高皇帝聖諭六言：「孝順父母，尊敬長上，和睦鄉里，教訓子孫，各安生理，毋作非為」。時時在心上轉一過，口中念一過，勝於誦經，自然生長善根，消沉罪過。[40]

而在高攀龍所興辦的同善會講語中亦有提及：

---

[37] 〔明〕黃佐，《泰泉鄉禮》，收於《景印文淵閣四庫全書》總142冊（臺北：臺灣商務印書館，1983），卷3，〈諭俗文〉，頁12b。

[38] 〔明〕黃佐，《泰泉鄉禮》，收於《景印文淵閣四庫全書》總142冊，卷3，〈勸孝文〉，頁26b-29b。

[39] 常建華，《明代宗族研究》，第六章「明代宗族鄉約化」提到：嘉靖萬曆時期，浙江、江蘇、江西、安徽的一些府、縣地方官在推行鄉約的過程中，嘗試將鄉約與宗族結合起來，在宗族設立約長，宣講聖諭、把宗族納入到鄉約系統中。明代後期鄉約化的宗族，活動的特點是宣講聖諭六言、依據聖諭六言制訂祠規，加強對族人的教化。

[40] 〔明〕高攀龍，《高子遺書》，收於《景印文淵閣四庫全書》總1292冊（臺北：臺灣商務印書館，1983），卷10，〈家訓〉，頁94a。

這箇同善會專一勸人為善，所以勸人為善者，且不要論善是決當為，惡是決不當為的道理，中間極有大利害，不可不知，我等同縣之人，若是人人肯向善，人人肯依著高皇帝六言：「孝順父母，尊敬長上，和睦鄉里，教訓子孫，各安生理，毋作非為」，如此便成了極好的風俗。[41]

由上所舉諸例可知在明中後期，「六諭」因為內容本身較「五常」更貼近民眾的生活，再加上明代中後期士人的推廣，使得「孝順父母」這樣並重「父母」的孝道概念，在普及的程度上遠遠大過於「父子有親」。而由明代人對明太祖的描述：「孝順父母是我太祖高皇帝親口教詔汝民第一件好事」；[42]「太祖高皇帝首倡孝順父母，　鐸警民」；[43]「我太祖高皇帝諭俗首孝順父母」；[44]「……，其妙者當與我太祖高皇帝孝順父母六言並看，六言雖約，而人生好歹之事皆包盡矣。體此六言，則聖賢可至」，[45]可知「孝順父母」這樣一個清楚表明盡孝對象包含父母雙方的上諭，在歷代皇帝中不但是由明太祖首倡，也成為明太祖的重要象徵。而父母並提的孝順父母觀念，事實上也在太祖的其他政策中體現。

---

[41]　〔明〕高攀龍，《高子遺書》，收於《景印文淵閣四庫全書》總1292冊，卷12，〈同善會講語三條〉，頁33b-34a。

[42]　〔明〕黃佐，《泰泉鄉禮》，收於《景印文淵閣四庫全書》總142冊，卷3，〈諭俗文〉，頁15a。

[43]　〔明〕朱鴻，《孝經總類》，收於《續修四庫全書》經部151冊（上海：上海古籍出版社，據北京圖書館藏明抄本影印，2002），〈孝經總序〉，頁19b。

[44]　〔明〕　維祺，《孝經大全》，收於《續修四庫全書》經部151冊（上海：上海古籍出版社，據天津圖書館藏清康熙二年呂兆璜等刻本影印，2002），卷19，〈表章通考表章孝經疏〉，頁8a。

[45]　〔明〕王鳴鶴，《登壇必究》，收於《續修四庫全書》子部960冊（上海：上海古籍出版社，據北京大學圖書館清刻本影印，2002），卷13，〈號令說〉，頁72a。

第二節 《孝慈錄》的頒行

明太祖對「以孝治天下」的努力，是其開國以來教化政策的重要環節之一，除了孝道的宣揚之外，教民以「禮」無疑也是治國的重要基礎。明太祖即位前後曾多次下令儒臣議定禮儀制度，如此重視議禮的原因，一方面是欲清除元朝統治的影響，強調改朝換代，整飭社會風氣，敦促教化；另一方面則是希望儘快恢復由於元末戰爭被削弱的秩序，以強化國家的統治。[46]太祖曾謂禮部官員曰：

> 禮者，所以美教化而定民志。成周設大司徒，以五禮防萬民之偽而教之中。夫制中莫如禮，修政莫如禮，齊家莫如禮。故有禮則治，無禮則亂。居家有禮，則長幼敍而宗族和；朝廷有禮，則尊卑定而等威辨。元興，以夷變夏，民染其俗，先王之禮幾乎熄矣，而人情狃於淺近，未能猝變。今命爾稽考典禮，合于古而宜于今者，以頒布天下，俾習以成化，庶幾復古之治也。[47]

可見太祖認為禮是社會秩序的根本，並且認為在前朝元代的治理下，「先王之禮幾乎熄矣」，所以時常表明他「即位以來，夙夜不忘思有以振舉之，以洗汙染之習」，遂常與禮部官員、在朝諸儒共同議禮，希望一方面能「斟酌先王之典」、「復中國

---

[46] 羅仲輝，《論明初議禮》，收於王春瑜，《明史論叢》（北京：中國社會科學出版社，1997），頁74-92。

[47] 《明太祖實錄》，卷73，頁1b-2a，洪武五年三月辛亥條。

之舊」，一方面完成一套「務合人情，永為定式」的禮制。[48]因此，在明太祖在位三十一年的歲月裡，制禮活動前前後後始終沒有間斷，[49]其中包括郊祀禮、百神祭典、耕藉禮、軍禮、鄉飲酒禮，以及不同等級官民所應遵守的服飾、器用、房舍、交往禮儀、婚喪冠祭之禮，皆囊括在內，而將禮令彙編成書頒布天下，並以國家的力量推行，是明太祖為了建立禮治秩序常用的方式，《孝慈錄》即是明太祖漫長的制禮過程中，一部有關於喪服禮制的重要禮書。明代最初的喪服禮制，初定於洪武元年（1368）《大明令》，基本上沿襲了唐代《開元禮》的喪服制度，無太大的變革，但洪武七年（1374），貴妃孫氏之死，卻促使太祖將當下的議禮重心轉移至喪服禮制的改革之上。

洪武七年（1374），明太祖貴妃孫氏薨，因孫氏生前並未產下皇子，明太祖遂命曾受孫貴妃撫養的周王橚主喪事，[50]為孫貴妃行慈母服斬衰三年，而東宮、諸王則為庶母孫貴妃服期服。[51]這樣的命令，實際上違反了洪武元年（1368）《大明令》中為母服的規定，究其原因在於，依當時的《大明令》，為慈母應為齊衰三年，[52]而非太祖所說的斬衰三年，而且孫貴妃乃東宮太子及諸王之庶母，依當時的《大明令》，也應只為孫氏服緦麻三月，而無服期之禮。[53]當下，懿文太子表達了他不同意的看法：

---

[48] 《明太祖實錄》，卷80，頁2a，洪武六年三月甲辰條。

[49] 可見何淑宜，《明代士紳與通俗文化──喪葬文化為例的考察》，頁36-39表1「洪武時期議定禮儀簡表」。

[50] 根據學者的研究，燕周二王皆為碩妃所生，而燕王被高皇后撫養而周王被孫貴妃撫養。參考李晉華，〈明成祖生母問題彙證〉，《歷史語言研究所集刊》，第六本第一分（臺北，1936.3），頁71-75。

[51] 〔清〕張廷玉，《明史》，卷113，〈列傳第一·孫貴妃〉，頁3508。

[52] 〔明〕太祖撰，《大明令》，收於〔明〕張鹵校刊，《皇明制書》，卷1，頁14a。

[53] 依《大明令》規定：「為庶母（父妾有子者）緦麻三月」，但因孫貴妃沒有產下子嗣，所以也不合於此條喪服規定，見〔明〕太祖撰，《大明令》，收於〔明〕

貴妃某氏薨，太祖詔太子服齊衰杖朞，太子曰：「禮，惟士為庶母服緦麻，大夫以上為庶母則無服。又公子為其母練冠、麻衣、縓緣，既葬除之。蓋諸侯絕朞喪，諸侯之庶子，雖為其母亦壓于父，不得伸其私。然則諸侯之庶子不為庶母服，而況于天子之嗣乎？」帝大怒，以劍逐之，太子走，且曰：「大杖則走。」翰林正字桂彥良諫太子曰：「禮可緩，君父之命不可違也，嫌隙由是生矣。」太子感悟，遂齊衰見帝謝罪，帝怒始釋。[54]

此處懿文太子所說的「禮」所指的是《儀禮‧喪服》中的條文，認為自己在身分上，既是大夫以上，又是嫡長子，對庶母應為無服，可見明太祖這一決定不但不符合《大明令》，於古禮也是無據。雖然如此，太祖顯然執意強行，太子礙於「君父之命不可違」也只能接受。但也因為太子的反對，又或者當時引起不少爭議，明太祖遂命禮部討論孫氏喪服問題，並將結果上奏之。

等待三日後，禮部尚書牛諒（生卒年不詳）上奏的結果，亦如懿文太子以《儀禮》為定式，認為：「父在，為母服期年，若庶母則無服」，暗示著周王橚為其慈母服齊衰杖期，而非明太祖所希望的斬衰三年，而懿文太子與諸王則無服於孫貴妃，也非明太祖所說的齊衰杖期，這樣的結果顯然與明太祖的想法大相逕

張鹵校刊，《皇明制書》，卷1，頁20a。

[54] 〔明〕徐禎卿，《翦勝野聞》，收於〔明〕鄧士龍輯，《國朝典故》（北京：北京大學出版社，1993），卷3，頁60。《明實錄》所記載的《御製孝慈錄》議定過程，並沒有呈現太子的反對意見。徐禎卿所記下這段文字，成為〔清〕高宗敕撰的《續通典》中〈皇太子為庶母服議〉的藍本，推測應為《明實錄》欲掩飾明太祖父子爭執的局面，所以刻意不錄。另可參見〔清〕高宗敕撰，《續通典》（臺北：臺灣商務印書館，1987），卷76，〈皇太子為庶母服議〉，頁1595-3。

庭。懿文太子與禮部尚書牛諒皆以《儀禮‧喪服》，而不以當時的《大明令》來提出反對意見的原因，可能與太子與官員們深知太祖希望能在統治期間復興古典傳統的意向有關，[55]據戴彼得（Peter Ditmanson）的研究指出，太祖採納官員諍言時，常展現他對「復古」的喜好，較有可能接受大量徵引儒家經典為內容的建言，[56]筆者推測此為懿文太子與禮部尚書不約而同地以禮儀經典來提出規諫的理由。不料，面對禮部的這項建議，明太祖大為不滿地嚴加訓斥道：

> 夫父母之恩，一也。父服三年，父在，為母則期年，豈非低昂太甚乎？其於人情何如也。乃敕翰林學士宋濂等曰：「養生送死，聖王之大政，諱亡忌疾，衰世之陋俗。三代喪禮，節文尤詳，而散失於衰周，厄於暴秦，漢唐以降，莫能議此。夫人情有無窮之變，而禮為適變之宜，得人心之所安，即天理之所在。」[57]

可見明太祖在這次議禮的過程中所重視的是「人之常情」，認為父與母兩者對於人子的恩情應該受到等量齊觀的對待，故認為若遭逢母喪，而因父在，只為母服一年之喪，實在是「低昂太甚」。於是，明太祖再命翰林學士宋濂（1310－1381）等人詳加考察史書，向太祖報告古人論母服的議論與實例。最後，根據宋

---

[55] 范德（Edward L. Farmer），〈朱元璋與中國文化的復興──明朝皇權專制的意識型態基礎〉，收於張中政主編《明史論文集》，頁383-384；朱鴻，〈明代的周公──論朱元璋的效法成周為治〉（略稿），收於陳懷仁、夏玉潤主編，《洪武六百年祭》（海口：南方出版社，2001），頁105-114。

[56] 戴彼得（Peter Ditmanson），〈洪武年間的道德諫諍〉，收於朱鴻林編，《明太祖的治國理念及其實踐》（香港：香港中文大學，2010），頁65。

[57] 《明太祖實錄》，卷94，頁1a，洪武七年十一月壬戌朔條。

濂回報的結果，發現歷代願為母服三年喪者二十八人，願為母服一年喪者十四人，前者多出後者整整一倍。[58]

　　這份考察報告可說是宋濂迎合聖意的產物。首先，報告中願為母服三年明顯比服期年的記錄多。前者的記錄之所以比較多，其實較大的可能是因為為母服三年的重喪常因為人子的身分、父在與否而有所限制，導致人子為母服三年常常是因不符合禮經條文，遂在當時引起爭議，而被記錄在史書中，但回報的官員顯然並沒有說明這個資料取樣的特殊情況。其次，即使為母服三年，也還有斬衰、齊衰之別。由本書第一章的論述可知，即使是在唐《開元禮》之後，不論父在父卒，為母服皆是「齊衰」三年，而不是太祖所說的「斬衰」三年，這份報告中願為母服三年者，究竟是為母服斬衰還是齊衰，回報的官員似乎也選擇忽略不談。其三，細看這份考察報告中願為母服三年喪的部份，可發現其所擷取的議論強調「三年之喪，天下之通喪」、「三年之喪，達乎天子」以及禮緣人情等言論，由此推測，宋濂可能有意透過此份報告，為明太祖反駁懿文太子與禮部尚書牛諒所認為的，為母服喪應有爵位尊卑之分的看法，而支持明太祖「禮緣人情」不應有爵位之別的看法。而事實上，宋濂此時可能刻意隱藏了自己對母服的議論，因為在他的文集中可以見到以下的言論：

　　龍門子[宋濂自稱]曰：「周公之禮，其至矣乎？父在，為母杖期，家無二尊也。……此周公之制別嫌明疑，所以為至也。後世父在為母齊衰三年，……雖曰加厚，去禮意遠

---

[58] 〔明〕太祖撰，《御製孝慈錄》，收於〔明〕張鹵校刊，《皇明制書》，卷12，頁4a-10b。

矣」。[59]

上述引文摘自〈凝道記〉，是宋濂文集中少數呈現個人心態的篇章，[60]在〈凝道記〉中宋濂認為唐代《開元禮》將父在為母由齊衰杖期提升至齊衰三年，已是「去禮意遠矣」，更何況是明太祖欲周王為慈母孫貴妃服斬衰三年？由這樣的落差，顯見宋濂在此次議禮中迎合聖意的證據。

　　但是，不論宋濂是否真心誠意的贊成明太祖改革喪禮的意圖，收到這份符合己意的調查結果，明太祖即直接宣布了他最後的裁決：

> 三年之喪，天下之通喪。今觀願服三年喪比服期年者加倍，則三年之喪豈非天理人情之所安乎？乃立為定制。子為父母，庶子為其母，皆斬衰三年；嫡子眾子為庶母，皆齊衰杖期，仍命以五服喪制，並著為書，使內外有所遵守，其冠服經杖制度詳見本書。[61]

將母服改為「子為父母，庶子為其母，皆斬衰三年；嫡子眾子為庶母，皆齊衰杖期」，並著《孝慈錄》一書，詳載了明代的五服新制，並命上自天子下至庶民都必須遵守。明太祖如願以償的實現了「父母之恩，一也」的看法，使往後人子為父、為母皆服斬

---

[59] 〔明〕宋濂，《宋文憲公全集》第三冊，收於《四部備要集部》（臺灣：中華書局，據嚴榮校刻足本校刊，1965），卷52，〈凝道記〉，頁5b。

[60] 參考唐惠美，〈元明之際士人出處之研究——以宋濂為例〉（新竹：國立清華大學歷史研究所碩士論文，2000），頁161。唐惠美亦認為宋濂入仕之保身法是，在朝謹行，居家少出，為文慎言，忠謹至此，使其終得致仕歸家。

[61] 《明太祖實錄》，卷94，頁1a，洪武七年十一月壬戌朔條。

衰三年，不再有因父尊而厭降的考量。透過《孝慈錄》，明太祖重新規劃了他理想中明代家族親屬之間應有的服喪關係，並將之納入《大明律》之首，由禮入律，成為有明一代的喪服定制，並為清代所承襲，影響可謂甚鉅。

《孝慈錄》於洪武七年（1374）十一月成書，綜觀全書，以明太祖御製的序言為首，並列出宋濂呈交的歷代母服議論考察報告，最後再詳述五服服制和服喪者、服喪對象的規範。而太祖御製的序言實透露了此次喪服議禮中太祖對禮部官員的態度及其制禮時「斷自聖裁」的意志。序言一開頭，即說到：

> 喪禮之說，聞周朝已備，至秦火乃亡，漢儒采諸說以成書，號曰《周禮》、《儀禮》。或云新書而未行，歷代儒臣，往往以為定式以佐人主，若識時務者，則采可行而行之。其有俗士，執古以匡君，君不明斷，是以妨務而害理，中道廢焉。[62]

此次議禮，太祖對於臣下不能詳察實際情況靈活因應，反而只會引經據典而拘泥於古禮的作為，深深不以為然。他認為這些「俗士」唯古禮是從，若不是他自己為人君主有足夠的智慧可以明察秋毫，則「中道廢焉」，儼然一副「君」、「師」皆在我身的態度。是故，《孝慈錄》序的內容，不僅僅是明太祖為新的服喪制度所做的一個單純敘明重訂喪服原因的序言，其中亦蘊含了明太祖對臣下的諄諄訓誡，藉此重申臣下必須能夠審勢制宜以輔佐人君的期許。

---

[62] 〔明〕太祖，《御製孝慈錄》，收於〔明〕張鹵，《皇明制書》，卷12，〈序〉，頁1a。

太祖接著提到朝中有人引孔子不許魯昭公為慈母服的故事，來反對太祖要求周王為慈母孫貴妃服斬衰三年一事，對此說法，太祖以嚴厲的語氣責其為「不識實務、不懂孔子大義的迂儒俗士」，[63]並舉宰予問孔子是否可為母服期年之喪，孔子以為宰予不仁的例子，證明自己母服主張的正當性。然後鄭重的聲明道：

> 今之迂儒，止知其一，不知其二，是古非今昭然矣。且禮出於天子，上行下效焉。[64]

又在序言之末不厭其煩的強調：

> 喪禮之論答，時文之變態，迂儒乃不能審勢而制宜，是古非今，灼見其情，甚不難矣。每聞漢唐有忌議喪事者，在朕則不然，禮樂制度，出自天子，於是立為定制。[65]

「復古」、「復先王之治」誠然是太祖立國的一個重要思想基礎，[66]但是「禮出於天子」、「禮樂制度，出自天子」的再三申

63　〔明〕太祖，《御製孝慈錄》收於〔明〕張鹵校刊，《皇明制書》，卷12，頁1b-2a。
64　〔明〕太祖，《御製孝慈錄》收於〔明〕張鹵校刊，《皇明制書》，卷12，頁2a。
65　〔明〕太祖，《御製孝慈錄》收於〔明〕張鹵校刊，《皇明制書》，卷12，頁3b。
66　羅冬陽強調明太祖重視禮法的一面，認為其標榜「復我中國先王之治」，表明了他利用傳統禮法文化維護統治的強烈動機。參見羅冬陽，《明太祖禮法之治研究》，北京：高等教育出版社，1998；朱鴻更進一步認為明太祖上諭中的「復古」即是「復周」，其對周代禮制懷有的無限嚮往，體現在其更革典禮的各項禮書中，因此，朱鴻稱明太祖為「明代的周公」。但是，朱鴻同時指出在制禮作樂的一連串活動中，明太祖也絕非一味的復古。參見朱鴻，〈明代的周公——論朱元璋的效法成周為治〉（略稿），陳懷仁、夏玉潤主編，《洪武六百年祭》，頁105-114。

明與訓誡，更代表了明太祖認為只有當今天子有制禮作樂的權力，而禮制的內容，更必須出自皇帝的決定，而非朝中文士的意見，更非官員們所執的古禮。這樣的意志往往與回歸先王之道的口號相衝突，而夾在這樣膠著局面中間而難為的，無疑是參與議禮的官員。他們只能不斷揣摩上意以求雙贏，於是，宋濂隱藏了自己對母服加厚的負面評價，迎合上意，卻得到後世的罵名，夏燮（1803-1875）即認為明太祖以「貴妾之寵」而擅改禮經一事，「宋濂諸臣不得不受其過矣」；[67]若再反觀當初以《儀禮》規勸明太祖的禮部尚書牛諒，則因其奏不合上意，在《孝慈錄》成書的隔月遭到解職。[68]一場喪服禮議，一套新的制度頒行，彰顯了明太祖禮樂制度「斷自聖衷」的決心，也透露了參與議禮官員伴君如伴虎，一刻不得安的情境。

第三節　《孝慈錄》中的孝道倫理

　　《孝慈錄》的成形，最初肇因於洪武七年孫貴妃之死，使明太祖「牽于私愛」，[69]而開啟了明代喪禮改革的開端。經過與官員的反覆討論，太祖可說是「斷自聖裁」的使人子為父、為母皆服斬衰三年，不但超越了唐代《開元禮》為父斬衰三年，為母齊衰三年的界線，更翻轉了自《禮記‧喪服四制》奠定的「天無二日，土無二王，國無二君，家無二尊，以一治之也」的喪服原則。而若仔細審視議禮的整個過程，可以發現造成如此結果的原

---

[67] 〔清〕夏燮，《明通鑑》，收於《續修四庫全書》史部364冊（上海：上海古籍出版社，據上海圖書館藏清同治十二年黃官廨刻本影印，2002），卷5，頁18a-18b。
[68] 《明太祖實錄》，卷95，頁3b，洪武七年十二月庚申條。
[69] 〔清〕夏燮編著，《明通鑑》，收於《續修四庫全書》364冊，卷5，頁18b。

因，實與明太祖個人所認同的孝道倫理息息相關。[70]

一、由「孝慈」而起

滋賀秀三曾言及在生命的形成作用裡，母親的角色決不能被忽略。《孝經》裡的「身體髮膚，受之父母，不敢毀傷，孝之始也」，以及《禮記・祭義》中所說的「身也者，父母之遺體也，行父母之遺體，敢不敬乎？」都是將父與母連稱，[71]可見父母作為人子孝順對象的同時性與同等性，而這種「不可缺母」的概念，正與《孝慈錄》的製作動機不謀而合。

由《孝慈錄》之書名「孝慈」二字，可知「孝順母親」是此書的主要宗旨，而這樣的宗旨，除了立基於實際生活中母子的血緣鏈結與頻繁互動，同時也與太祖自己對母親的感懷有關。《明太祖寶訓》提到洪武二十年（1387）仁祖后忌日時，太祖告訴侍臣朱升（生卒年不詳）曰：

> 昔吾母終時，吾年甫十七，侍母病，晝夜不離側。吾次兄經營家事，母遣呼與偕來囑曰：「我今病度不起，汝兄弟善相扶持以立家業。」言訖而終。今大業垂成，母不及見，語猶在耳，痛不能堪也，因悲咽泣下，群臣莫不感惻。[72]

而太祖更是深信其與母親之間母子一體的氣血相通：

---

[70] 何淑宜則認為明太祖加重母服，可能一方面是因為其平民階層的出身，另一方面則和時代演進下，家庭倫理已不同於古代宗法社會有關，見氏著，《明代士紳與通俗文化——以喪葬禮俗為例的考察》，頁56。

[71] 張建國、李力譯，滋賀秀三著，《中國家族法原理》，頁29。

[72] 〔明〕呂本等輯，《皇明寶訓》，收於《四庫全書存目叢書》史部53冊，卷1，〈孝思〉，頁14a，吳元年四月丁卯。

朕思遭兵亂，母后之墳為兵所發，朕收遺骸，失一指骨，於墳近地徧求不可得，忽得一骨，然未敢必其是。聞世有以指血驗之者，遂齧指滴血其上，果透入其中，及以他骨驗之，則血不入，乃知親之氣血相感如是，與他人自不同也。[73]

這些與母親的情感經驗，無疑地成為太祖孝道觀念的一環，促使他在面對重視父系宗法時，對只承認父子同氣、父子一體的喪服制度大感不平，而在《孝慈錄》的序言中提出：「夫父母之恩，一也。父服三年，父在為母則期年，豈非低昂太甚乎？」的疑問。而此一「父母等恩」的孝道觀念，也可在往後明太祖的《御製大誥》中太祖對父母與人子感情的描述、對人子向父母盡孝的要求，以及「六諭」中的第一條——「孝順父母」而非「父慈子孝」等處輕易的發現。

另外，值得一提的是，明太祖對父母並提並重、合而為一的態度，也形諸於洪武十二年（1379）將郊祀禮從「天地分祀」改制為「天地合祀」之上。天地之祀是皇帝的權力象徵，祀典的舉行更是加強「皇權神授」感的重要步驟，所以祭祀天地成為明太祖即位以後，證明其政權正統性的重要禮典。洪武元年（1368），太祖依中書省官員李善長（1311-1375）撰進的〈郊祀議〉，[74]於鍾山之陽建圜丘，鍾山之陰建方丘，並於同年十一月，親祭昊天上帝於圜丘；洪武二年（1369）五月，親祭地於方

73　〔明〕呂本等輯，《皇明寶訓》，收於《四庫全書存目叢書》史部53冊，卷1，〈孝思〉，頁15a-15b，洪武二年四月乙亥條。
74　〔清〕張廷玉等撰，《明史》，卷48，〈禮二〉，頁1245。

丘，正式施行了天地分祀的郊祀禮制度。但自洪武元年到九年，幾乎每遇郊祀即陰雨不斷，使得太祖懷疑是因此制有不合情理處所造成的結果，於是決定改制。洪武十年（1377）八月命令改建圜丘於南郊，並在圜丘建壇而以屋覆之，名曰大祀殿。十一月，因大祀殿還未建成，所以先於奉天殿合祀天地，進而更在洪武十二年（1379）正月，首行新制，合祀天地於大祀殿。[75]探究明太祖將天地分祀改為天地合祀的理由，除了以風雨為憂之外，還有一個重要的原因：

> 丁亥冬至，始合祀天地于奉天殿。祝文曰：「禮以義起，貴乎情文兩盡。曩者建國之初，遵依古制，分祀天地于南北郊，周旋九年，於心未安。誠以人君者，父母天地仰覆載生成之恩，一也，及其嚴奉禋祀，則有南北之異，揆以人事，人子事親，曷敢異處？竊惟典禮其分祀者，禮之文也；其合祀者，禮之情也。徒泥其文而情不安不可謂禮。」[76]

一方面由此可看出明太祖不但推演宋人「父天母地」與「孝」的觀念於此次郊祀禮的改革，表現了洪武禮制中緣情制禮的特色；[77]另一方面，若將上述引文中的「父母天地仰覆載生成之恩，一也」、「人子事親，曷敢異處」等話語，與太祖制訂《孝慈錄》時所說的「夫父母之恩，一也」相較，浮現眼前的即為洪武禮制改革中的另一重要面向，亦即明太祖在揆以人情的基礎

---

[75] 《明太祖實錄》，卷116，頁4a，洪武十年十一月丁亥條。
[76] 《明太祖實錄》，卷116，頁4a，洪武十年十一月丁亥條。
[77] 何淑宜，〈皇權與禮制——明嘉靖朝的郊祀禮改革〉，《中央史論》，22（韓國，2005），頁71-98。

上，將自己孝道觀中的重要概念——「父母等恩」貫徹在禮制相關政策中，進而與古禮一次又一次的對話。由此可以推斷，明太祖「父母等恩」的觀念，不但時常流露於太祖的言談間，也被明太祖具體實踐在洪武朝的禮制改革之中，遂產生了強調天地合祀才符合「父母合一」的郊祀禮，以及子為父母同服斬衰三年的喪服制度。

二、《孝慈錄》中的「八母」服制

除了由於重視母親，認為父母等恩，不應有所差別，而一反古禮「家無二尊」之準則，將母服提升至與父服同為斬衰之外，在《孝慈錄》中的「八母」之服亦多有變化。[78]人子為嫡母、繼母、所後母、慈母，在唐《開元禮》以後，皆服齊衰三年，另有子為養母，自南宋至元代也都是服齊衰三年，但到了明洪武七年《孝慈錄》頒訂後，即皆提升至斬衰三年，除此之外，《孝慈錄》還刪除了庶子為父後為其生母只能服緦麻三月的條文。推論這些母服制度的制定緣由，有以下幾點：其一，為嫡母、繼母、慈母斬衰三年，可能一方面是因禮經認為繼母因配父、慈母因父命，皆如母，而嫡母更是因為夫妻一體，為庶子禮法上的母親；另一方面，亦著眼於這些母親在平時生活，如親生母親一般對人子有養育之恩，所以三者皆比照為生母服制升至斬衰三年。其二，為所後母，則是因為人子為所後父是斬衰三年，既然「父母等恩」，為父為母之服喪等級就必須同等，是故，為所後母如同

---

[78] 八母：嫡母（妾生子稱父之正妻）、繼母（父娶後妻）、養母（自幼過房與人）、慈母（所生母死，父令他妾撫育者）、嫁母（親母因父死再嫁他人）、出母（親生母被父所出）、庶母（父有子妾）、乳母（父妾乳哺者）。參見黃彰健，《明代律例彙編》，〈三父八母圖〉，頁32。在此節並將「所後母」涵納進來介紹。

為所後父一樣為斬衰三年，而為本生父母則維持古禮的規定服齊衰不杖期。其三，《孝慈錄》有「養母」的條文，規定為斬衰三年。《元典章》將養母定義為「養同宗及遺棄子，同親母」，到了《孝慈錄》則刪除了養遺棄子的部份，「養母」是為養育「自幼過房與人」小孩的母親。[79]不論養母的意義如何改變，皆著意於養母對人子的鞠育之恩，將養母視同親母，《元典章》比照唐代《開元禮》的母服規定，規定子為養母服齊衰三年，而《孝慈錄》則是將之提升至斬衰三年。其四，庶子為父後為其生母緦麻三月的條文，是自《儀禮‧喪服》至明洪武七年以前歷代喪服禮制從未更動的部分，而《孝慈錄》大刀闊斧的刪除之，意味著太祖希望庶子自此不再需要考慮自己是否因為繼承了家中祭祀之權，而其生母因身為妾身分過於低下，所以必須在服喪時有所厭降，庶子不論是否承重皆可為生母服斬衰三年之喪，與一般人子為母服喪相同。由以上四點可見，《孝慈錄》的喪服條文重視實際生活生身之恩與養育之恩，漠視宗法制度中的尊尊原則，而遵循著明太祖個人對人子應為誰盡最大之孝的看法，以決定誰可得到人子的最隆之禮。

但必須注意的是，明太祖也並非無條件的支持生身、養育之恩，其中是否為同家族之人，亦是明太祖制服一個考量的重點。因為相對於嫡母、繼母、所後母、慈母、養母得到人子為其服斬衰三年的隆禮，人子為出母、嫁母之服卻沿襲了自《儀禮‧喪服》以來規定的齊衰杖期，[80]而為乳母也維持《儀禮‧喪服》以

---

[79] 先秦宗法制下無「養母」之稱，大宗無子以同宗昭穆相當者為子。宋代法律始放寬規定，凡在三歲以前收養的異姓兒，不論因遺棄、因抱養，均可改從己姓，視同親生，甚至可立為嗣子繼承遺產。明清律中又重申養子不得立為嗣子之規定。見丁凌華，《中國喪服制度史》，頁118-119。

[80] 此處亦包括父卒繼母改嫁而己從之者。見〔明〕太祖，《御製孝慈錄》，收於

來的緦麻三月之制。推測造成這種差距的原因，在於乳母本非家族中人，而出母、嫁母則與父離異，已非家族之人，導致他們對人子的生育之恩、養育之情遭到相對的漠視，而未在此次母服變革中得到抬升，可見明太祖對於夫妻一體、家庭完整性的看重。

《孝慈錄》中的母服制度，還有一個部分的改革，與太祖個人意志以及立國之初的時空氛圍密不可分，亦即將嫡子、眾子對庶母緦麻三月的服期，提升至《孝慈錄》的齊衰杖期。此條規定，除了符合洪武七年九月貴妃孫氏薨，明太祖要求東宮及諸王服齊衰杖期的命令外，在《孝慈錄》序文之末，亦透露了明太祖決意提高庶母服期的原因：

> 周公無逸篇述殷王中宗享國七十五年，高宗享國五十九年，祖甲享國三十三年，自時厥後，惟躭樂之從，或十年、或七八年、或五六年、或四三年，壽可稽而短可考，豈不明矣？然周公止知如是，不知定期服，已失人倫，終致後王壽短，而社稷移者，亦由庶母無服焉，或父歸而子乘之，人倫安在，所以壽促而王綱解。[81]

可知明太祖顯然並未效法成周，更對《儀禮・喪服》中所規定的嫡子、眾子為庶母無服的規定頗有微詞，認為周公不知為庶母期服，以提高庶妾在家中為母的地位，所以造成庶母有母名卻無母尊的情況，進而造成「父歸而子乘之」的人倫敗壞情事。太祖對於家中嫡子、眾子和庶母發生不倫的深惡痛絕，也可在〈諭中原

〔明〕張鹵校刊，《皇明制書》，卷12，頁20a。
[81] 〔明〕太祖，《御製孝慈錄》，收於〔明〕張鹵校刊，《皇明制書》，卷12，頁3a。

檄〉中看到：

> 元之臣子，不尊祖訓，廢壞綱常，有如大德廢長立幼，泰
> 定以臣弒君，天曆以弟鴆兄，至於弟收兄妻，子烝父妾，
> 上下相習，恬不為恠，其餘父子君臣夫婦長幼之倫，瀆亂
> 甚矣。[82]

在明太祖心中，「子烝父妾」是元代陋俗的一部份，其嚴重性除
了造成家內秩序的紊亂之外，國家亦因綱常敗壞而導致天厭其
德，進而危及一個朝代的正統與興衰。同樣的，在《孝慈錄》
中，明太祖談到庶母因「父歸而子乘之」的狀況時，亦賦予此習
俗「人倫安在，所以壽促而王綱解」的政治意義。由此推論，明
太祖提高嫡子、眾子為庶母服的喪服等級的原因，背後實蘊藏著
明太祖政治思想中的一個重要面向，即視蒙古人在中國的統治是
一大歷史倒退，而他要將中國從蒙古文化的不良影響中解救出
來，[83]所以他不僅要恢復先王前聖之道，在面對「子烝父妾」的
亂倫情事，他更要超越古禮以汰盡元俗，提高庶母之服來維持家
內應有的人倫綱常，進而促成國家的長治久安。

　　這一套思考邏輯同時亦體現於《大明律》之中。雖然學者曾
經指出，明律中的不少條文，是直接吸取或稍加損益元代法律條
文而來，[84]但在某些地方，卻清楚可見元明兩代統治者的不同態

---

[82]　《明太祖實錄》，卷26，頁10a-10b，吳元年冬十月丙寅條。
[83]　范德（Edward L. Farmer），〈朱元璋與中國文化的復興——明朝皇權專制的意
　　　識型態基礎〉，頁381。
[84]　楊一凡，〈洪武《大明律》考〉，收於楊一凡編，《中國法制史考證·甲編·第
　　　六卷·歷代法制考·明代法制考》（北京：中國社會科學出版社，2003），頁
　　　33。

度。在元代,「諸居父母喪欺姦父妾者」將得到「各杖九十七,
婦人歸宗」的懲罰,[85]到了明代則規定若收父祖妾,各斬,[86]此
刑罰不但大大重於元朝法律,亦重於明律中和姦的杖八十與強姦
的絞刑,[87]並為「親屬相姦」條文中最嚴重的懲罰。綜觀而言,
可知《孝慈錄》嫡子、眾子為庶母服齊衰杖期的新規定,並非僅
止於對孫貴妃的個人感情,[88]更恐與以「孝」促「悌」,緩解諸
子之間因來自不同生母所產生的隔閡無太大關聯,[89]而是與明太
祖開國以來希望清除元俗的汙染,以恢復中華文化價值的意念有
較緊密的契合。

　　在子為八母之服的部份,《孝慈錄》對《儀禮‧喪服》的
規定有多處的更動,而且相較於唐代的母服變革,更是全面且劇
烈。事實上,在《孝慈錄》中,母為子服的規定上亦有不少的變
化。《孝慈錄》「齊衰不杖期」條載:

　　　父母為嫡長子及眾子。
　　　慈母為長子及眾子。
　　　妾為夫之長子及眾子。
　　　嫁母、出母為其子。
　　　繼母改嫁為前夫之子從己者。[90]

85　〔明〕宋濂奉敕修,《元史》(臺北:中華書局,1976),卷104,〈刑法
　　三〉,「姦非」,頁2654。
86　黃彰健,《明代律例彙編》,卷六,〈戶律三‧婚姻〉,「娶親屬妻妾」條,頁
　　936。
87　黃彰健,《明代律例彙編》,卷六,〈戶律三‧婚姻〉,「和姦」條,頁933。
88　趙克生,〈明朝后妃與國家禮制興革〉,《東北師大學報(哲學社會科學
　　版)》,總第229期(吉林,2007),頁51。
89　劉曉東,〈以「孝」促「悌」──朱元璋喪制改革述論〉,《學習與探索》,5
　　(2008),頁210-213。
90　〔明〕太祖,《御製孝慈錄》,收於〔明〕張鹵校刊,《皇明制書》,卷12,頁
　　20a-21a。

在《儀禮‧喪服》的規定中，父親為眾子服齊衰不杖期，而為嫡長子則因其承宗廟之重為之服斬衰三年，此條文為《孝慈錄》以前各代所沿襲，但在《孝慈錄》當中，則無視於嫡長子承繼先祖正體的身分，使父親為嫡長子與眾子皆服同等的齊衰不杖期。同時也因為「父母等恩」的觀念，母親也同列於此條文中，規定母為嫡長子及眾子皆服齊衰不杖期，與過去母為長子服齊衰三年，為眾子服齊衰不杖期相比，有很大的改變。日本學者井上徹認為造成這個變革的原因，即根植於滋賀秀三所說的：「由家產分割與繼承採諸子均分制的社會實況可看出，先秦以後的社會，重視長子的觀念已被漠視，而在明清亦被完全摒棄。」因此，在《孝慈錄》中父母為嫡長子及眾子皆服齊衰不杖期的條文，即代表了這樣的社會現實情況。[91]另一方面，此條文也同時表示著明太祖所主張的是，為子者對父母恩情報以無區別之孝，父母則對每個孩子傾注等量的慈愛的理想家庭。[92]而從子為父母斬衰三年，而父母為子一律齊衰不杖期的喪服等級差異，也可看到父母之尊的崇高性。

此外，在前述「齊衰不杖期」條中，亦可看到妾為夫之長子亦從《儀禮‧喪服》所規定的齊衰三年，改為齊衰不杖期，與妻為長子、眾子之服相同，顯見妾母地位在喪服制度中的提升。而嫁母、出母為其子之條文在《儀禮‧喪服》中並無規定，到了唐代《開元禮》才首次出現子為嫁母、出母服齊衰杖期，而嫁母、

---

91 井上徹，〈明朝對服制的改定——《御製孝慈錄》的編纂〉，收於錢杭翻譯，井上徹著，《中國的宗族與國家禮制》，頁349。
92 井上徹，〈明朝對服制的改定——《御製孝慈錄》的編纂〉，收於錢杭翻譯，井上徹著，《中國的宗族與國家禮制》，頁351。

出母報之的規定，[93]也就是說因子為嫁母、出母服齊衰杖期，所以嫁母、出母為其子也投以相同的回報，為子報服齊衰杖期。此條文為《元典章》和《大明令》所接受，但《孝慈錄》則將嫁母、出母為其子服降為齊衰不杖期，有可能是比照母為子服齊衰不杖期的規定，亦可能是參考了《文公家禮》的內容。[94]但不論原因為何，由《孝慈錄》母為子服的相關規定可以知道，母親無論是妻、是妾，皆為家中所有兒子服齊衰不杖期，若將此條文與子為母必服斬衰三年，庶子不論是否為父後，為其生母皆服斬衰三年，家中眾子須為庶母服齊衰杖期三者對比可知，《孝慈錄》頒行以後，不會再有古禮母為子服與子為母服同等喪服的時候，更消除了妾母為家中之子比家中之子為妾母的服喪等級還高的情況發生，無疑的肯定女性作為母親時應有的尊嚴；同樣的，母親不論是否被出或改嫁，她們也為人子皆服齊衰不杖期，而非《開元禮》規定的齊衰杖期。可知在《孝慈錄》中，母親為子之服並非依循《開元禮》所說的「報服」原則，而是嚴守著母為尊、子為卑的標準，使子為母之服一定高於母為子之服。換言之，《孝慈錄》諸母為子服的條文，在在顯示「母尊子卑」在喪服禮制中得到了前所未有的肯定與確認，而之所以能有此一躍進，無疑也是源於明太祖一再強調「父母等恩」，而不滿於母服過於降殺的意念。

三、《孝慈錄》中的居喪禮儀

在《孝慈錄》的序言中，明太祖談到古禮中父在為母僅服期

---

[93] 〔唐〕蕭嵩等撰，《大唐開元禮》，收入於《景印文淵閣四庫全書》總646冊，頁5b-6a。

[94] 〔宋〕朱熹，《家禮》，收於《景印文淵閣四庫全書》總142冊（臺北：臺灣商務印書館，1983），卷4，「不杖期」條，頁12b。

年之喪，認為不合人情之禮之後，還有一段與守喪儀節有關的
討論：

> 古不近人情，而太過者有之。若父母新喪，則或五日、三
> 日，或六七日，飲食不入口者，乃是孝。朝抵暮而悲號
> 焉，又三年不語焉，禁令服內勿生子焉，朕覽書度意，實
> 非萬古不易之法，若果依前式，其孝子之家，為已死者傷
> 見生者，十七八九，則孝禮頹焉，民人則生理罷焉，王家
> 則國事紊焉。[95]

明太祖在洪武八年（1375）將原來通報系統繁複的丁憂守制規
定，改為「百官聞父母喪者，不待報，許即去官」，[96]而在洪武
二十四年（1391），太祖因朝中有官員不讓正處罰役卻逢母喪的
龍江衛吏回鄉守制，而責罵道：「雖罰役，天倫不可廢，使其母
死不居喪，人子之心終身有歉。」[97]可見太祖重視孝道，所以多
成全遭逢親喪的官員盡速回鄉守制服喪。儘管明太祖認為為父
為母皆應服斬衰三年之重喪、又調整守制政令鼓勵守喪盡孝，
但並不贊成服喪期間人子哀毀過禮，而認為這種以「已死者傷
見生者」的行為實非孝道，亦有害民生國計。在洪武二十七年
（1394），發生類似這種因孝傷身的行為，太祖強烈譴責江伯兒
為醫母而殺子祀神的行為，並將江伯兒「杖一百，謫戍海南」，
並自此排除割股割肝等孝行於旌表之列。[98]因此，在《孝慈錄》

---

95 〔明〕太祖，《御製孝慈錄》，收於〔明〕張鹵校刊，《皇明制書》，卷12，頁
  2b。
96 《明太祖實錄》，卷100，頁4b，洪武八年七月戊辰條。
97 《明太祖實錄》，卷210，頁3b，洪武二十四年七月乙巳條。
98 《明太祖實錄》，卷234，頁3a-3b，洪武二十七年九月乙巳條。

的這段序言中，太祖反對服親喪的漫長三年期間，「朝抵暮而悲號」、「三年不語」與「禁服內生子」等不近人情的規定，認為此「實非萬古不易之法」，而這種想法亦反應在明律之中。若審度明律中有關服喪的條文，即可知明律基本上承襲了唐代以來匿喪、居父母喪釋服從吉、作樂、參與筵席以及別籍異財等規定，但明律對這些行為的處罰大為減輕，甚至刪除了唐律中的「居喪生子」條，可見太祖在制禮時對古禮「禁服內生子」的反思，影響了明律在沿襲前代法律時所做的增修刪減。換言之，太祖朝的孝治、禮治與法治，誠為一體三面，密不可分，不但表現於《孝慈錄》一書的制定與頒行過程，亦貫穿了太祖在位三十一年期間的治國理念與政策之中。

小結

　　李貞德曾在《公主之死》一書中評論武則天的母服改革，指出：「自古以來，從統治者到一般平民百姓似乎人人承認母子情深，母恩當報。但若不是女主當朝，以自己作為女性同時也是一位母親的特殊生命經驗出發，父在為母齊衰三年的喪期，恐怕就沒有機會在歷史上首次成為制度性規範。」[99]認為女性統治者為母的經驗，是母服制度發生變革的關鍵，但此一說法若放在明代的喪服改革中，則顯然失去效用。明太祖在位期間，利用各種方式宣揚他所認可的孝道觀念，在他所御纂的書籍中往往提醒人子同時對父母盡孝，並在「六諭」中一改過去「父慈子孝」的孝道內涵，而以更為大眾所接受的「孝順父母」作為風俗教化的首要

---

[99] 李貞德，《公主之死——你所不知道的中國法律史》，頁125。

原則，無形中強調了母親的重要性。而此一對雙親盡孝乃為孝之正道的看法，實在洪武七年（1374）因孫貴妃之死而掀起的喪服議禮過程中展露無遺。明太祖雖然未有為人母的經驗，但他從身為人子對母親的誠摯感情出發，強調「父母之恩，一也」，堅持「禮樂制度，出自天子」，使人子為父、為母皆服斬衰三年，突破了先秦以來「家無二尊」的宗法概念，並對過去母服相關禮制進行改革，其程度不論就條文的數量上，抑或服喪等級的變化規模上，都遠遠超越了唐代的母服改革。最後，明太祖將議禮的成果著成《孝慈錄》一書，由禮入律，使母親的禮法地位得到前所未有的提升，並為清代所接受，成為此後傳統中國喪服的定制，影響深鉅。

由本章的探討可知，《孝慈錄》的成書背景與內容，摻雜了許多明太祖個人對制禮、治國與孝道觀的理念，而當這些獨具個人特色的理念成為一個與古禮相悖的制度時，其所得到的迴響與實踐程度，應是饒富意義而有待深究的問題，筆者將於下文進行更進一步的討論。

表三　《大誥續編‧明孝》十六項孝行及其註解表

孝行類目	註解
1　冬溫、夏清、晨省、昏定。	冬寒則奉父母以溫，夏炎則奉父母以涼，清晨則問父母一宵安否，至暮則候寢方歸，斯謂之孝也。
2　飲膳潔淨，節之。	父母飲食必要十分精潔，供必以時，且得其中，不使過多，則謂之孝。
3　父母有命，善正速行，毋怠命；乖於禮法，則哀告再三。	父母之命，其合理者，則速為奉行，若不合於理者，則哀告再三。若一槩奉行，則致父母有殃，安得為孝，雖違命而告至再三，實至孝也。

孝行類目	註解
4 父母已成之業，毋消。	人子承守父母產業者，必使常存，不至典賣及犯法而消廢，則謂之孝。
5 父母運蹇家業未成，則當竭力以為之。	父母衰老不能生理，況家業未成，子竭其力以成之，不致父母窘於衣食，則謂之孝。
6 事君以忠。	孝子事君，知無不言，心無奸邪，上補於君，下有益於民，祿奉己亡，見存祖父母父母，是謂大孝。
7 夫婦有別。	人家有子、有孫、有兄、有弟、有姪，體先王之要道，別之以夫婦，家和戶寧，是其孝也。若使混淆，不如禽獸，是謂不孝。
8 長幼有序。	人有長幼，居家則有伯叔兄弟，鄰里則有高年少壯。凡人居家無長幼之分，出則無長幼之序，其所被辱者多矣，此其所以不孝也。使其居家有長幼之分，出則有高年之敬，是其孝也。
9 朋友有信。	人不能無朋友，必擇可交者，與交使言語可復，皆無虛詐，若事有參差，必能諫正，不至於善交之怨，惡交之陷，故謂之孝。
10 居處端莊。	人於起居動靜之際，底儀要肅，則人望而敬之，不敢褻狎，故謂之孝。
11 涖官以敬。	士有祿位者，若能持己以敬，而臨乎人則事輯而人愛敬之，必不陷身於罪戾，故謂之孝。
12 戰陳勇敢。	人之居行伍者，當戰陳之時，必奮勇以當先，成功則榮膺名爵，歿身則忠義旌顯，垂於千古，故謂之孝。
13 不犯國法。	人皆父母之生，若不謹守法度，至遭罪責，則傷父母之遺體矣，故必保身毋犯，則謂之孝。
14 不損肌膚。	君子愛護其體，為父母之遺體也。設使無籍被人揉辱，肌膚為之傷，是為不孝。
15 閨中不致人之罵詈。	人於閨中，若放肆妄誕，眾人罵詈則辱及父母矣，故閨靜中必謹言，以保其身，則謂之孝。

孝行類目	註解
16 朝出則告往某方， 暮歸則告事已成未成。	嗚呼！先王之道至孝之哉，所以明所向之方，使父母暮指方而望歸，告事成與未成，使父母知其善與不善。至此之際父母無猶豫之憂，樂然而快哉，此其所以孝也。

資料來源：〔明〕太祖撰，《御製大誥續編》，收於《明朝開國文獻》第1冊，頁
　　　　5b-7a。

第三章
禮情之間：子為母服的議論與實踐

只見天師頭戴的三梁冠，身穿的斬衰服，腰系的草麻縧，
腳穿的臨江板，做個哭哭啼啼之狀走進朝來。萬歲爺明知
其情，故意問他說道：「天師，你這重服還是何人的？若
論憲綱，除是父母的嫡喪，見朕乞求諭葬、乞求諭祭，方
才穿得重服。」

〔明〕羅懋登，《三寶太監西洋記通俗演義》，卷3

　　透過觀察明代《孝慈錄》的制定過程可知明太祖以現實人情
為基礎的制禮概念，衍伸出母服制度、守喪規定等方面的改革與
新看法，而其中影響最鉅的莫過於提高子為母服至斬衰三年，而
使齊衰三年服制成為歷史陳跡的舉措。[1]此一斷自明太祖宸衷的
喪服禮制，不僅是有明一代官方的喪服規定，並且也為清代所承
襲，成為明清士人口中的喪服「今制」、「時制」。只是。此一
迥異於傳統古禮的喪服禮制從士人口中得到什麼樣的評價，是否
得到肯定而普及於社會，仍是一個值得深入探索的問題。本章即
集中探討士人是否了解、同意《孝慈錄》為母服斬衰三年的制度

---

[1]　石磊，〈從歷代喪服制度觀察我國親屬結構的演變〉，《中央研究院三民主義研
　　究所叢刊（8）》（臺北，1981），頁90。

及其背後的意義，以探究《孝慈錄》條文普及的程度，並說明當「父母同斬」由書面文字轉化為實際作為時可能遇到的困難。

第一節　士人對《孝慈錄》的評價

　　古代中國政權的正當性基礎在於得天命，得天命的基礎在「德」，即所謂「以德受命」。天子家中祖先的某一人以其德承受天命而為「受命王」，亦即「太祖」。「太祖」的子孫則非直接受命於天者，而是繼太祖體的「嗣王」，因此，嗣王之得天命，乃根源於或從屬於太祖。太祖以其德受命，成為該政權的基本精神或存在的根本理由，而其德則具體呈現為太祖所保留的傳統習俗或創新的法度之中。對嗣君而言，其統治權威的正當性來自於太祖，遵循祖法就是嗣君維持統治正當性的必要程序。[2]明太祖在明代為「得天受命」之人，他在開國之初所頒布的典章制度，如《皇明祖訓》、《諸司職掌》、《大誥》、《大明令》、《大明集禮》、《洪武禮制》、《孝慈錄》、《教民榜文》、《大明律》等等，皆為「太祖之德」的具體展現，亦是政權合法性的表徵，對明代嗣君乃至臣民而言，是不容批評、質疑且必須奉行的「祖制」。[3]在這些明太祖所制訂的典章制度中，尤以《諸司執掌》所規範的官制和《大明律》所規定的法制最為重要，[4]而《孝慈錄》中的母服制度正是在制訂之後，納入《大明

2　王健文，《奉天承運——古代中國的「國家」概念及其正當性基礎》（臺北：東大發行；三民總經銷，1995），頁98、125。
3　「祖制」一詞，廣義來說可包括洪武時代訂定的所有典章制度，參見吳智和，〈明代祖制定義與功能試論〉，《史學集刊》，3（吉林，1991），頁20-29。關於明代祖制釋義、功能以及爭議的研究亦可參見蕭慧媛，〈明代的祖制爭議〉，臺北：中國文化大學史學研究所碩士論文，1999。
4　吳智和，〈明代祖制定義與功能試論〉，頁21。

律》頒行天下。換言之，《孝慈錄》不但是一套規範明代家族中親屬關係親疏遠近的服喪禮儀，亦是明代臣民皆須遵守的「祖制」之一。

《孝慈錄》作為祖制的一環，被其後明代君臣尊重的狀況，或可從下面英宗朝這段記錄得知：

> 辛卯，河南固始縣學署訓導舉人黃俊言：「太祖高皇帝《御製孝慈錄》已嘗頒布天下，今四方學中鮮有存者，乞仍鋟印頒布，令士民講誦，以隆孝道。」上曰：「朕觀《孝慈錄》所論，仰太祖聖見卓冠百王，寔萬代不刊之盛典，宜家傳而人誦者，禮部亟印頒之。」[5]

這段對話也收入於《明英宗寶訓》之中，[6]可知此條上諭的重要性。而由此亦可推斷明初《孝慈錄》被當作重要的禮書頒行全國地方學校，但在正統年間因發現地方學校所藏的《孝慈錄》多已湮滅，而趕緊命禮部重新刊印，可見其重要性。[7]

《孝慈錄》除了是太祖御製的聖典，應為天下臣民知悉以外，其中的孝道概念，也為明代君臣重視。景泰四年（1453），吏科都給事中林聰（1417－1482）有鑑於當時朝中奪情之事似趨於流弊，而希望官員們「有父母喪，悉如例，還家守制，滿日起復，不必奪情」，[8]在這份建言中提及：

5　《明英宗實錄》，卷68，頁6b，正統五年六月辛卯條。
6　《明英宗寶訓》，收於《明實錄附錄》17冊（臺北：中央研究院歷史語言研究所，1967），卷1，〈遵舊制〉，頁24b。
7　見《明武宗實錄》，卷13，頁3a，正德元年五月丙戌條：「賜西河王書院額，為勉學頒《孝慈錄》、《孝順事實》二書，從王請也。」
8　《明英宗實錄》，卷226，頁8a，景泰四年二月己酉條。

君親，人道之大倫；忠孝，臣子之大節。未有忠於君而不能孝於親，亦未有薄於親而能厚於君者也。傳曰：「事親孝，故忠可移於君」，欲求忠臣豈可不於孝子之門乎？稽之古禮，子有父母之喪，君命三年不過其門，所以勸天下之孝也。我太祖高皇帝以孝治天下，酌古準今，創制立法，父母之喪皆斬衰三年，而冒喪有禁，匿喪有罰，其所以扶植綱常，維持世教者至矣。[9]

《孝慈錄》中為父為母皆服斬衰三年的規定，在林聰眼裡是明太祖以孝治天下的證明之一，而《孝慈錄》作為祖制的一環，與儒家經典連結，成為明代官員提出建言正當性之後盾。最後，這篇奏疏獲得景帝的嘉許接納，[10]可知明太祖《孝慈錄》「父母等恩」的孝道概念得到了君臣雙方的尊崇。

一、明代士人對《孝慈錄》的推崇

不論是當作宣導孝治天下理念的手段，抑或整頓官員奪情起復的利器，明代君臣皆因《孝慈錄》的「祖制」性質而十分肯定其中所蘊含的孝道精神。但若褪去政治考量並離開廟堂之上君臣的對話場域，一般士人又是如何理解《孝慈錄》的意義，並且從何種角度進行評論，進而影響《孝慈錄》實踐於社會的程度呢？[11]明人陸容（1436－1497）即點出了《孝慈錄》的製作過程與核心精神：

---

[9] 《明英宗實錄》，卷226，頁8a-8b，景泰四年二月己酉條。
[10] 《明英宗實錄》，卷226，頁8b，景泰四年二月己酉條。
[11] 關於明代士人對《孝慈錄》的評價，學者何淑宜亦有專門探討，見氏著，《明代士紳與通俗文化——以喪葬禮俗為例的考察》，第三章第一節，頁145-152。

本朝子為母服斬衰三年，嫂叔之服小功，皆所謂緣人情而
為之者也。然韓退之幼育於嫂，嘗為制服，而程子於嫂叔
無服，亦嘗言：「後聖有作，雖制服可也。」母服斬衰，
則以儒臣群議不合，高皇斷自宸衷曰：「禮樂自天子出，
此禮當自我始。」[12]

簡短的一段敘述，概括著明人對於為母服斬衰三年的規定，乃出
於明太祖著眼於母子之情、「緣情制禮」且斷自聖衷的認識，並
對《孝慈錄》採取正面的態度，進而藉此彰顯明太祖獨斷制禮的
正確性。

類似的評價不勝枚舉。如周琦（成化十七年進士）即贊同明
太祖「父母之恩，一也」的想法而說：「至我太祖則又易母服之
齊衰與父之斬衰等焉，蓋父母一也，何厚薄之分邪？況母妊子十
月，乳哺三年，勞莫大焉」，並由此認為此次喪服改制乃是「太
祖所以為聖人」的原因。[13] 敖英（正德十六年進士）則藉由比較
古禮與今制母服制度背後精神的差異，闡發他對《孝慈錄》的
看法：

古制，父喪斬衰三年，父在母死齊衰期，父卒齊衰三年，
蓋以父母猶天地也，母服不斬不三年者，此天尊地卑之義
也，故厭之也、殺之也。我朝制服，父母皆斬衰三年，無
厭也、無殺也，蓋以母氏劬勞之苦尤勤也。……，此聖明

---

[12] 〔明〕陸容，《菽園雜記》，收於《叢書集成新編》12冊（臺北：新文豐出版公
司，1985），卷6，總頁63。

[13] 〔明〕周琦《東溪日談錄》，收於《景印文淵閣四庫全書》總714冊（臺北：臺
灣商務印書館，1983），卷10，〈經傳談中〉，頁19a。

> 所以教天下之孝也，所以達孝子之志也。[14]

《儀禮・喪服》的母服規定，視父為天，母為地，故有尊卑之別，而使母服因父在而「厭殺」，而明代父母之服卻同為斬衰三年，與禮經不符的理由在於對母親養育之恩的重視，所以母服「無厭無殺」。敖英認為太祖此一母服改制的目的在於，欲藉此一方面教導天下臣民孝順之正道，另一方面，也能符合一般人欲為母親盡孝的心意。《孝慈錄》除了讓人子能夠報答母親的養育之勞之外，王文祿（嘉靖十年舉人）亦著眼於母親的生身之恩說到：

> 聖賢論孝多矣，惟《孝經》云：「身體髮膚，受之父母」，若切矣，尤未詳也。文祿獨子，父母愛甚矣，罔能孝，二親之逝也，痛之極。追昔氣盛時，雖生二女，誕時亦不細視也，近逾四十，漸老矣，始靜悟人生。在母腹中，臍上一帶，生于胞內，胞外一竅通氣若瓜蒂，生于子宮，十月始誕，破胞而出，坼副之苦，可勝言哉？成胎之始，雖抱父氣，而肉身與胞，皆係母血，況三年之乳亦血也。古禮制服，母齊衰，父斬衰，是父重而母輕，況制禮乃男子，故父重，為己謀私且偏也，非由母胎出乎，不孝甚矣！我明洪武禮制，父母服俱斬衰三年，大聖之見遠哉！盡破千古之蔽，用補禮經之遺。[15]

---

[14] 〔明〕敖英，《東谷贅言》，收於《四庫全書存目叢書》子部102冊（臺南：莊嚴文化，據南京圖書館藏明嘉靖二十八年沈淮刻本影印，1995），上卷，頁11a-11b。

[15] 〔明〕王文祿，《海沂子》，《四庫全書存目叢書》子部84冊（臺南：莊嚴文化，據涵芬樓影印明隆慶刻百陵學山本影印，1995），卷5，〈敦原篇〉，頁1a-

王文祿根據他對父母的情感以及自己人生的體悟，娓娓道來他支持「父母同斬」的原因。他認為生命的起源，來自於「父氣」與「母血」，胎兒不但與母親臍帶相連十月，使母親受到生產之苦，出生後更是仰賴母親三年之乳哺，進而指責那些從「母胎」出世的古代男性制禮者，制定出母齊衰、父斬衰的喪服禮，實是因為謀私於男性，而忘孝於母。此段論述突顯了母親有別於父親，對人子而言有著懷胎十月的生育之恩，而此段論理生成的背景，除了來自於王文祿一開頭的自白以外，也可能是源於他的母親陸氏（1469－1533）對他從胎兒到成人甚至為宦生涯無微不至的照顧與慈嚴並濟的教導，並在他生命中扮演重要角色有關，[16]顯見人子與母親相處的實際經驗，亦是《孝慈錄》得到支持的原因之一。[17]這種重「情」的言論，也可在顧起元（1565－1628）的回應中見得，他認為《孝慈錄》一經立為定制，「自是人子得申其罔極之情，而從來短喪之謬論與拘儒之曲說，可廢而不談矣」，因此《孝慈錄》乃為「明天倫、正人紀、順人情，為萬世不易之經也。」[18]類似的看法在明人的言論中屢見不鮮，可見《孝慈錄》「父母同斬」被視為「緣情制禮」的典範，而得到多數明代士人的肯定。

　　《孝慈錄》「父母同斬」的喪服禮制，既違背士人長期研

　　1b。

[16] 王文祿與其母的感情與互動，可參見〔明〕黃省曾，《五嶽山人集》，收於《四庫全書存目叢書》集部94冊（臺南：莊嚴文化，據南京圖書館藏明嘉靖刻本影印，1995），卷36，〈慈淑儒人王母陸氏傳一首〉，頁9a-14b。

[17] 在這裡必須說明的是：批評《孝慈錄》者也可能與母親感情甚深，母子之間的深厚情感，雖有助於《孝慈錄》得到認同，但並非士人批評《孝慈錄》與否的決定性因素。

[18] 〔明〕顧起元，《客座贅語》（北京：中華書局，1987），卷4，〈孝慈錄〉，頁123。

讀的儒家經典內容，也大大挑戰了父系宗法制度與倫理秩序，明代士人之所以接受其制，或可從《孝慈錄》為開國皇帝所制定的「祖制」，致使士人不得不讚揚的角度來分析之。但從上述言論中，亦可清楚的看見士人實由「人情」的角度，認同《孝慈錄》「父母等恩」、重視母子之情的概念。除此之外，明代士人的贊同態度也和當時他們對制禮原則的看法以及對喪服經典的態度有著密切的關係。元末明初出身於金華學派的胡翰（1307－1381）〈讀喪禮〉一文中即指出「後世之言禮者，不以父降其母，而使子得伸其尊，誠不過矣。」同時，他還認為「至尊在，不敢伸其私尊，為母齊衰期者，雖古不必盡從也。」對此，胡翰解釋一切的關鍵即在於：「禮以義起而緣乎人情」的原則。[19]胡翰此語也被何孟春（1474－1536）、張鼎思（1543-1603）等人引用，以說明《孝慈錄》的母服改革雖違背古禮，卻因「緣乎人情」而「誠不過也」，[20]可見得明人「禮本人情」而不必盡從古禮的思維，促進了《孝慈錄》在明代受到正面評價的可能性。

　　若再繼續深究，此一不必盡從古禮的看法，更隱含著一條延續自宋儒疑經態度的脈絡。治經學史的學者指出，宋儒治經的特色之一在於他們時常懷疑經義的不合理、質疑經文的脫簡、錯簡、訛字，亦刻意批評漢儒、否定漢儒傳經的貢獻，以突顯自己在儒學傳承上的最高地位。[21]這樣的治經特色，為明人所承

---

[19] 〔明〕胡翰，《胡仲子集》，收於《景印文淵閣四庫全書》總1229冊（臺北：臺灣商務印書館，1983），頁19a-20b。

[20] 〔明〕何孟春，《餘冬序錄》，收於《四庫全書存目叢書》子部102冊（臺南：莊嚴文化，據湖南圖書館藏明嘉靖七年郴州家塾刻本影印，1995），卷34，頁6b-7a；〔清〕徐乾學，《讀禮通考》，收於《景印文淵閣四庫全書》總112冊，卷6，頁36b-37a。

[21] 林慶彰，〈明代的漢宋學問題〉，收於《明代經學研究論集》（臺北：文史哲出版社，1994），頁1。

襲，[22]並在士人對於母服制度變革的言論中，可見其影響的範圍與程度。著有《五經疑義》的嚴天麟（生卒年不詳）即說到：

> 《儀禮》亦戰國時所作，大抵多雜以春秋僭妄之制，古意或有存焉，但詳於禮文器數，而不言禮意，苟求其意，必雜記也。《儀禮》所以不得為古書者，即其服制可疑。……。父母之喪，《中庸》以為貴賤一也，《孟子》以三年之喪，齊疏飦粥，自天子達於庶人，三代共之。古者通喪三年，以齊疏為常，衰在胸前，特以斬別，豈父斬而母齊之理乎？[23]

《儀禮·喪服》的母服規定，不論是在唐代武則天改制時，或者在《孝慈錄》的制定過程中，皆是官員阻擋改制最有力的工具。但明人嚴天麟卻認為《儀禮》的規定不可盡信，尤其是服制的部份，更可能非古代禮儀之原貌，而既然《儀禮·喪服》不可靠，也就等於「家無二斬」之喪服原則無遵守的必要。另外，他更舉出《中庸》、《孟子》有關父母之喪的論述，來反對「父斬母齊」之理，巧合的是，《中庸》記載的孔子曰：「三年之喪，達乎天子。父母之喪，無貴賤，一也」，以及孟子所言：「三年之喪，齊疏之服，飦粥之食，自天子達於庶人，三代共之」皆被收

---

[22] 林慶彰將宋至清代漢宋學的競爭關係分為以下四個階段：（一）北宋中－南宋末：宋人反漢學（二）元至明中葉：吸收宋學，並加以反省（三）明中葉至康熙年間：對漢宋優劣提出質疑，並主張漢宋兼採的時期（四）清乾隆、嘉慶年間，是漢學極盛，宋學起而抗之的時期（五）清道光、咸豐年間至清末，是調和漢宋學的時期。參見氏著，〈明代的漢宋學問題〉，收於《明代經學研究論集》，頁10。

[23] 〔明〕嚴天麟，《五經疑義》，收於《續修四庫全書》經部171冊（上海：上海古籍出版社，據北京圖書館藏明刻本影印，2002），卷2，〈禮義〉，頁2b-3a。

入《孝慈錄》一書中作為贊成為母服三年之「聖賢定論」。[24]究竟是《孝慈錄》的內容，影響了嚴天麟的看法，還是「父母同斬」的概念，早存於嚴天麟心中，後人無從判斷，但卻可以清楚看到因為《儀禮・喪服》作者的不可確定，以及「孔孟聖言」模糊地帶的存在，促進了《孝慈錄》言之成理的程度。嚴氏此席話亦受到師事於王陽明的季本（1485－1563）之肯定，季本也說到：「當以孟子之言為正，子生三年，然後免於父母之懷，其情一也，豈宜有異志乎？」[25]可見這類看法並非特立獨行，在同時期亦有認同者。

對《儀禮・喪服》真偽的懷疑，使《孝慈錄》更易得到明代士人認同的例子，還可從謝肇淛（1567－？）之言中尋得蛛絲馬跡：

> 古人喪禮，為父斬衰三年，而父在為母不過齊衰期而已，此雖定天地之分，正陰陽之位，而揆之人子之情，無乃太失其平乎？子之生也三年，然後免于父母之懷，要之，母之劬勞十倍于父也。夫婦敵體，無相壓之義，以父之故，而不得伸情於母，豈聖王以孝治天下之心乎？且父母為長子齊衰三年，而子于母反齊衰期，亦倒置之甚矣。此禮三代無明文可考，或出漢儒杜撰未可知也，而舉世歷代無有非之者，至我國家始定制父母皆斬衰三年，即妾之子亦為所生持服，不以嫡故而殺，此聖祖所以順天理、達人情，

---

24 〔明〕太祖撰，《御製孝慈錄》，收於〔明〕張鹵校刊，《皇明制書》，卷12，頁4b。

25 〔明〕季本，《說理會編》，收於《續修四庫全書》子部939冊（上海：上海古籍出版社，據清華大學圖書館藏明刻本影印，2002），卷11，〈經義二三禮〉，頁2a-3a。

自我作古，萬世行之，可也。[26]

謝肇淛支持「父母同斬」的理由，可分為兩大部分，一則如前述的士人一般，從「人情」的角度出發，論母親之辛勞，二則由「夫妻敵體」的觀念，[27]認為母服不應因父在而降服，而且母尊子卑，故母為長子齊衰三年，子為母卻只能齊衰一年，實是倒置人倫。三則直接懷疑禮經為漢儒杜撰，實不可信，進而認為明代的喪服規定才是萬世可行之制。[28]直至明末，韓如璜（1593－？）也有雷同的論述：「高皇帝《御製孝慈錄》序，大哉皇言，真可謂達禮之本者哉！《周禮》、《儀禮》誠多漢儒駁雜之言，即在《禮記》亦然。……。父母之喪一，故母服期年者，非也。」[29]可見得《孝慈錄》的母服規定能得到明代士人的認同，除了與「祖制」、「母恩」、「緣情制禮」等思維相連結以外，也有明人對於經典的態度與當時經學的主流論述交織其間。

　　明代士人基於上述各種理由而對《孝慈錄》母服規定的認同，無疑的加深了他們對明太祖讚揚的程度。談遷（1594－1657）在《國榷》引郭正域（1554－1612）之言，作為他對明太祖與《孝慈錄》的歷史評價：

---

[26] 〔明〕謝肇淛，《五雜俎》（臺北：偉文圖書出版社，1977），卷14，頁370。

[27] 「敵體」謂彼此地位相等，無上下尊卑之分。「夫妻敵體」可從〈儀禮‧喪服〉傳曰：「夫妻一體也，……夫妻胖合也」；《白虎通‧嫁娶》：「妻者何謂？妻者齊也，與夫齊體，自天子下至庶人，其義一也。妾者接也，以時接見也。」看見其立論根源。日本學者滋賀秀三指出：若從第三者的角度來看，妻等同於夫，應該受到相同的尊敬。另外，相對於夫與妾上下尊卑，與夫一體的身分地位是由妻一人所獨有。參見張建國、李力譯，滋賀秀三著，《中國家族法原理》，頁109、445。

[28] 針對謝肇淛此段論述的解析，亦可見何淑宜，《明代士紳與通俗文化──喪葬文化為例的考察》，頁148。

[29] 〔清〕徐乾學，《讀禮通考》，收於《景印文淵閣四庫全書》總112冊，卷6，頁37a。

古之帝王，以五禮經邦國，而以兇禮哀死喪。衰周之世，半去其籍，孟氏于諸侯之禮未之學也，況其他乎？詩人所為賦庶冠也，然典故之所掌，顓門之所謀，求視他禮，或有存者。《禮記》所載，喪儀居半，《儀禮》有〈士喪〉、〈喪服〉、〈士虞〉、〈既夕〉諸篇，《漢書》載國卹為詳。唐李義府、許敬宗乃以為非臣子所宜言，盡削而不書，國有大事則臨時采摭，附比從事，事已諱而不傳，是不知送終之為大事也，諛已甚矣，《宋史》園陵喪紀獨詳。高皇神聖廣覽，有諱無諱，而《集禮》一書，成于中年，南北不刊之典。至《孝慈錄》成，而大義微文，廣大精微，無所不至，如父母之制為斬衰也，長子之降為朞年也，三父八母，正宗外族，正服旁服之有殺也，三代聖人未之及也，聖人人倫之至，非高皇莫之能改也。[30]

此段敘述藉由指摘明以前的歷代君臣對於喪服禮儀制定的忌諱，導致喪禮儀注長期的晦暗不明，進而突顯甫一即位，即制定《明集禮》以成喪服制度的明太祖，[31]是可媲美於「以五禮經邦國，而以兇禮哀死喪」的古之帝王，而洪武七年《孝慈錄》的製作，則更使明太祖達到「三代聖人未之及也」的境界，而如此推崇明太祖的情況比比皆是：

---

[30] 〔清〕談遷著、張宗祥點校，《國榷》（北京：中華書局，1958），卷5，頁511-512。

[31] 《明集禮》為明朝第一部禮制全書，修成於洪武三年（1370）年九月，其中喪服禮的部份，一依《文公家禮》之規定，為母服為齊衰三年。參見〔明〕徐一夔等撰，《明集禮》，收於《景印文淵閣四庫全書》總649冊（臺北：臺灣商務印書館，1983），卷38，〈兇禮三〉，頁15a-16b。

> 或問周公之禮，父在為母杖期，尊無二上也，兄弟之妻無
> 服，推而遠之也。後世父在為母齊衰三年，嫂及弟婦皆有
> 服，今制父母皆斬，何如？予曰：「父母之恩，一也。
> 《易》稱家有嚴君，父母之謂，亦無尊卑之別，是高皇帝
> 之見，獨超萬古者也，豈可泥於周公而嫌其或過哉？」[32]

此段問答出自張元諭（生卒年不詳）的《篷底浮談》，面對將
《儀禮・喪服》的母服制度歸於周公所創，而對「今制」「父母
同斬」有疑的問者，張氏將「父母之恩，一也」的孝道內涵視為
明太祖超越萬古的條件，認為就連長久以來被視為中國禮樂文化
開創者的周公亦無法比擬，溢美之辭可見一斑。

二、明末清初批評聲浪的出現

　　對明太祖及其所製作的《孝慈錄》抱持著如此正面態度的
看法，到了明末清初，卻開始逐漸減少，取而代之的是負面評
價的與日俱增。前半生生活於明朝而後仕清的宋徵輿（1618－
1667），在與友人范子的對話時，對明太祖在《孝慈錄》序中非
議周公之言頗有微詞，[33]認為明太祖更改母服制度，不能歸咎於
周公之非，而應怪罪於今非昔比的現實：

> 曰：「今之人不如古，從周公之說而無其志，必至於忘其
> 母，我不得已而更之，更之乃所以從周公也，則聖人之意

---

[32]　〔明〕張元諭，《篷底浮談》，收於《續修四庫全書》子部1126冊（上海：上
　　　海古籍出版社，據北京圖書館藏明隆慶四年重原道刻本影印，2002），卷2，頁
　　　8b。
[33]　明太祖非議周公之言，可見第二章第三節。

見，而天下學士大夫之心厭矣。」今以後王壽短而社稷移
為周公咎，則周曆八百，明不及三百，又何以處洪熙、泰
昌兩君也？[34]

與前述郭正域、張元諭將製作《孝慈錄》的明太祖置於三代聖王
之上截然不同，宋徵輿對《孝慈錄》序中批評周公之詞表示不以
為然，認為明太祖所建立的明代比不上周代之美好。明太祖提升
母服，其稍稱正當的原因充其量只能說是因為古人雖為母服期年
之喪，卻可做到心喪三年的哀戚程度，但今人無法做到此種程
度，所以必須硬性規定為母服三年之喪，才得以符合古禮母服最
初的制禮意念。言談之間，可看出士人對明太祖製作《孝慈錄》
的看法正逐漸發生變化。

　　明清之際士人對《孝慈錄》評價出現轉折的原因，或可從王
夫之（1619－1692）的一席話得其端倪：

黃帝正婚姻而父子定，周禮父在為母服齊，以體黃帝之
精義，而正性以節情，非聖人莫能制也。武氏崇婦以亢
夫，而改為斬衰，於是三從之義毀，而宮闈播醜，禍及宗
社。開元七年勅五服並從禮傳，乃士大夫議論紛起，各從
其意，迷先聖之典，逆時王之命，褚無量歎曰：「俗情膚
淺，一紊其制，誰能正之！」……夫人之用愛也易，而用
敬也難；知情者眾，而知性者少；於養也見恩，而於德見
憚，皆溺也。而不但此也，出而議禮於大庭，入而謀可否

---

[34] 〔清〕宋徵輿，《林屋文稿》，收於《四庫全書存目叢書》集部215冊（臺南：
莊嚴文化，據上海圖書館藏清康熙九籥樓刻本影印，1997），卷16，〈范問〉，
頁3b。

于妻子，於是而父之得與母同其尊親，亦僅存之法紀使然耳。不然，伸母以抑父，父齊而母斬，又豈非其所可為、所忍為者哉？於是親繼父而薄繼母，怙母黨以賊本支，茫然幾不知為誰氏之子，何知仁義？以享其利者為有德，猶且自詡孝慈以倡率天下，中國之不狄，人之不禽也幾何哉？……無量之歎，垂之千年而帝王不能正，士大夫不能行，嗚呼！人道之淪亡，吾不知其所終已。[35]

此段論述見於王夫之《讀通鑑論》〈玄宗〉篇。王夫之先談古禮父在為母期的母服規定乃聖人之制，緊接著指責武則天「崇婦以亢夫，而改為斬衰」，認為此乃因為「膚淺的俗情」多用「愛」、「情」、「養」、「恩」等角度來「紊亂」古禮母服的規定，進而毀壞了婦女從夫之義，使得母親竟與父親有著相同的地位。王夫之甚至憂心忡忡的擔心如果這樣下去，甚至會發展到「伸母以抑父，父齊而母斬」父系宗法社會崩潰的地步。但值得注意的是，將母服改為「斬衰」並強調「父母等恩」並非如王夫之所言出於武則天的改制，而實創於明太祖的《孝慈錄》，依王夫之被後世稱為「清初三大儒」的學養與史識，[36]將兩者混淆的可能性極低，而若細讀至引文的最後，王夫之點出某人「自詡孝慈以倡率天下」，即可謎底揭曉般的推測出所謂「自詡孝慈」者，指涉的實為制定《孝慈錄》的明太祖。[37]夷夏之防思想濃厚

---

[35] 〔清〕王夫之，《讀通鑑論》（臺北：里仁書局，1985），卷22，〈玄宗〉，第8條，頁765-766。

[36] 據學者何冠彪的考察，顧炎武、黃宗羲與王夫之是到了清末才被稱為「清初三大儒」，其主要原因，當推三人在光緒三十四年（1908）同時從祀文廟的緣故。參見何冠彪，〈顧炎武、黃宗羲、王夫之合稱清初三大儒者考──兼說清初四大儒及五大儒之成員〉，《故宮學術季刊》，7：4（臺北，1990），頁71-80。

[37] 清人文廷式亦說到：「王船山《讀通鑑論》，明本及末知人論世奇偉之書也，

的王夫之對於明太祖將母服提升至與父服同等之舉，[38]所下的評語是「中國之不狄，人之不禽也幾何哉？」一方面指責明太祖是使中國文化淪喪的罪魁禍首；另一方面遭逢國變的王夫之也暗示著，明朝之所以滅於「夷狄」清朝，以「膚淺的俗情」而紊亂禮制的明太祖實難辭其咎。

在明清之際反對《孝慈錄》的，還有同樣被譽為「清初三大儒」的顧炎武（1613－1682）。顧炎武認為「今人三年之喪有過於古人者」有三事，而為母服斬衰三年即其中之一。他首先細述《儀禮‧喪服》、《禮記》中所規定的母服制服原理，以說明為何父在為母只能服齊衰杖期之喪，[39]同時也列舉了歷代諸儒對喪服經典的解釋，強調父母之服有別，是因為〈喪服傳〉所言：「禽獸知母而不知父。野人曰：『父母何算焉？』都邑之士則知尊禰矣。」接著，循序漸進的說明唐代武則天的母服改革，是當時為母一律服三年的源頭，且如同王夫之一樣，徵引了精通「三禮」的褚無量（646—720）之言：「聖人豈不知母恩之厚乎？厭

其不滿於明太祖亦時一見之。……其論父在為母服齊，武氏改為斬衰一條云：『何知仁義，以享其利者為有德，猶且自詡孝慈以倡率天下，中國之不夷狄者幾何？』亦並譏明太祖之孝慈錄也。」參見〔清〕文廷式，《純常子枝語》，收於《續修四庫全書》子部1165冊（上海：上海古籍出版社，據民國三十二年刻本影印，2002），卷14，頁24b-25a。

[38] 杜維運：「王氏民族思想之濃厚，在中國史家中，殆無出其右者。……王氏以為天下之防二，夷狄華夏也，君子小人也。春秋嚴夷夏之防，為古今之通義，萬世不易之公理。」參見杜維運，〈王夫之與中國史學〉，《清代史學與史家》（臺北：東大出版社，1984），頁69；林聰舜，《明清之際儒家思想的變遷與發展》（臺北：臺灣學生書局，2000），頁187。

[39] 例如：《儀禮‧喪服》：「疏衰裳齊，牡麻絰冠，布纓絰杖，布帶疏履。期者父在為母。」〈傳〉：「何以為期也？屈也，至尊在不敢伸其私尊也。」《禮記‧雜記下》：「期之喪，十一月而練，十三月而祥，十五月而禫。」註：「此謂父在為母也」。〈喪大記〉：「期終喪，不食肉，不飲酒。父在為母、為妻。」又曰：「期居廬終喪，不御于內者，父在為母、為妻」。〈喪服四制〉：「資于事父以事母而愛同，天無二日，土無二王，國無二君，家無二尊，以一治之也。故父在為母齊衰期者，見無二尊也」。本文在第一章對這些古代喪服禮文已有說明，在此不贅述。

降之禮，所以明尊卑、異戎狄也。俗情膚淺，不知聖人之心，一槩其制，誰能正之？」並舉出唐代幾個丁母憂卻奪情起復的官員，認為唐代將母服從父在為母服齊衰杖期，提升為父在服齊衰三年之舉，是「崇其文而廢其實矣」。最後，他明言今制父在為母斬衰三年，起因於《孝慈錄》的修纂，而對於《孝慈錄》他則留下了「此則當時別有所為，而未可為萬世常行之道」的評價，[40]顯見其不認同的態度。

從明代士人屢屢讚揚《孝慈錄》為萬世不易之經，到明末清初顧炎武認為《孝慈錄》非「萬世常行之道」，《孝慈錄》所得到的評價走向了另一個完全相反的方向。究其轉變的關鍵，應是在晚明政治社會的日趨敗壞與明清易代劇變對士人在思想上所造成的影響。晚明以來江左王學走向虛玄，招來江右王學、東林學者等人指責其不重禮法綱紀，而導致社會失序的批判，[41]再加上士人漸漸認為王學已不足以應付晚明頻仍的內憂外患，進而促使遵循禮法的看法與日倍增，實學思潮應運而起，[42]而提倡經學即包含在此思潮之中。[43]顧炎武堪稱清初第一位治《儀禮》的學者，認為矯正宋明以來理學的空疏、禪學化流弊傾向的最佳方式，就是以禮自治、治人，並恢復儒禮之制度儀節，使人人行事皆合於禮，[44]故致力於禮學的復興，認為「理學即經學」，並將研究重心轉移到經學原典上。[45]除此之外，「非我族類」的滿人

40　〔明〕顧炎武撰；〔清〕黃汝成集釋，《日知錄集釋》，卷4，〈三年之喪〉，頁118。

41　呂妙芬，《陽明學士人社群——歷史、思想與實踐》（臺北：中央研究院近代史研究所，2003），頁391-397。

42　王家儉，〈晚明的實學思潮〉，《漢學研究》，7：2（臺北，1989），頁299。

43　詹海雲，《清初學術論文集》（臺北：文津出版社，1992），頁31-38。

44　張壽安，《十八世紀禮學考證的思想活力——禮教論爭與禮制重省》，頁36-37。

45　鄧聲國，《清代五服文獻概論》（北京：北京大學出版社，2005），頁12。

入主中原的刺激，也驅使士人紛紛投入禮學的研究，如王夫之即認為「唯禮可以已亂」，明亡以後，不欲與新朝合作的士人，更是以禮教為己任，希冀藉此能保存搖搖欲墜的華夏文明。[46]此一對禮儀學習的殷切與對古典禮經研究興趣的提升，實深藏著政治宣示的意涵，代表著士人對漢文化的認同，以及更加關心保存「我們的」傳統與文化之道的心態，[47]促使清代出現許多針對古典禮儀的研究。[48]也就是在這樣的背景下，違悖禮經的《孝慈錄》得到了王夫之、顧炎武等明末清初大儒的批評與責難。

顧炎武除了如上述在《日知錄》中，表達對唐明兩代母服改革的不滿以外，在他的〈與友人論父在為母齊衰期書〉中，亦可看到他堅持古禮母服規定以與「今制」抗辯的情況：

> 父在為母服一事，則終不敢舍二禮之明文而從後王之臆制，狥野人之恩而忘嚴父之義也。夫為父斬衰三年，為母斬衰三年，此從子制之也；父在為母齊衰期，此從夫制之也。《儀禮‧喪服》傳曰：「何以期也，屈也，至尊在，不敢伸其私尊也。」〈問喪〉篇曰：「父在不敢杖，尊者在，故也。」〈喪服四制〉曰：「資於事父以事母而愛同，天無二日，土無二王，國無二君，家無二尊，以一治之也。故父在為母齊衰期者，見無二尊也。」所謂三綱者，夫為妻綱，父為子綱。夫為妻之服除，則子為母之服

46 　趙園，《明清之際士大夫研究》（北京：北京大學出版社，1999），頁360。

47 　Kai-wing Chow, *The Rise of Confucian Ritualism in Late Imperial China : Ethics, Classics, and Lineage Discourse*（Stanford, California: Stanford University Press,1994），pp.44-46.

48 　Kai-wing Chow, *The Rise of Confucian Ritualism in Late Imperial China : Ethics, Classics, and Lineage Discourse*, pp.50-51,

亦除，此嚴父而不敢自專之義也，奈何忘其父為一家制禮
之主，而論異同、較厚薄於其子哉？……若但曰父母之親
同，其愛同，其服同，則孩提之童無不知之者矣，何待聖
人為之制哉？[49]

從顧炎武反覆徵引《儀禮・喪服》經傳和《禮記》的條文，以說
明古典禮經的母服規範與原則，可知他對喪服禮應依循古制的堅
持。另外，他還強調「夫為妻綱，父為子綱」，認為夫婦、父子
之上下尊卑不可倒混，而與前述王夫之所認為的，改母服為斬衰
使「三從之義毀」的說法幾乎如出一轍，與前述明人謝肇淛以
「夫婦敵體，無相壓之義」的看法則大相逕庭，顯露了此時期士
人對明末以來社會尊卑上下倫理失序的擔憂。[50]

顧炎武「經學即理學」的學術方向，論禮以經典為依歸的態
度，在清代學術界成為一個新的「典範」，[51]而他對《孝慈錄》
的評價和反對為母服斬衰三年的言論亦常見於清人的禮儀研究專
書，例如在徐乾學（1631－1694）的《讀禮通考》、盛世佐（乾
隆年間人）的《儀禮集編》、秦蕙田（1704－1764）的《五禮通
考》皆可看到。[52]進入清代康、雍、乾時期，隨著考據學越發興
盛，稱許《孝慈錄》「緣情制禮」，伸人子對母之情的主張已越

---

49 〔明〕顧炎武，《亭林詩文集》，收於《四部叢刊正編》77冊（臺北：臺灣商務
印書館，據上海涵芬樓康熙刊本景印，1979），《亭林文集》，卷3，〈與友人
論父在為母齊衰期書〉，頁5b-7b。

50 何淑宜，《明代士紳與通俗文化——喪葬文化為例的考察》，頁51。

51 余英時，〈清代思想史的一種新解釋〉，收於氏著，《歷史與思想》（臺北：聯
經出版事業公司出版公司，1976），頁144-145。

52 徐乾學，《讀禮通考》，收於《景印文淵閣四庫全書》總112冊，卷6，頁
37b-38a；盛世佐，《儀禮集編》，卷23，《景印文淵閣四庫全書》總111冊，
頁10b-11b；秦蕙田，《五禮通考》，卷253，〈凶禮八〉，《景印文淵閣四庫
全書》總142冊，頁18a-18b。

見稀少，僅見以古禮為準，責難《孝慈錄》變亂禮制的聲浪排山倒海而來。如考據學大家閻若璩（1636－1704）就說到：

> 古者男子有五斬，女子止一斬，在室為父，出嫁為夫，當其為夫且降父之服而為期矣，何有于舅？失禮自唐貞元中始也，今也男子除父為長子之服，臣為君之服，斬反有八，蓋母加服斬，自明《孝慈錄》始也。母既然于是，承重之祖母、所後之母皆然，繼母、慈母亦皆然。合數之，男子有八斬，女子服母、繼母與父同，是在室有三斬；嫁，服舅姑，并及承重之祖舅、祖姑，所後之舅姑、繼姑、慈姑亦皆斬，合數之，女子有九斬焉。何斬之多也，蓋服制之變，于是為已極。[53]

按閻若璩之說法，禮之失可說是從唐代開始，而到了明《孝慈錄》實為「失禮之極」。既然《孝慈錄》的母服制度不被認同，士人對於明太祖的批判也就更毫無避諱。禮學素養備受清初學界重視的萬斯同（1638－1667）即批評「明之《孝慈錄》不免武人為于大君之失」；[54]清初理學大家陸隴其（1630—1692）亦說：「洪武《孝慈錄》一書直是師心自用」；[55]在乾隆三十六年（1697）修成的《評鑒闡要》中，也視《孝慈錄》「實出于帝之

---

[53] 〔清〕閻若璩，《潛邱箚記》，收於《景印文淵閣四庫全書》總859冊（臺北：臺灣商務印書館，1983），卷4，頁7b-8a。

[54] 〔清〕陸隴其，《三魚堂日記》，《續修四庫全書》史部559冊（上海：上海古籍出版社，據中國科學院圖書館藏清同治九年浙江書局刻本影印，2002），卷8，頁9a。

[55] 〔清〕陸隴其，《讀書志疑》，收於《景印文淵閣四庫全書》總129冊（臺北：臺灣商務印書館，1983），卷4，頁1a。

沽名好古」;[56]沈欽韓（1775－1831）在其《漢書疏證》中亦說《孝慈錄》的母服新規，乃是明太祖「暱其所寵孫貴妃，而妄斷禮制也」。禮學各家或從出身、或從性格諷刺明太祖，與明代士人筆下完美無瑕、宛如聖人再世的明太祖判若兩人。

清人對於《孝慈錄》的貶抑，符合學者張壽安指出的清初禮學家「以古禮正今俗」、「以經典為法式」，並且力斥宋明禮學緣俗性格的治學特色。[57]而這種特色也表現在他們以古禮糾正世俗居喪風氣的努力上。守喪，也稱居喪、守制、丁憂，為喪服制度的一部分，更為人們哀悼死者的具體表現。儒家對守喪制度的系統闡述始於《禮記》，孔子認為「喪禮，與其哀不足而禮有餘也，不若禮不足而哀有餘也」，[58]可見喪事分為「禮」與「哀」兩部分，「禮」是在禮儀上給予死者的待遇，而「哀」則是生者在喪期內對死者所表現的哀戚之情，儒家重視這份哀戚之情甚於禮文儀節，並為「哀」的表達方式設定一套標準，不論是面容體態、聲音言語、飲食衣服以及平日居處，皆依服喪等級不同而有相異的規範。以子為父母的三年之喪為例，在二十七月的守喪期間，人子面容憔悴枯槁，哭喪時哭得連氣都喘不過來，喪期內除了與喪事有關之事，一律不與人交談，盡可能沉默，且禁食三天，三天後才能喝粥，三月後才能吃粗食，一年以後才能吃菜果。[59]守喪期間人子必須居於殯宮門外的草棚，以草為床，以石

---

56 〔清〕高宗撰，劉統勳等編，《評鑑闡要》，收於《景印文淵閣四庫全書》總694冊（臺北：臺灣商務印書館，1983），卷10，頁11b-12a

57 張壽安，《十八世紀禮學考證的思想活力──禮教論爭與禮制重省》，頁123。

58 〔漢〕鄭玄注、〔宋〕孔穎達等正義，《禮記正義》，收於〔清〕阮元校勘，《十三經注疏附校勘記》（臺北：藝文印書館，據清嘉慶二十年江西南昌府學開雕本影印，2001），卷7，〈檀弓上〉，18b。

59 〔漢〕鄭玄注、〔宋〕孔穎達等正義，《禮記正義》，收於〔清〕阮元校勘，《十三經注疏附校勘記》，卷57，〈閒傳〉，9a-10b。

為枕，不得婚嫁，且夫妻不能同房。[60]由這些規定可看出，孝子在守喪期間的生活必須極其簡樸，並杜絕任何娛樂以符合喪親的錐心之痛。但是明代中葉以後，士人面對社會風氣日漸澆薄、喪葬習尚益趨功利，齊衰期年、大小功的喪服不被遵守的現況，開始擔憂三年之喪重服是否被切實執行的問題。[61]

明末極注重道德與禮的實踐，希冀以此矯正俗弊的陳確（1604－1677）認為，[62]先王制喪，不在乎斬衰、齊衰等喪服外表的「喪之名」，而重視服喪之人內心哀戚之情的「喪之實」，但其身處的年代服喪的實況卻與先王制喪之初意相差甚遠：

> 前古之為母也齊衰杖期，近古之為母也斬衰三年，儒者必又曰：「前古之失而近古之為得也，……。」雖然今儒者之所為三年喪，吾知之矣。書之簡曰「孤哀子」而已矣，曰「制」而已矣，曰「泣血稽顙」而已矣，而言笑則晏晏也；睹其外貌則儡然衰冠而已矣，而內皆纖縞也，飲食則厭酒肉也，寢處則安房帷也。夫且靦然晏會而不知恥也，預人閒事匍匐公庭而不知其非也，有三年之名而曾無緦小功之實，而猶欲非且笑天下之人可乎哉？……夫孝者，百行之原，喪死尤孝事之大。一端虧損，百行莫救。……何得不求其實而徒騖其名？曰：「大夫必三年而後服官，士必三年而後出試。」三年則三年矣，試回思三年之中，服

---

[60] 〔漢〕鄭玄注、〔宋〕孔穎達等正義，《禮記正義》，收於〔清〕阮元校勘，《十三經注疏附校勘記》，卷45，〈喪大記〉，9a-11b。

[61] 何淑宜，《明代士紳與通俗文化：喪葬文化為例的考察》，頁148。

[62] Kai-wing Chow, *The Rise of Confucian Ritualism in Late Imperial China : Ethics, Classics, and Lineage Discourse*, pp.47-48；趙園，《明清之際士大夫研究》，頁360。

食何如也？居處何如也？有不背汗交流，錐心刺骨，踽踽
無地者乎？故古之期母而三年父也，非薄于母也，父在則
禮然也。……然禮雖殺也，而情彌篤矣。今而不然，禮彌
隆也，而情則薄矣，故古人之于親也似薄而實厚，今人之
于親也似厚而實薄。[63]

此段引文節錄自陳確的〈喪實議〉，在文章開頭，可以清楚
的看到，陳確所說的「近古之為母也斬衰三年」、「今之為生母
也亦三年」是根據以《孝慈錄》為準的喪服時制，透露了官方母
服服制在當時所受到的認同，但陳確卻有不同的看法。陳確認為
今制雖為母服斬衰三年，但在三年中，人們屢屢做出飲酒食肉、
與妻子同房、出席宴席作樂等違反居喪儀節之事，故時人為母所
服的斬衰三年之喪事實上只不過是徒有其名而不具其實。因此，
他重申古禮為母只服一年之喪，並非要孝子在情感上虧待母親，
實是因父系宗法制度使然，而和古人相比，為母服三年喪卻不能
謹守居喪儀節的今人，則是看似厚待母親，實則不孝於母。根據
此種注重「喪之實」的看法，陳確在另一篇〈喪服妄議〉中，即
清楚的說到：「母服之同父服，非禮也。」[64]可見其由注重喪之
實、推崇古禮的角度，對《孝慈錄》母服規定不以為然。

陳確的思想開啟了清初對於禮的看法，[65]而他以服喪須名實
相符出發批評為母服斬衰三年的說法，亦有其繼承者。顧炎武也
曾以喪之名實須相符的角度，反對為母服斬衰三年之禮，他引元

63　〔清〕陳確，《陳確集》（北京：中華書局，1979），卷6，〈喪實議〉，頁
　　176-178。
64　〔清〕陳確，《陳確集》，卷6，〈喪服妄議〉，頁181。
65　Kai-wing Chow, *The Rise of Confucian Ritualism in Late Imperial China : Ethics,
　　Classics, and Lineage Discourse*, p.48.

代理學家吳澄（1249－1333）〈服制考詳序〉之言說明他的看法：

> 吳幼清〈服制考詳序〉曰：「凡喪禮制，為斬衰功緦之服者，其文也；不飲酒、不食肉、不處內者，其實也。中有其實而外飾之以文，是為情文之稱；徒服其服而無其實，則與不服等。爾雖不服其服，而有其實者，謂之心喪。心喪之實，有隆而無殺，服制之文有殺而有隆，古之道也。」[66]

　　顧炎武以吳澄內心哀戚的心喪乃是喪之實的看法為基礎，[67]認為古禮「父在為母雖降為期，而心喪之實，未嘗不三年也」，[68]「後世有所增改者，皆溺乎其文，昧乎其實，而不究古人制禮之意者也」，[69]而「古人所勉者，喪之實也，自盡於己者也；後世所加者，喪之文也，表暴於人者也，誠偽之。」[70]感嘆明太祖不明禮意的破壞古禮、提高母服，以為是提升為母之孝道

---

[66] 〔明〕顧炎武撰、〔清〕黃汝成集釋，《日知錄集釋》，卷4，〈三年之喪〉，頁121。

[67] 吳澄，字幼清，元代中期之大儒，學問根底由朱學而來，在經學方面用力甚深，其基本介紹可見方旭東，《吳澄評傳》，南京：南京大學出版社，2005。另據筆者考察，明人在說明「喪之實」、「喪之文」的差別時常引吳澄的說法來加以解釋。可參見〔明〕袁黃，《袁了凡先生兩行齋集》（臺北：國家圖書館善本書室藏，明天啓4年嘉興袁氏家刊本），卷3，〈喪服辨〉，頁32b-35a；〔明〕丘濬，《大學衍義補》，收於《景印文淵閣四庫全書》總712冊（臺北：臺灣商務印書館，1983），卷51，頁10a-10b。

[68] 〔明〕顧炎武撰、〔清〕黃汝成集釋，《日知錄集釋》，卷4，〈三年之喪〉，頁119。

[69] 〔明〕顧炎武撰、〔清〕黃汝成集釋，《日知錄集釋》，卷4，〈三年之喪〉，頁121。

[70] 〔明〕顧炎武撰、〔清〕黃汝成集釋，《日知錄集釋》，卷4，〈三年之喪〉，頁121。

實踐，卻只是做到表面工夫，而無實質意義。[71]

　　這種從批評今人無法遵守居喪禮節而否定明太祖提升母服的看法，自明末清初開始，持續到清乾隆年間，仍可看到周廣業（1730－1798）在說明「父在為母」之喪服禮時說到：

> 洪武七年著《孝慈錄》改為斬衰三年，與父同，迄今仍之，但俗頹禮廢，其文彌盛，去定彌遠。為妻名期，冠服如常，甚有屍未寒而更娶者矣。子名服斬，有飲酒、食肉，御內，無異平居者矣，齊斬之衰，貧者多代以木棉布，即有力者，亦止于受布啟殯之日一用之。而三年之內，唯元冠墨衣而已，誰復知禮意者？愚嘗謂：「古之期，似輕而寔重；今之三年，似重而寔輕。」說禮及此，能無浩嘆哉？[72]

　　周廣業的評斷：「古之期，似而輕寔重；今之三年，似重而寔輕」，與陳確「古人之于親也似薄而實厚，今人之于親也似厚而實薄」之言宛如雙胞，一方面代表著時人無法盡守居喪儀節的現實景況；另一方面，他們利用舉目所及可觀察到的服喪實況，著眼於「以古禮正今俗」、注重「禮的實踐」的層面，時時刻刻關心現行喪服律文與社會中喪禮運行之間的差距，進而評估《孝慈錄》提升母服是否有其必要性。面對連一般的居喪禮節都難以確實實踐的社會現況，這些士人認為應該更加要求服喪者內心實

---

[71] 對陳確、顧炎武的論述，亦可參見何淑宜，《明代士紳與通俗文化——喪葬文化為例的考察》，頁147-148、151

[72] 〔清〕周廣業，《過夏雜錄》，收於《續修四庫全書》子部1154冊（上海：上海古籍出版社，據北京圖書館藏清種松書塾抄本影印，2002），卷1，〈父在為母朞〉，頁26a-26b。

質的悲戚，而非只是以外在的喪服表徵虛應故事，進而使得《孝慈錄》的母服改制在他們眼中更加顯得大而無當。

　　由明代開國皇帝打著「父母等恩」旗幟的《孝慈錄》，受到多數明代士人以「情」的角度入手，輔以「緣情制禮」與疑經的態度，和明太祖站在同一陣線，強調母親生養之恩而支持為母斬衰三年的服制，並認為此乃超越百代的孝道政策。但隨著明代中葉以後社會風氣與明清之際學術思潮的轉向，固守古禮的聲音漸漸增強，違反古典禮經服制原則的《孝慈錄》，因為挑戰了明末士人為維護尊卑倫理失序與儒禮精神所做的努力，亦刺激了面對滿人入主中原，擔憂華夏文化傳統漸失的遺民情感，而遭到前所未有的否定。但值得注意的是，不論是由「禮」或「情」切入的討論；或是由視《儀禮・喪服》為可疑或可信的喪服經典出發；甚或牽涉「喪之名」與「喪之實」的相互辯證，為母之孝如何在「家無二斬」、「夫為妻綱」的父系宗法社會得到落實，而理想的孝道實踐如何可能，無庸置疑的是明清士人至始至終共同追尋的核心目標與價值。

第二節　私修禮書中的母服制度

　　《孝慈錄》作為明代「祖制」，由禮入律，成為明代的喪服制度，並為清代所承襲，而從上節的介紹可知，明清士人對當時母服禮制的評論歷經了由褒至貶的漸進轉換。明清士人關於母服的討論不單代表他們個人的意見，也暗示著時代的思潮與學術走向，但明代的褒揚和明清之際興起的貶抑，是否就各自等於《孝慈錄》獲得實行和遭到忽視，卻還是一個尚待解決的問題。為了尋找此問題的解答，本節擬從明清官方先後頒布的典章制度、士

人私修禮書著手，探析《孝慈錄》的普及程度，並將其結果與明清士人對《孝慈錄》的評價做一對應與比較，以期對明清士人如何感知、論述乃至實踐「父母同斬」禮制有一較完整的了解。

一、明人的喪服知識來源

明代的官方喪服禮制規定曾歷經兩個階段。第一階段的喪服禮制是依照頒行於洪武元年（1368）的《大明令》與洪武三年（1370）的《大明集禮》的內容，[73]兩者在喪服禮制的部分皆以《文公家禮》為所本，將子為母服規定為齊衰三年。[74]但是洪武版本的《大明集禮》雖修成，卻至嘉靖九年（1530）才重新修纂而刊布天下，[75]而《大明令》雖作為貫穿明代的法典，其效力卻因為後出的諸多法令而被修改或廢止，且在《大明令》與《大明律》並載時依《大明律》科斷，[76]故至洪武七年《孝慈錄》修成並載入《大明律》後，其喪服禮制就取代了《大明令》之條文，而進入了明代官方喪服禮制規定的第二階段。《大明會典》的敘述，說明了這樣的過程：

> 國初《大明令》，依古禮父服斬衰、母齊衰，報服如之。庶母服緦，三殤降等。洪武七年始加折衷，著為《孝慈錄》，父母俱斬衰，而減報服、省殤禮，定庶母服以杖

---

[73] 《大明令》成書時間之考證，見內藤乾吉，〈大明令解說〉，《日本學者研究中國史論著選譯》（北京：中華書局，1992），第7卷，頁382。

[74] 〔明〕太祖撰，《大明令》，收於〔明〕張鹵校刊，《皇明制書》，卷1，14b。徐一夔等撰，《明集禮》，收於《景印文淵閣四庫全書》總649冊，卷38，〈凶禮三〉，頁15a-16b。

[75] 趙克生，〈《大明集禮》的初修與刊布〉，《史學史研究》（天津，2004），頁65-66。

[76] 內藤乾吉，〈大明令解說〉，《日本學者研究中國史論著選譯》，頁395。

期，又列圖於律，至今遂為定制。[77]

《大明會典》所載的此一喪服改制過程，對於曾關心、接觸當時喪服禮制的明代士人而言，應不至於太過陌生，如曾任刑部主事的唐樞（1497－1574）談及《孝慈錄》的母服制度時即說：

> 《孝慈錄》喪制，發前古所未發，輕重損益，一原至情，所不容已，古今異宜，人情無不自懷，非大聖人烏能主張是哉？高皇帝初即位，禮制未備，《大明令》並《大明集禮》且令暫率朱文公《家禮》行之。及是錄定，遂載入《大明律》遵述施行。[78]

可見唐樞對於《孝慈錄》之前的禮制，以及《孝慈錄》由禮入律的情況都有所掌握，並且認為《孝慈錄》一經載入律令，其位階即高於此前所出的《大明令》與《大明集禮》，成為明代官民皆必須遵守的喪服禮制。

《孝慈錄》雖然在洪武七年以後成為明代喪服定制，但官方卻在此之後又頒行了與《孝慈錄》喪服禮制相悖的禮書，如永樂十三年（1415）《文公家禮》即被編入《性理大全》頒布於國子監與各地方學校；[79]而在嘉靖九年，則刊布了補纂過後的《大明集禮》，其喪服禮制仍依照《文公家禮》之條文，而並未依照

---

[77] 〔明〕申時行修，《（萬曆）大明會典》，卷102，〈喪禮七〉，頁562。

[78] 〔清〕徐乾學，《讀禮通考》，收於《景印文淵閣四庫全書》總112冊，卷6，頁35a。

[79] 〔明〕胡廣等奉敕撰，《性理大全書》，收於《景印文淵閣四庫全書》總710冊（臺北：臺灣商務印書館，1983），卷18－卷21。

《孝慈錄》加以修改。[80]再加上《大明令》、《大明律》、《孝慈錄》、《性理大全》、《大明集禮》皆是朝廷頒降南北兩京國子監、地方學校的書籍，[81]也就是說，雖然《孝慈錄》的喪服條文或收於《大明律》或獨成一書頒布學宮，但內含著為母服齊衰三年舊制的書籍也同樣為明代學子必讀之書，[82]在同時接收兩套由官方所頒布的喪服禮制知識下，是否會造成士人在實行《孝慈錄》時的困難？章潢的《圖書編》所載的一段問答即反映了此一疑慮：

> 或問《性理大全》乃當代諸儒所會纂者，其喪服一本諸先代溫公、文公《家禮》。是編於今之喪服諸圖，皆未之收，何歟？曰：「《性理大全》因國朝頒者，而《孝慈錄》非聖祖所欽定乎？何父母斬齊之異，一仍乎先儒之舊也？是五服圖且與《孝慈錄》異矣。」[83]

《性理大全》中的《家禮》與《孝慈錄》兩者在喪服禮制的不同記載，的確在當時造成了人們的疑惑，而求教於曾當過順天府儒

---

80 〔明〕徐一夔等撰，《明集禮》，收於《景印文淵閣四庫全書》總649冊，卷38，〈兇禮三〉，頁15a-16b。
81 〔明〕黃佐，《南雍志》（臺北：偉文圖書出版社，1976），卷17，〈經籍考〉，頁3a、卷18，〈經籍考〉，頁3a-3b；〔明〕郭鎜等撰，《皇明太學志》（臺北：國家圖書館善本書室藏，明嘉靖三十六年原刊明末迄清順治間增刊本），卷2，〈典制下〉，頁5a、8a。地方學校方面，以安徽省天長縣為例，亦藏有《大明令》、《大明律》、《孝慈錄》、《大明集禮》等書。參見〔明〕王心編撰，《（嘉靖）天長縣志》，收於《天一閣藏明代方志選刊》26冊（上海：上海古籍書店，1982），頁51b-52a。
82 在明代，中央官學與地方學校即是採用朝廷頒降的圖書、經史、律誥、禮儀等書來教導學生。參見沈俊平，《舉業津梁——明中葉以後坊刻制舉用書的生產與流通》（臺北：臺灣學生書局，2009），頁107。
83 〔明〕章潢，《圖書編》，收於《景印文淵閣四庫全書》總972冊（臺北：臺灣商務印書館，1983），卷110，〈古喪服制〉，頁51b-52a。

學訓導，並對《周易》、《詩經》、《書經》、《春秋》、《禮記》、《論語》皆有研究的章潢。[84]雖然章潢認為喪服禮制應以《孝慈錄》為依歸，但也不能忽略的是，問者對於《大明律》為何沒有收入《家禮》喪服諸圖的質問，提示著明代士人對《家禮》的認同，及《家禮》在明代喪禮實踐層面上，透過官方倡導而積累的影響力。

　　上段引文中「溫公、文公《家禮》」所指的應是司馬光的《書儀》與朱熹的朱子《家禮》或稱文公《家禮》。[85]南宋理學家朱熹編定的《家禮》在體例上仿自司馬光的《書儀》，[86]並摻

---

[84] 參考自國立中央圖書館編，《明人傳記資料索引》（臺北：國立中央圖書館，1978），頁482。

[85] 《家禮》可說是朱熹的重要禮學著作，但元代至清代都有學者懷疑《家禮》並非朱熹所作，引起不少爭論。不過經過當代學者的詳細考證，原則上相信《家禮》為朱熹所撰，但有再經朱熹門人修改而成。參見張文昌，〈唐宋禮書研究——從公禮到家禮〉（臺北：國立臺灣大學歷史研究所博士論文，2006），頁359。

[86] 「書儀」原本是指教寫書信之範本。目前所見最早的書儀類著作，應是西晉人索靖所撰之《月儀》，內容是以月為序，用節氣之寒暄問候表達朋友間的情懷，因書信文字優美，故可展現世家大族的文學修養。以「書儀」為名的書信範本至南北朝時期大量出現，內容範疇擴大到吉凶禮儀之文字，而且作者多為南朝的世家大族，顯示中古世族為了避免有損門第之身分，不僅著意於家族內的禮法表現，也注重與其他士大夫交往的特性。書儀依據後來的發展在內容上可分為三大類型：第一種為「朋友書儀」，是書儀最原始的形式，內含有與朋友書信往來的範例；第二種是「吉凶書儀」，除了書信範例外，還包括吉凶禮儀之儀注、喪服制度等，內容最為豐富；第三種是「表狀箋啟書儀」，是詳載公私往來應酬的文字範本。北宋司馬光的《溫公書儀》的第一卷為「書儀」，列有表奏、公文、私書、家書等四類書儀；其他九卷均為禮儀之儀文，包括冠、婚、喪儀，所以「書儀」其實在《溫公書儀》中所佔之比例甚小，家禮儀文才是其書之重點。《溫公書儀》在家禮儀文上雖已從俗就簡，但朱熹仍認為儀節過繁，而著做出實用性與當代性更強烈的朱子《家禮》。由此可見從「書儀」發展至「家禮」的時代趨勢：「書儀」作為「書信範本」，代表著魏晉門第表現教養的工具，但隨著唐宋間社會的變革，世家大族逐漸傾頹，新興的科舉士族躍升為社會的主流，為使後世子孫能夠晉身仕途，科舉士人利用家禮與家規凝聚宗族，因此「書儀」的功能在北宋以大幅降低，《溫公書儀》雖然仍有「書儀」色彩，但其主要功能已是吉凶禮儀的部份，而非「書儀」，而至朱子《家禮》則更強調實踐性，希望禮儀不只「獨善其家」，還能禮下庶人。參見張文昌，〈唐宋禮書研究——從公禮到家禮〉，頁330-367。關於司馬光《書儀》，亦可參見黃美華，〈司馬光《書儀》研究〉，台中：國立中興大學中國文學系碩士論文，2000。

以朱熹能由下而上改革社會的期望，[87]故在內容上，比司馬光的《書儀》更加簡省為冠、婚、喪、祭四個士庶通用的家庭常禮，且著意於古禮與今俗的調和，以使禮儀更易於一般人使用，[88]也正因此舉而讓儒禮更能深入士庶階層。再加上朱熹的地位崇高，在門人同道的不斷宣揚下，《家禮》到了元代成為國家量定禮制的參考範本，[89]廣為士人接受。時至明代，一方面太祖與成祖先後分別以《家禮》為本制禮，並頒行《家禮》於天下，使得《家禮》在明代國家理念中的地位逐步得到確立；[90]另一方面，《家禮》也十分受到明代士人的青睞，常利用《家禮》自我修行、教化鄉里，並對《家禮》進行註釋、修訂、節錄的工作，使《家禮》獲得前所未有的推廣與傳播。[91]

值得注意的是，明代士人之所以需要重新對《家禮》進行註釋、修訂、節錄，乃是由於成書於南宋的《家禮》對於以移風易俗為己任的士人而言，其書中的若干細節已與明代社會實況不盡相合，故士人必須將《家禮》改寫成更能迎合當時閱讀群眾的需求、喜好與社會現況的「家禮書」。[92]而這些「家禮書」也往往比《家禮》更受閱讀市場歡迎。換句話說，若有人遇到冠、

---

[87] Patricia Buckley Ebrey, *Confucianism and Family Rituals in Imperial China : A Social History of Writing about Rites*（New Jersey: Princeton University Press, 1991），p.142.

[88] 何淑宜，《明代士紳與通俗文化──喪葬文化為例的考察》，頁154

[89] 張文昌，〈唐宋禮書研究──從公禮到家禮〉，頁367-368。

[90] 梁勇，〈明代的《家禮》研究〉（新加坡：新加坡國立大學中文系博士論文，2006），頁56-63；張文昌，〈唐宋禮書研究──從公禮到家禮〉，頁369-370。

[91] Patricia Buckley Ebrey, *Confucianism and Family Rituals in Imperial China : A Social History of Writing about Rites*,pp.150-155.

[92] 這些對《家禮》進行註釋、修訂的禮書，Patricia Buckley Ebrey,稱之為" revised versions of the family rituals" ，見Patricia Buckley Ebrey,, *Confucianism and Family Rituals in Imperial China : A Social History of Writing about Rites*,p.167.何淑宜則稱為「家禮類書籍」，見氏著，《明代士紳與通俗文化：喪葬文化為例的考察》，頁157。

婚、喪、祭四禮實行上的問題，而想找《家禮》作為行禮指導時，通常會傾向尋找一本「家禮書」，而非由朱熹所寫的原版本《家禮》。[93]另外，也因喪禮在四禮中的重要性以及所佔篇幅之多，故從明代中後期到清初更出現由「家禮書」衍伸出的喪葬禮和喪祭禮為主題的禮書。[94]是故，考察這些明代所流傳的「家禮書」、喪葬類或喪祭禮禮書中對於喪服禮的書寫，成為探索《孝慈錄》母服禮制是否在《家禮》普遍流行的明代社會得到實踐的重要憑藉。

二、明代私修禮書中的母服制度

在諸多詮釋家禮的版本中，浦江《鄭氏家儀》是較特別的史料，其特殊之處在於，既可將此書視為私修禮書，亦可將其歸類於族規家訓，且因其成書年代較早，所以是觀察明初宗族對《家禮》與《孝慈錄》如何取捨的重要參照點。浦江鄭氏從南宋到明代中葉，共歷三代十五世同居共食，在元代受朝廷旌表為「義門鄭氏」，明洪武十八年更賜封為「江南第一家」，[95]而《鄭氏家儀》一書則是歷經鄭氏四代人的努力，最後於洪武十一年（1378）由鄭泳（生卒年不詳，元末明初人）在宋濂的協助下完成。[96]鄭泳在《鄭氏家儀》序中說到：「今遵《家禮》而略有損益者，蓋時或有所禁，而禮樂之器之文不得不異，吾求其質而已矣」，[97]而在服制的部份，他則是先完整抄錄了《家禮》條文，

---

93 Patricia Buckley Ebrey, *Confucianism and Family Rituals in Imperial China : A Social History of Writing about Rites*, pp.167-168.
94 何淑宜，《明代士紳與通俗文化——喪葬文化為例的考察》，頁157。
95 梁勇，〈明代的《家禮》研究〉，頁76。
96 梁勇推測洪武11年（1378）11月宋濂撰《旌義編引》之時，也應為《鄭氏家儀》成書之時。見氏著，〈明代的《家禮》研究〉，頁81。。
97 〔明〕鄭泳，《鄭氏家儀》，收於《四庫全書存目叢書》經部114冊（臺南：莊

而在齊衰三年條的最後補充說明：「洪武七年，著《孝慈錄》，
父母俱斬衰，今遵皇制，母並斬衰，母報亦減為期。」[98]如此寫
法，可謂與其序言所言「遵《家禮》而略有損益」相符，而《孝
慈錄》無疑是其損益的重要基準點之一。

洪武十一年修成的《鄭氏家儀》能對洪武七年才頒行天下
的《孝慈錄》如此了解，或許和宋濂參與此書之修纂不無關係。
若觀諸同樣也是屬於明代中期以前的「家禮書」是宣德九年馮善
（1387－1465）所寫成的《家禮集說》，情況又是如何呢？此書
是馮善為先人治喪時所作，曾任無錫縣儒學訓導的馮善，希望透
過他對《家禮》的改寫、解釋，能讓當地的「鄉人孺子」、「荒
村貧婦」更方便地行禮。[99]在此書序言中，馮善雖表明此書「一
遵《家禮》」的基調，但同時也說到：

> 嗚呼！時有古今，禮有損益，修而正之，理若有待，賴我
> 太祖高皇帝御製《孝慈錄》等書，實萬世不刊之盛典，永
> 宜遵守者。此《家禮》舊文所以不容不少變於今日也，世
> 雖知之，未釐其舊。[100]

可看出馮善雖然是以《家禮》作為他教化鄉里的主要書籍，
但也強調必須以《孝慈錄》的喪服禮制對《家禮》進行修正，所
以在《家禮集說》的凡例中，馮善更清楚的說到此書「遵依國朝

嚴文化，據上海圖書館藏清刻本影印，1997），〈序〉，頁7a-7b。
[98] 〔明〕鄭泳，《鄭氏家儀》，收於《四庫全書存目叢書》經部 114冊（臺南：莊
嚴文化，據上海圖書館藏清刻本影印，1997），頁30a。
[99] 〔明〕馮善《家禮集說》（臺北：國家圖書館善本書室藏，明成化15年刊本），
〈序〉，頁1a-5b。
[100] 〔明〕馮善，《家禮集說》，〈序〉，頁4b-5a。

制度，如喪禮父母，及嫡、繼、慈、養母皆斬衰三年，……，革去《家禮》舊文，悉從時制」，[101]並在母服部分如實地載入《孝慈錄》的制度。[102]此書在成化十五年（1479）、萬曆年間再度被刊刻，[103]可見有一定程度的流傳，而其「悉從時制」的態度也勢必有助於《孝慈錄》喪服禮制的傳播。除了馮善《家禮集說》以外，在明代中後期至清代深受士人的歡迎，且不斷的被引用、重新刊刻的，還有成化年間出版的丘濬（1421－1495）《文公家禮儀節》，[104]與馮善禮下庶人的心態不同，丘濬撰寫《文公家禮儀節》的主要目的，是希望士人能知道執禮的重要性。儘管設定的讀者群有所不同，丘濬仍然在喪禮的部份先抄錄了《家禮》的喪服禮之後，再依《孝慈錄》條文寫下「父母同斬」的內容，[105]可見不論禮書的預設讀者是士人或是庶民，對於禮書作者而言，《孝慈錄》皆是不容違背的官方喪服規定。

　　隨著明代中後期社會風氣急遽的變化，民間違禮者日多，士人越來越關切如何以禮化俗的問題，促使此時期寫成的「家禮書」，更容許在符合孝道與喪禮實質前提下進行禮文的增刪，以求提高社會一般大眾行儒禮的程度。[106]例如宋纁（1522—1591）於萬曆元年（1573）寫成的《四禮初稿》就反映了這樣的趨勢，在此書的喪禮部分，已不錄有《家禮》原有的喪服禮條文，而直

---

[101] 〔明〕馮善，《家禮集說》，〈凡例〉，頁6a。

[102] 〔明〕馮善，《家禮集說》，不分卷，頁84a-85b。

[103] 何淑宜已指出今天的國圖刊本即是明成化15年的版本，見氏著，《明代士紳與通俗文化——喪葬文化為例的考察》，頁159。經筆者查找，國家圖書館另藏有萬曆年間吳興錢士完校刊本，只是此版本較為殘缺。

[104] Patricia Buckley Ebrey, *Confucianism and Family Rituals in Imperial China : A Social History of Writing about Rites*, p.176.

[105] 〔明〕丘濬，《文公家禮儀節》，收於《四庫全書存目叢書》經部114冊（臺南：莊嚴文化，據北京大學圖書館藏明正德13年常州府刻本影印，1997），喪禮卷，40a-40b：先寫斬衰三年的古禮內容，才寫「今制」的內容。

[106] 何淑宜，《明代士紳與通俗文化——喪葬文化為例的考察》，頁167、169。

截了當的代之以《孝慈錄》之規定，[107]符合宋纁撰寫此書時希望達到「指途導軌，莫若就簡刪繁」的初衷。[108]除此之外，因明中後期社會上喪葬習尚越趨敗壞而出現的專門論喪葬、喪祭禮的禮書，[109]也有類似的情況，如王廷相（1474－1544）的《喪禮備纂》即是一例。在《喪禮備纂》的序言裡，雖曾表示此書「一本《大明集禮》」，[110]但是在喪服禮的部份，亦只錄《孝慈錄》為母服斬衰三年的規定，而未見收有《大明集禮》為母齊衰三年的條文，[111]並且說到：「《御製孝慈錄》敘服，蓋酌古準今之制，士民之家所宜遵守者，莫備於此，故敬錄之。」[112]如此遵循《孝慈錄》的傾向，除了表現在《孝慈錄》直接替代《家禮》條文的現象外，呂坤（1536－1618）在萬曆四十四年（1612）編撰的《四禮疑》中，討論到庶母之服有若干疑義之時，更是利用《孝慈錄》的內容來增加自己說法的可信度，他說到：「庶母之有子杖期矣，無子無服乎？……考諸禮家所載庶母期，而不分有子無子，《會典》及《孝慈錄》更明。」[113]呂坤亦在序言中強調：「伏讀《大明會典》、《孝慈錄》，見大聖人之制作，度越千

---

[107] 〔明〕宋纁，《四禮初稿》，收於《四庫全書存目叢書》經部114冊（臺南：莊嚴文化，據上海圖書館藏清康熙四十年宋氏刻本影印，1997），卷3，26a-33b。

[108] 〔明〕宋纁，《四禮初稿》，收於《四庫全書存目叢書》經部114冊，〈序〉，頁1a。

[109] 何淑宜，《明代士紳與通俗文化——喪葬文化為例的考察》，167-168

[110] 〔明〕王廷相，《王氏家藏集》，收於《四庫全書存目叢書》集部53冊（臺南：莊嚴文化，據王氏家藏集喪禮備纂天津圖書館藏明嘉靖刻清順治12年修補本公移集駁稿集奏議中山大學圖書館藏明嘉靖至隆慶刻本影印，1997），〈喪禮備纂序〉，1b。

[111] 按前文已說明《大明集禮》是按《家禮》之喪服禮條文。

[112] 〔明〕王廷相，《王氏家藏集》，收於《四庫全書存目叢書》集部53冊，〈喪禮備纂卷下〉，16a。

[113] 〔明〕呂坤，《四禮疑》，收於《四庫全書存目叢書》經部115冊（臺南：莊嚴文化，據北京大學圖書館藏明萬曆刻清同治光緒間補修呂新吾全集本影印，1997），〈喪禮〉，頁25a。

古，至分別品官庶人，彰明較著，臣子欽承，又何容喙？」[114]清楚看到，這些禮書雖然是以《家禮》作為著書藍本，卻在喪服的相關內容上展現一遵《孝慈錄》的態度。

除了透過上述禮書的出版刊刻，能使《孝慈錄》於明代獲得越漸普及的機會，若將觀察的視野擴及與百姓日常生活緊密相關的日用類書，亦不失為探尋《孝慈錄》是否實行於社會的一個視角。茲就學者公認在明代內容最完整、最具代表性的《新刻天下四民便覽三台萬用正宗》而言，[115]其所收錄的喪服圖即與《孝慈錄》條文相符，[116]並且編有〈律內喪服條款歌〉，此歌開宗明義的唱到：「本宗九服正五服，斬衰三年父母獨」，[117]可說是非常淺白通俗的明示明代的喪服制度精要，而若挾此特性，再加上明中後期經濟的蓬勃發展，平民已有能力購買此類書籍，且識字率的提高，亦使平民有足夠能力閱讀日用類書等背景因素，[118]無疑的增強了《孝慈錄》「父母同斬」觀念在明中後期逐漸深入人心的可信度。

綜上所述，伴隨著明代士人希望儒禮能更順利推行於民間的殷切期盼，私修禮書撰者更願意使其書的內容越漸明瞭清晰，進而反映在私修禮書的喪服禮內容中，從《家禮》、《孝慈錄》並列，轉而選擇刪除《家禮》的喪服禮文而獨留《孝慈錄》的情

---

[114] 〔明〕呂坤《四禮疑》，收於《四庫全書存目叢書》經部115，〈序〉，5b-6a。
[115] 吳蕙芳，〈民間日用類書的內容與運用——以明代《三台萬用正宗》為例〉，《明代研究通訊》，3（臺北，2000），頁46。
[116] 〔明〕余象斗，《新刻天下四民便覽三台萬用正宗》，收於《域外漢籍珍本文庫》第一輯子部（北京：人民出版社，據日本東京大學東洋文化研究所藏明萬曆27年余氏雙峰堂刻本影印，2008），卷16，〈四禮門〉，頁13b-15a。
[117] 〔明〕余象斗，《新刻天下四民便覽三台萬用正宗》，收於《域外漢籍珍本文庫》第一輯子部，卷16，〈四禮門〉，頁12b
[118] 吳蕙芳，《萬寶全書——明清時期的民間生活實錄》（臺北：政大歷史系，2001），頁39-64。

況。明代私修禮書原來以《家禮》為其所本，在明中後期竟演變為在喪服禮部分《家禮》原文缺席的情況，一方面可說是肇因於《孝慈錄》作為洪武七年以後的喪服定制，配合著明代官方對出版的管制與審查，[119]有其一定的強制力，在閱讀書籍的場域中，並未受到官方、士人皆推崇的《家禮》太大的威脅；另一方面，也可說此現象實與明代士人對《孝慈錄》「父母同斬」的認可遙相呼應。於是乎，「父母同斬」就在國家典制書籍、私修禮書、類書中都占有一席之地的情況下，隨著明代中後期坊刻出版蓬勃的發展，[120]一步步地由上而下的向社會蔓延。

三、清代私修禮書中對《孝慈錄》母服的討論

　　《孝慈錄》在明清易代之後，其喪服條文依然是官方所規定的「今制」，或被稱為「時制」，從《大清會典》、《大清通禮》、《大清律例》中皆可清楚看到子為父母皆服斬衰三年的條文。[121]而在明末至清初士人所編撰的「家禮書」、喪禮類禮書中

---

[119] 迎合時制，也能降低被政府查扣的危險，參見Patricia Buckley Ebrey, *Confucianism and Family Rituals in Imperial China : A Social History of Writing about Rites*, p.168.關於明代政府對私家著述的管制，另可參見張璉，〈明代專制文化下的圖書出版情形〉，《漢學研究》，10：2（臺北，1992），頁366-367。

[120] 明中葉以後政治力的鬆動、白銀的使用、匠戶的釋出與海貿發展、教育文化的提升造就了書籍出版業的發展。明中葉以後書坊出書的種類也非常多元，除了官方所主導的出書種類之外，也包括大量的民間日常用書、通俗文學、科舉應試、文集、詩詞賦、文字音韻等類型的書籍。其中，民間日常用書更名列書坊出書的前四名。就閱讀群來看，明中葉以後也有逐漸從一般士人擴大到一般民眾的趨勢。參見郭姿吟，〈明代書籍出版研究〉（臺南：國立成功大學歷史研究所碩士論文，2002），頁69、79、98-102。

[121] 〔清〕崑岡等敕撰等，《欽定大清會典》（臺北：啓文出版社出版，據光緒二十五年刻本國立中央圖書館景印，1963），卷38，頁11b-15a；〔清〕來保、李玉鳴等奉敕撰，《欽定大清通禮》，收於《景印文淵閣四庫全書》總655冊（臺北：臺灣商務印書館，1983），卷50，〈品官喪禮〉，頁4a-4b；〔清〕徐本、三泰等奉敕纂，《大清律例》，收於《景印文淵閣四庫全書》總672冊（臺北：臺灣商務印書館，1983），卷3，頁1a-2a。

也可看到他們對「時制」的調整和支持，諸如「禮有可行于古，不可行于今者，父在為母期也」，[122]表明古禮已不再適用於當時社會的言論不絕如縷。因喪子而反覆閱讀《儀禮》、《家禮》，因而作《讀禮問》的吳肅公（1626－1699），在其書中也多處流露了遵行「今制」的態度，而自問自答道：「古齊斬之殊也，母則殺父矣。……殺繼母、慈母養母而齊衰可乎？今制皆斬衰；……三年之不齊，如今制，何也？今制三年喪，無齊衰者。」[123]可看到其所遵循的喪服「今制」即為《孝慈錄》「父母同斬」條文的情況。除此之外，吳肅公亦認為「父母之喪之齊也」，雖是「後王之變禮」，但他認為此變禮「仁至而義盡矣，非聖人其孰與於斯？」[124]贊同《孝慈錄》的態度再清楚不過。

事實上，清代因「以經典為法式」的學術趨勢，使「家禮書」不似明代如此蓬勃發展，佔據清代私修禮書之大宗的，是專治「儀禮學」的相關書籍。希望「以禮經世」的清儒，其禮學研究呈現出兩種不同的性格，一種是考禮，一種是議禮。前者考證古代的禮制、儀文、宮室、服飾、器物、度數；後者則是議論前代及當代的禮律和禮俗。[125]若放在喪服的討論層面上，考喪服禮者堅持漢唐注疏的實學風格，寫法多採用箋疏，而少有闡發義理之內容；議喪服禮者，則在解經傳條文的基礎上，更強調喪服制度的實用性考察，體現「禮，時為大」的禮學觀念。[126]因此，若

---

[122] 〔明〕朱朝瑛，《讀禮記略記·讀三禮略記》，收於《四庫全書存目叢書》經部 95冊（臺南：莊嚴文化，據北京圖書館藏清鈔七經略記本影印，1997），〈三禮總論〉，無版心頁，總頁261。

[123] 〔清〕吳肅公，《讀禮問》，收於〔清〕李幼梅輯，《讀禮叢鈔》，收於《國學集要》二編（臺北：文海出版社，1967），頁2b-3a。

[124] 〔清〕吳肅公，《讀禮問》，收於〔清〕李幼梅輯，《讀禮叢鈔》，收於《國學集要》二編，頁5b-6a。

[125] 張壽安，《十八世紀禮學考證的思想活力——禮教論爭與禮制重省》，頁107。

[126] 鄧聲國，《清代五服文獻概論》，頁14。

考察這些議論喪服禮為主題之私修禮書，即可一窺《孝慈錄》是否因清代推崇古典禮經的思潮和明清之際以來的批評而在這些禮書中遭到忽略與漠視的答案。

堪稱開清代治禮、議禮之先河的毛奇齡（1623—1716），在《西河合集》中的〈喪禮吾說篇〉詳述五服在古今的異制，並時常言及今制之內容，[127]而在《喪禮雜說》中，他也解釋「時制」子為母服斬衰乃「緣情」；[128]於母喪期間撰寫喪禮考證書籍《讀禮通考》的徐乾學（1631－1694），在子為母服的部份，除了抄錄《孝慈錄》，並援引了明清諸多禮學家或褒或貶的評價之外，也指出明以後子為母服斬衰已為定制而清朝因之。[129]而徐本身對《孝慈錄》的態度，或可從以下的敘述得知：

> 唐宋以還，代有損益，至明太祖定為《孝慈錄》而古制一變，蓋後世之人情薄矣，救薄莫若以厚。明祖之諭群臣曰：「人情之變無窮，而禮為適變之宜，人心之所安，即天理之所在。」豈非救薄以厚之道哉？由是加母之服上齊於父，使普天率土，人人得伸其三年之愛，而庶子亦遂其私焉，……。夫豈求異於古，亦曰適其宜而已。夫父母猶天地也，事地不敢同於天者，義也；報地不可異於天者，恩也。先王欲裁夫情之不可過者，而協之於中，故義勝恩；後王欲引夫情之不及者，而進之於厚，故恩勝義，二

---

[127] 〔清〕毛奇齡，《喪禮吾說篇》，收於《續修四庫全書》經部95冊（上海：上海古籍出版社，2002），卷8，〈五服古今異制說〉，頁1a-17b。

[128] 〔清〕毛奇齡，《喪禮雜說》，收於〔清〕李幼梅輯，《讀禮叢鈔》，收於《國學集要》二編（臺北：文海出版社，1967），頁1a-10b。

[129] 〔清〕徐乾學，《讀禮通考》，收於《景印文淵閣四庫全書》總112冊，卷6，頁31a-38b。

者雖殊，其歸一也。[130]

　　本書上一節曾言及幫助徐乾學完成《讀禮通考》的最大功臣萬斯同，曾批評《孝慈錄》為「武人為于大君之失」，但他卻也同時說到：「服制當遵時王」，[131]這種兩面看法勢必也影響了徐乾學。從上述引文中，也可推測徐乾學正是在尊「時制」的指導原則下，為依照《孝慈錄》的清代官方母服之制，找尋其違背古禮甚深的合理理由，而認為《孝慈錄》是明太祖因後世人情澆薄才加厚母服，實為適宜今日社會之改革。從而也反映了清代禮學家在私修禮書中對「父母同斬」禮制的接受，與上一節清初士人對《孝慈錄》竭盡所能的批評有著截然不同的走向。

　　為何在同一時代，會出現批判與接納《孝慈錄》共存的矛盾現象？若由清代政治與學術關係的角度進行觀察，清代政府以文字獄的方式禁止士人非議朝政、發表對滿洲統治者不敬之言論，[132]勢必導致清代士人私修禮書時，多少懷著畏懼的心態而抄錄當時的官方喪服制度以示遵循；[133]但另一方面，卻也必須注意清代政府此一控制是較富政治性的，而很少涉及思想學術領域，[134]也就是說，如果士人是放在禮經研究的脈絡下，發表對於

---

[130] 〔清〕徐乾學，《讀禮通考》，收於《景印文淵閣四庫全書》總112冊，卷3，〈楊信齋儀禮圖〉，頁12b-13a。

[131] 〔清〕陸隴其，《三魚堂日記》，《續修四庫全書》史部559冊（上海：上海古籍出版社，據中國科學院圖書館藏清同治九年浙江書局刻本影印，2002）卷8，頁9a。

[132] Benjamin A. Elman, *From Philosophy to Philology: Intellectual and Social Aspects of Change in Late Imperial China*（Cambridge: Council on East Asian Studies, Harvard University, 1984），p.15。

[133] 就政府控制出版書籍內容以管制思想此一層面而言，乃為明清政府所共有的特性，而非清代獨有。

[134] Benjamin A. Elman, *From Philosophy to Philology: Intellectual and Social Aspects of Change in Late Imperial China*, p.15。

母服改制的意見，則是能被當時統治者所接受的。同時，這種現象亦與清代議禮學者本身對禮制的看法有著密不可分的關連。清代禮學家雖然在「以經典為法式」的學術思潮下，堅持古禮「先行之本善」、「製作之精意」，[135]但另一方面，這些禮學家也同時因其「古今異勢，緣情制禮」的信念，[136]所以還是尊重「時制」的將之納入私修禮書當中，致使《孝慈錄》的母服條文在士人私修禮書中占有一席之地的情況，因為清承明制而得到延續。只是，與明人不同的是，他們不會拿今制批評、懷疑古禮之不是，而是將兩者劃分得很清楚，且如姚際恆所言：

> 使古非而今是，謂之無用可也；使古是而今非，則是今世失于不用耳，非果古禮之無用也。古禮今雖不能儘俾世從，然為之推詳其旨，闡明其義，使後人之人曉然，知先型之本善，悔末流之失，不亦可乎？[137]

清代禮學家是從對古禮禮意的考證與辯析出發，進而去了解古禮與今制的差異，此乃他們治禮最終的核心概念，因此不論「今制」為何，禮學家都認為必須先梳理清楚古禮「先型之本善」，以了解「今制」的缺失，故產生了批評《孝慈錄》聲音與遵循其母服規定私修禮書看似水火不容，實則一體兩面的情況。

這種兩面性還有相當多的例子可資證明：朱軾（1665－1736）的《儀禮節略》，雖以《儀禮》為名，卻也直接寫明子為母斬衰三年，並援引上段徐乾學的說詞，主張「先王欲裁，夫情

---

[135] 張壽安，《十八世紀禮學考證的思想活力——禮教論爭與禮制重省》，頁122。
[136] 張壽安，《十八世紀禮學考證的思想活力——禮教論爭與禮制重省》，頁119。
[137] 〔清〕姚際恆，《儀禮通論》（北京：中國社會科學出版社，2000），卷前，〈儀禮論旨〉，頁10。

之不可過者而協之於中，故義勝恩；後王欲引，夫情之不可及者而進之于厚，故恩勝義，二者雖殊，其歸一也」的看法；[138]朱軾子（生卒年不詳）在其《喪服制考》中，雖然對《孝慈錄》多有批評，但也不得不承認其所定下的喪服制度「海內士大夫莫不兢兢由之，至於今不易」，[139]且由於「清興以來，七十餘年矣，聖天子文謨武烈，超越千古，而喪服大禮，猶因明制」，[140]故在喪服卷中亦見子為父母乃斬衰三年之制；吳廷華（1682—1755）在《儀禮章句》中解釋各種服制時，也是先詳述《儀禮·喪服》的情況，最後再言及《孝慈錄》的內容，並告訴他的讀者「今因之」，以便達到「明古法著為憲章，與愛羊愛禮之意不同等」的效果；[141]崔述（1740－1816）的《五服異同彙考》詳載了古今母服之演變，仔細解釋古典禮經之禮意，並解釋到：「按經，為父斬衰三年，而為母齊衰三年，非薄母也，乃尊父也」，[142]似批判《孝慈錄》提高母服是明太祖不理解禮意所造成的結果，但仍清楚呈現清代母服內容，以使讀者周知。在這些私修禮書中，皆可看到這些作者在「酌古準今」的原則下，收錄「今制」之內容，《孝慈錄》雖可能因「以古禮為尊」的態度，而受到清人的批評，但也正是因為清人對古典禮經的重視，而激起了諸多研究由

---

138 〔清〕朱軾，《儀禮節略》，收於《四庫全書存目叢書》經部110冊（臺南：莊嚴文化，據中國科學院圖書館藏清康熙乾隆間刻朱文端公藏書本影印卷，1997），頁3a-4a。

139 〔清〕朱建子，《喪服制考》，收於《四庫全書存目叢書》經部88冊（臺南：莊嚴文化，據南京圖書館藏清鈔本影印，1997），總頁137。

140 〔清〕朱建子，《喪服制考》，收於《四庫全書存目叢書》經部88冊，總頁138。

141 〔清〕吳廷華，《儀禮章句》，收於《景印文淵閣四庫全書》總109冊（臺北：臺灣商務印書館，1983），卷11，頁1b。

142 〔清〕崔述，《五服異同彙考》，收於《續修四庫全書》經部95冊（上海：上海古籍出版社出版社，據復旦大學圖書館藏清道光四年陳履和東陽縣署刻本影印，2002），卷1，頁1a-1b。

古至今喪服禮變化的作品，使得《孝慈錄》「為母服斬」喪服條文因為這些禮書的載入，而大大提升了在清代社會的能見度。

在清初興起的「以古禮正今俗」思潮，如上一節所呈現的，使明末至清初士人對於《孝慈錄》的負面評價與日倍增，但這樣的思潮因為與「禮，時為大」的思考相伴，故在欲使讀者了解歷代服制興革的喪服禮書中，依然可以看到《孝慈錄》被收入其中，並因為《大清律》的承襲，而使「父母同斬」之喪服條文被遵行。換言之，雖然明清之際的禮學發展從明代「私家儀注」的「家禮學」轉向清代「以經典為法式」的「儀禮學」，出現極大的變化，[143]但不論是一本《家禮》的明代「家禮書」還是崇奉古禮的清代「儀禮學禮書」，在他們書中的喪服卷部分，都必須參考明清的「時制」而有所修改，可看出《孝慈錄》作為明清兩代官方喪服之本，被接納並成為明清士人喪服知識一部分的過程。

第三節　「父母同斬」的折衷與實行

《孝慈錄》母服制度因作為明清社會的「時制」，使士人在私修禮書時，不得不予以尊重而將之收錄，從而對《孝慈錄》「父母同斬」的能見度與深化社會的程度有所助益，但由於明清兩代關於守喪的法律條文，只有「匿喪」、「居喪釋服從吉」、「居喪作樂」、「居喪參與筵席」、「居父母喪別籍異財」、「詐稱父母喪」、「居喪嫁娶」、「居父母喪從仕」等條，卻無明文未依官方服制服喪者必須受到何種懲罰；再加上古禮「尊尊」的宗法原則，依然時時刻刻挑戰著《孝慈錄》的母服規定與

---

[143] 張壽安，《十八世紀禮學考證的思想活力——禮教論爭與禮制重省》，頁123。

「父母等恩」的概念，而使「父母同斬」是否被明清時人實踐，在實行時可能產生的疑慮為何，而他們如何在古禮與今儀兩端取得平衡等問題仍有待解答。

一、「斬衰」抑或「齊衰」？

　　古代中國人居父、母喪稱之為「丁憂」，依據傳統禮儀，父母死亡子女例應居家守喪三年以盡孝道，在朝為官者，則必須辭官歸鄉守制二 十七個月，稱為「丁憂守制」。曾有學者將《孝慈錄》的條文納進明代官員丁憂規定之中，認為明代官員丁母憂應服斬衰三年，[144]但事實上，從大多數描述官員丁母憂的記錄中，往往只能看到某人丁憂守制三年，而無法確定此處的「三年」究竟是斬衰三年還是齊衰三年。與「丁憂守制三年」一樣容易有誤導作用的，還有「廬墓三年」一事。學者孫中曾曾針對明末大儒劉宗周（1578－1645）為母服喪一事來論述其對禮的實踐，而舉劉宗周守喪時「親為廬於中門之外，……。期而小祥食茶果，又期而大祥食醯醬，泣血三年，未嘗見齒」為證，認為劉宗周為母廬墓三年，乃是按照明朝法令規定，為母服斬衰三年。[145]但廬墓三年同樣有可能是服齊衰三年，而「小祥」、「大祥」的喪服變除過程，[146]更是斬衰三年與齊衰三年所共有的禮儀內涵，因此，除非史料寫明劉宗周服「斬衰」之服，否則仍無法

---

[144] 駱芬美，《明代官員丁憂與奪情》（臺北：花木蘭文化出版社，2009），頁29-32。

[145] 孫中曾，〈劉宗周的道德世界──從經世、道德命題到道德內省的實踐歷程〉（新竹：國立清華大學歷史研究所碩士論文，2001），頁55。

[146] 在服喪期限內，逐步遞減喪服服制之等級，表明隨時間之消逝，哀思隨之遞減之意，稱為「變除」。「變」指的是重服改為輕服；「除」指的是某種喪服服飾去除後，不再有輕服服飾取代。斬衰、齊衰之服，成服後，都要經歷既虞卒哭（死後三月）、小祥（一周年）、大祥（兩周年）三次變服與禫祭（第二十七月）後的除服。參見丁凌華，《中國喪服制度史》，頁88-96。

確定劉宗周是否真的遵行明代的官方喪服服制而「為母服斬」。另外，從明代方志人物傳的書寫，也可以看到方志撰者常以居母喪廬墓三年，或寢不離苦次、不入私室、不御酒肉、哀毀骨立逾三年等守喪行為來讚揚傳主之孝。這種著重描寫傳主因喪母而哀戚不已的書寫模式，同樣只能說明此人遵守古禮中守喪的儀節，至於此人為母服三年，究竟指的是齊衰三年或是斬衰三年，其所盡之喪服禮到底是古禮、流行於明代的《家禮》抑或《孝慈錄》的規定，若非文獻中有寫明其是依「律」、依《孝慈錄》行服或直接寫服「斬衰」、「齊衰」，則難以推敲出逼近真實的答案。總的來說，雖然描寫明清士人居母喪的相關資料多如牛毛，但其中有助於釐清時人為母親服何種等級喪服的材料卻是鳳毛麟角。

筆者之所以在已得出明清士人私修禮書多數依照「時制」編寫母服的心得之後，仍無法斬釘截鐵的直指明清士人居母喪「三年」即是服斬衰三年，且對上述學者說法有所質疑，原因在於，在筆者查找的史料當中，依然明示著有一部分的明清士人所執行的母服禮制，仍為齊衰三年之制。如本節一開頭所言，可能由於為父母服喪時所穿的喪服，雖有明文規定皆為斬衰，但卻沒有未依制服喪而進行懲罰的法律條文，故存在著明清時人有不清楚或者忽略「為母服斬」規定的空間。曾為明成化、弘治、正德、嘉靖四朝之臣，累官至刑部尚書的林俊（1452－1527），在回答喪服相關問題時，即說到：「古者父服三年，母期。今制皆三年，以齊衰為殺耳。」[147]明顯不詳於「今制」父母皆為斬衰三年或者理解有誤。同樣曾在刑部任官的魏校（1483－1542）在其《莊渠遺書》所錄之「五服圖說」中，亦呈現為父斬衰三年，為

---

[147] 〔明〕林俊，《見素集》，收於《景印文淵閣四庫全書》總1257冊（臺北：臺灣商務印書館，1983），卷21，〈答方松厓〉，頁15b。

母齊衰三年的舊制，而未隨著「時制」有所更改的情況。[148]林俊與魏校皆曾為刑部官員，卻未能掌握載於《大明律》的母服服制，更遑論一般士人與平民百姓了。時至明末清初，雷演祚（崇禎三年舉人）逢母喪亦言：「丁母艱齊衰」，可知丁母憂時服齊衰的情形；[149]又如朱之瑜（1600－1682）在回答「父母在，而有兄喪者，可降一等乎？」的喪服提問時，其答覆為：「父喪斬衰三年，母喪齊衰三年。兄喪期，服布之生熟、升數不同，無所嫌疑，不必降等。惟父在而為母，則有或降或不降者。」[150]只見其一本古禮而主張母服因父而降服的態度，未見其對「時制」的調整。就連私修禮書也存在零星的例子，如李文炤（1672－1735）《家禮喪祭拾遺》中，仍依《家禮》為母齊衰三年的條文，[151]由此可見，《孝慈錄》母服規定並非當時社會人人所遵行之唯一標準。

為何為母服齊衰一說，可以長期存在，並且與官方禮制並行不悖，除了可能與《家禮》在近世以來的流傳、未依官方服制規定服喪於明清皆無法可管兩大背景有關以外，或亦可從當時士人在古禮與今儀之間的折衷態度中尋求答案。對於熟習於《儀禮》、《禮記》等古典禮經的士人而言，古禮中的喪服原則不僅只是代表服喪時的禮儀，亦是實際生活中親屬間尊卑親疏關係的表徵，雖然《孝慈錄》使母服提升至與父服同等，代表著「父母

---

[148] 〔明〕魏校，《莊渠遺書》，收於《景印文淵閣四庫全書》總1267冊（臺北：臺灣商務印書館，1983），卷8，〈五服圖說〉，頁2b-5b。

[149] 〔明〕史惇，《慟餘雜記》，收於《四庫禁燬書叢刊》史部72冊（北京：北京出版社，清鈔本，2000），〈雷演祚〉，頁20a。

[150] 〔明〕朱之瑜，《舜水先生文集》，收於《續修四庫全書》集部1385冊（上海：上海古籍出版社，據天津圖書館藏清康熙五十三年鄭玫刻本影印，2002），卷22，〈問父母在而有兄喪者可降一等乎〉，頁17b。

[151] 〔清〕李文炤，《家禮喪祭拾遺》，收於〔清〕李幼梅輯，《讀禮叢鈔》，收於《國學集要》二編（臺北：文海出版社，1967），頁8a。

等恩」孝道觀而達於人情，易使人接受，但卻也同時衝擊著男尊女卑、夫為妻綱的父系宗法紐帶，而使士人在行禮時有所遲疑。明人金渤（生卒年不詳）即說到：

> 資於事父以事母而愛同，天無二日，土無二王，國無二君，家無二尊，以一治之也，故父在為母齊衰期者，見無二尊也。今制為母亦斬衰三年，得無二尊之嫌乎？竊嘗思之，母之劬勞，有甚於父，居今反古，所不忍也；而忘古狥時，則尊親之禮，容有未安。必也父在為母齊衰三年，父歿則為母斬衰三年，庶幾尊父愛母之義兩盡而無憾矣。[152]

金渤雖然了解「今制」為母服斬衰三年，符合人子念及「母之劬勞」的現實，但對照著古禮「家無二尊」的喪服原則，他卻同時不安的認為應該在兩者尋找妥協之道，提出父在為母齊衰三年，父歿再行斬衰三年之服，以盡尊父與愛母之義，試圖兼顧「尊尊」與「親親」兩大制服原則，並且調和古禮與今制的衝突。對於為母服斬之制，清代禮學家任啟運（1670－1744）也認為：「父母之恩，一也，而家必統于尊，則父在為母齊衰，即伸三年，……，父沒乃伸斬，可也。」[153]同樣表現出對「父母等恩」孝道觀的認同，但對於母服卻仍考量父尊的重要性，而保留了父

---

[152] 〔明〕金渤，《讀禮日知》，收於《續修四庫全書》經部97冊（上海：上海古籍出版社，據遼寧省圖書館藏明萬曆二年馮氏刻本影印，2002），卷下〈讀喪服四制〉，頁64a-64b。

[153] 〔清〕任啟運，《禮記章句》，收於《續修四庫全書》經部99冊（上海：上海古籍出版社，據北京圖書館藏清乾隆刻本影印，2002），卷6之1，〈右第18章〉，頁34a。

在為母齊衰，父卒才能為母斬衰的等差。除此之外，更有士人堅持「家無二斬」，反對為母可服斬衰三年之服，而退而求其次，主張維持明以前不論父在與否，母服皆為齊衰三年之制。清人朱建子在其《喪服制考》一書，即認同俞汝言（1614—1679）之言而說：

> 父母敵體，義難相厭，為父斬衰三年，為母齊衰期年，低昂實甚，況母氏劬勞，有加於父。明太祖均服之制，而人子之心始安，……。昔亦嘗質之俞漸川先生矣。先生曰：「父母一體，均服允宜，但均加斬衰，實無分別。應仍服齊衰，而父在亦終三年，如開元禮可也，不可以為創於武氏而以人廢言也。」[154]

明清士人們雖然能同意「父母等恩」的孝道觀念，也認同如此能達人子之情，但「父尊」的不可侵犯性，仍為是他們耿耿於懷之處，而為母齊衰三年之服的繼續存在，也就成為他們處於「今制」與「古禮」抉擇之際，明辨「父尊」與「母親」之別的重要象徵。筆者認為，這些折衷之論，亦是「為母服齊」何以與官方「為母服斬」規定共存於明清社會的重要原因之一。

二、「為母服斬」的虛構與真實

上述洪武七年《孝慈錄》為母服斬衰三年制度頒行之後，為母服齊衰三年的主張與實例，加深了直指為母「服喪三年」、為母「廬墓三年」等史料即為母服斬衰三年的不確定性。而提及為

---

[154] 〔清〕朱建子，《喪服制考》，收於《四庫全書存目叢書》經部88冊，總頁147-148。

母服喪的資料，往往又是本身具有隱惡揚善而不代表真實特性的墓誌銘、行狀、傳記等史料，此一特性無疑地又使「為母服斬」落實程度的考察雪上加霜。在明初王褘（1322－1373）與其友人丁士梅的對談中，可看到丁士梅為母服喪的情況：

> 金華王褘還自江右，謁丁士梅氏京師之西郭門。入其戶，聞琴焉，和之不和，彈之而不成聲，余蹇然曰：「此祥琴也，而胡為乎，士梅氏之室也？」士梅出揖，余入其室問其故，士梅泫然流涕言曰：「僕東南西北之人也，遭時多艱，有母而弗能以養也，越在外服，蓋累年矣，日者訊至，則吾母之沒也久，吾於是為位以哭，服斬衰如初喪，今服且釋已，而吾之哀弗能釋也。」[155]

王褘筆下的丁士梅，親口說出其為母服「斬衰」之服，看似落實了《孝慈錄》「為母服斬」之制，但實情卻不然。其首要關鍵原因在於，王褘的卒年為洪武六年（1373），《孝慈錄》卻至少要到洪武七年（1374）之後才頒行天下，可見丁士梅為母服喪之時，應是處於官方規定為母服齊衰的年代，而「為母服斬」若為真，也只能推知他欲藉此表達自己的孝母之情深與喪母之痛劇，且由王褘得知丁士梅為母服斬衰而沒有表達任何質疑，也可再次說明官方服喪制度在社會上並不具有太大的強制力。再者，若合觀王褘對他的評語：「余自與士梅交莫逆而無間也，知其為人力於學者也，勇於為義者也，及是又知其心乎孝者也。」[156]更

---

[155] 〔明〕王褘，《王忠文公集》，收於《北京圖書館古籍珍本叢刊》集部98冊（北京：書目文獻出版社，據明嘉靖元年張齊刻本影印，1988），卷10，〈著存齋記〉，頁29a-29b。

[156] 〔明〕王褘，《王忠文公集》，收於《北京圖書館古籍珍本叢刊》集部98冊，卷

可明白，王禕撰寫此文的目的在於褒揚傳主美好的德行，而此段記錄的真實成分恐怕也就必須大打折扣。

　　儘管明清時人為母服齊衰三年之痕跡斑斑可見，「為母服斬」的記錄又可能是作傳者突顯傳主孝行的附屬品，但若從明清時人基於母子之情而願意提高母服等級的舉措來看，「為母服斬」之制因本身順應人情的特性，在社會上仍有一定的立足基礎，加以《孝慈錄》身為官方喪服制度，因多數明清私修禮書作者的遵行，應有一定程度的推廣，其落實程度也就不至於太過悲觀。例如在李濂（1488－1566）的文集中載：「或問父母之喪，斬衰三年，天下之通義也。有服在大僚者，奪情起復禮與？」之問，李濂的回答為：「抑情就職，禮之變者也。」[157]而未對問者所說的「父母之喪，斬衰三年」提出相左的意見，顯見李濂與問者皆認為「父母同斬」為無庸置疑必須遵行的「天下通義」。王恕在〈議封贈繼母奏狀〉中亦言：「子之於繼母，禮有斬衰三年之服」，[158]這裡的「禮」，很明顯的並非《儀禮》也非《家禮》，而是《孝慈錄》之禮，可見在官員上奏之正式文書中，存在著將喪服「禮」作為《孝慈錄》代稱，而將為繼母服斬衰三年視為理所當然的情況。同樣的實例發生在邵寶（1460－1527）面對友人遭逢母喪後，兄弟又去世的話應如何服喪的提問，邵氏的回答是：「禮曰：『斬衰之喪，既虞卒哭，遭齊衰之喪，輕者包重者……。』」[159]他未談及古禮、《家禮》等其他禮制，直覺的

<hr />

　　10，〈著存齋記〉，頁29a-29b。
[157]〔明〕李濂，《嵩渚文集》，收於《四庫全書存目叢書》集部71冊（臺南：莊嚴文化，據杭州大學圖書館藏明嘉靖刻本影印，1997），卷45，〈李文達公起復答問〉，頁11b。
[158]〔明〕王恕，《王端毅公奏議》（臺北：國家圖書館善本書室藏，明正德16年三原知縣王成章刊本），卷9，〈吏部議封贈繼母奏狀〉，頁1b。
[159]〔明〕邵寶，《容春堂集》，收於《景印文淵閣四庫全書》總1258冊（臺北：臺

遵循著《孝慈錄》「為母服斬」之制，認為逢母喪即應為母服斬衰三年，而以此為基礎，才能開始推論，若遇母喪後，又遇兄弟喪該如何服喪的問題。由種種的例子可知，「為母服斬」一制在明代士人群體之間應有一定的普及程度

對於長期熟習於古禮的士人而言，如何跨越儒家經典與今制之間的緊張關係，而將喪服禮直接等同於《孝慈錄》，或可從李默（正德十六年進士）回答朱芝山為祖母服何喪的說法看出端倪：

> 古禮父在為母服周，謂至尊在，不敢伸其私尊也，祖在為祖母服周，義定本於此。今制雖重母恩，不問父在與否，均服斬衰，至於祖在為祖母，則明言止服杖期，嘗著于《大明令》、《孝慈錄》、《大明律》諸書可考也。隆殺之間，皆斷自聖祖，縱未協於古禮，臣民猶宜遵用。況準父在為母周，本出於古人制義之精者乎！惟唐世天后請父在為母仍服三年，當時盧履冰、元行冲輩已極言其非。彼於父母恩同罔極，雖棄厭尊之義，未為不可，若持重之服，則固有間矣。矧時制所存，誰得而議之！[160]

李默這段話道出了許多訊息。首先，朱芝山在不能確定孫為祖母之服為何的情況下，向李默詢問，反映了當時士人依「禮」行服的基本習慣，至於此「禮」為何，則由李默的推衍可探知一二。接著，李默首先說明了古禮父在為母、祖父在為祖母皆服齊

灣商務印書館，1983），續集卷17，〈復莫蘊卿簡〉，頁9b-10a。
[160] 〔明〕李默，《群玉樓稿》，收於《四庫全書存目叢書》集部77冊（臺南：莊嚴文化，據浙江圖書館藏明萬曆元年李培刻本影印，1997），卷5，〈答朱芝山〉，頁21b-22a。

衰杖期，再解釋《孝慈錄》中雖重視母親之恩，不論父在與否而提高母服至斬衰，但卻未一併提升祖母之服，使得孫為祖母依然必須考慮祖父在世而仍停留在齊衰杖期，造成現行喪服禮制的不協調。由他這麼費神的解釋一方面可知，《孝慈錄》片面的抬高母服，而未就整個五服系統進行改制的缺失，可能造成時人在實踐《孝慈錄》時的疑慮；另一方面，他將現行的喪服禮制與古禮做比較，並作出「隆殺之間，皆斷自聖祖」、「未協於古禮」的論斷，批評之意昭然若揭。但即使如此，到最後，李黙還是告訴朱芝山，明代臣民還是應該遵用《孝慈錄》規定，因為「時制所存，誰得而議之」，展現了《孝慈錄》作為官方規定，使得士人依禮行服之「禮」，必須是「今制」的現象。

清承明制，《孝慈錄》的母服制度成為清代的「今制」、「時制」，亦為《大清律》所載入，而也時常被稱為「今律」。清代士人一方面身處於以古禮為尊的思潮當中，一方面又面對清代官方喪服禮制與古禮制服原則相差甚遠的現狀，其中的矛盾與疑問，在他們的喪服答問中也留下了討論的痕跡。清初致力於喪服考據的汪琬（1624－1691）即遇到有人問他說：「《儀禮》貴妾緦，而律文無之，今之卿大夫宜何從？」[161]對此，汪琬的回答是：

> 予應之曰：「從律。」何以知其宜從律也？古今之制不同，有從重服而改輕服者，有從輕服而改重服者，有從有服而退為無服者，有從無服而進為有服者。自唐以來，損益《儀禮》多矣，而猶欲取久遠不可考之文以自附於好古

---

161 〔清〕汪琬，《堯峰文鈔》，收於《四部叢刊正編》80冊（臺北：臺灣商務印書館，1979），卷7，〈妾無服辨〉，頁5a-6a。

手？荀卿氏曰：「法後王」，是不可不深講也。今之卿大夫不然，舉凡服其餘親，莫不兢兢令甲而莫之敢越，而獨於其妾也，則必秉《周禮》，毋乃暱於所愛乎哉？……今使家長之為大夫者為之服緦，則眾子之為士者當如之，所生子為父後者亦當如之，其父在者當為所生母大功。顧已之服其妾也，則從《儀禮》緦，而命眾子與所生子，則又從律文或齊衰杖期或斬衰三年，是於古今之制胥失之也。嗟乎！非天子不議禮，若好古而不純乎古，守今而不純乎今，是則自創為禮也，吾故曰不可不深講也。[162]

問者對於夫為妾之服，《儀禮》有服緦麻之文，而今律則無的情況感到困惑，求教於汪琬。汪琬斬釘截鐵的說，應從「今律」，也就是說，汪琬認為實踐喪服禮時，雖然知道古禮與今禮有所不同，但因為律有明文，故今人就應該遵循之，而不能貪於好古之名而違背「今律」，顯見承襲明代喪服制度的清制被遵守的情況。另外，汪琬還痛斥那些自己為妾依《儀禮》服緦，卻又令眾子為其庶母依今律服齊衰杖期，令妾所生子服斬衰三年的人，除了批評他們這樣做根本就是因為出於對於妾之私心暱愛以外，也認為他們造成古今之制的混亂。由此，一方面可以看到時人在不能十分肯定喪服禮如何實行的情況下，就教於禮學家以試圖做到依禮行服的傾向；另一方面，亦可確定雖然清代禮學家熟知古禮與歷代喪服的遞變，但在提出服喪建議時，則持服從「今律」的態度。

清人對「今律」的遵行亦更可從阮元（1764－1849）所做的

---

[162] 〔清〕汪琬，《堯峰文鈔》，收於《四部叢刊正編》80冊，卷7，〈妾無服辨〉，頁5a-6a。

〈江昉傳〉中得知：

> 江諱昉，元作傳云：「公諱昉，字旭東，號橙里，又號硯
> 農，鶴亭公同祖弟也。父諱承玠，以戶部郎中歷知浙江嘉
> 興台州府事陞浙江鹽驛道誥授中讀大夫，清介多惠政。母
> 宋淑人早卒，籧室萬淑人實出公三年而歿，籧室劉淑人教
> 育如己出，觀察命公事之為慈母。劉淑人之歿也，公哀
> 毀，行斬衰三年喪，請封于朝。不知禮者，或議之。按
> 《儀禮·喪服》經傳曰：『慈母如母，死則三年如母，貴
> 父之命也。』國朝定制：『慈母如母，斬衰三年』，謂
> 所生母死，父令別妾撫育者。吾固曰公知禮制，公之孝
> 也。」[163]

江昉的親生母親為江家小妾萬氏，萬氏生江昉三年後即去世，江
昉的父親遂命家中另一妾劉氏為其慈母。劉氏死，江昉按「時
制」為其服斬衰三年之服，並請求朝廷封贈劉氏，[164]卻遭人以古
禮反對之。對此，阮元直指當時按《儀禮·喪服》而發出議論者
為「不知禮者」，而為慈母服斬衰三年的江昉，乃是「知禮制」
者，並稱揚其孝，不但贊同「為母服斬」乃孝母之表現，同時也
認為服喪時遵從現行的喪服禮制，而非拘泥於古禮，才是真正的
「知禮」。

---

[163] 〔清〕阮元，《淮海英靈集》，收於《續修四庫全書》集部1682冊（上海：
上海古籍出版社，據清嘉慶三年小琅嬛僊館刻本影印，2002），戊集卷4，頁
24a-24b。

[164] 雍正3年（1725）議准：「應封贈母者，嫡母、生母、繼母，皆准給予封贈。」
其中並不包括慈母，故江昉希望可贈及慈母，而請封於朝。參見〔清〕崑岡等敕
撰等，《欽定大清會典事例》（臺北：啓文出版社出版，據光緒二十五年刻本國
立中央圖書館景印，1963），卷143，〈推封事例〉，頁7b，雍正3年條。

除了從禮書、喪服答問、傳記可看到「父母同斬」漸成為士人遵行的喪服禮制知識以外，還可從袁枚（1716－1797）所寫的著名小說《新齊諧》（原名《子不語》）中看出《孝慈錄》為母服斬衰三年的痕跡。在《新齊諧》〈鬼買兒〉的故事中，葛荊州在嫡妻周氏死後，續娶李氏，袁枚描述嫡妻周氏因棺柩久停於家中未能下葬，而常常附身於李氏身上，因而發生了許多令人嘖嘖稱奇之神怪故事。後來嫡妻周氏的鬼魂為了能夠早日入土為安，就替自己找好一塊葬地，還為自己買來一兒之胎讓李氏生下，希望由這個庶子在送葬日為她主喪。到了出殯的那天，袁枚描述了如下的情景：

> 葛憐兒甫滿月，不勝粗麻，易細麻與著。鬼來罵曰：「此係齊衰，孫喪祖之服。我嫡母也，非斬衰不可！」不得已，易而送之。[165]

　　在袁枚筆下，庶子為嫡母主喪，所著之服符合了《孝慈錄》為嫡母服斬衰三年的服制。換言之，使袁枚能替周氏寫下「我嫡母也，非斬衰不可！」如此理直氣壯的台詞的，無疑地正是《大清律》所載的喪服制度，而這段故事，亦是「父母同斬」觀念逐漸普及的一個強而有力的證明。

　　透過上述的考察可看到，雖然明清法律未存有懲罰違反守喪服制的法律條文，且一般人可能還是對逢母喪應服何服充滿困惑，但《孝慈錄》的母服制度仍因載入明清兩律當中，而獲得明

---

[165] 〔清〕袁枚，《新齊諧》，收於《續修四庫全書》集部1788冊（上海：上海古籍出版社，據清乾隆嘉慶間刻隨園三十種本影印，2002），卷22，〈鬼買兒〉，頁4a。

清士人一定程度的尊重，且若綜觀明清士人言及「為母服斬」的
語氣，亦可看出由明至清越見認同的趨勢。同時，我們當然也不
能忽略為母服齊衰三年之制與此趨勢共存的現象。為母服齊衰三
年得以存在於明清社會，與其說是肇因於其為唐至明初的母服規
定，或歸因於近世以來流傳甚廣的《文公家禮》之功，不如說是
熟習古禮的士人基於贊同明太祖所說的：「父在，為母則期年，
豈非低昂太甚？」而欲用齊衰三年來緩解古禮喪服「家無二斬」
與今制「父母同斬」的衝突所造成的結果。但值得注意的是，士
人在行母服之時，不論是懷著一依「時制」的態度，或是因在意
「家無二尊」原則而對「父母同斬」惴惴不安，兩者皆不經意的
流露出對於《孝慈錄》所揭櫫的「父母等恩」、強調母親對人子
生養之恩孝道觀的認同，而也正是此一認同，打造了「為母服
斬」得以深入社會的基礎。

小結

　　「父母同斬」之制無視於古禮「家無二斬」的喪服原則，
是《孝慈錄》與此前的官方喪服規定最顯著的不同之處。面對此
一喪服變制，明代士人在古禮與人情之間，選擇以「情」為優先
考量，支持他們的開國聖君提升母服之改制，故可在明代多數的
私修禮書中，看到母服一依「今制」的情況，也可在文集中看到
他們實踐「為母服斬」的記錄。這樣的態度與行動，必然增添了
「父母同斬」為人周知的程度，也加速了《孝慈錄》母服制度深
入明中後期社會的腳步。

　　明清之際政治、社會風氣與學術思潮的遞嬗，使得此時期
的士人在保存、闡揚古禮的執著下，大聲撻伐破壞古禮喪服原則

甚深的《孝慈錄》，批評明太祖擅改母服是未能究明古禮本有的「緣情制禮」與「親親」特質，進而侵犯了父系宗法中的「尊尊」原則。但是由於「今律」難違，以及「古禮」與「今制」必須清楚劃分的原則，清人依舊將《孝慈錄》的母服條文納入了私修禮書當中並遵循之，促使「父母同斬」在明代所累積的普及範圍得以繼續拓展下滲。

日本學者井上徹在〈明朝對服制的改定──《孝慈錄》的編纂〉文中主張：《孝慈錄》並沒有在明代民間社會上得到落實，而得遲至清朝才廣泛的滲入萬民的生活之中。[166]筆者透過本章的探討則認為，《孝慈錄》的母服制度至少在明代中後期即開始漸入人心並獲得一定程度的實行，而在普及於清代的過程中，也實蘊藏著明清士人截然不同的評價與實踐時所歷經的掙扎，而譜出一段「禮」「情」交疊競逐的精采樂章。值得注意的是，在明清士人的討論中，明太祖在《孝慈錄》中提出的「父母等恩」孝道內涵，始終未受駁斥，反而是他們各自立論的基礎。換言之，「父母之恩，一也」儼然是一道穩定且持續的伏流，隨著士人評價、討論乃至實踐「父母同斬」過程的曲折起伏，成為明清士人共有的堅定信念。

---

[166] 井上徹，〈明朝對服制的改定──《孝慈錄》的編纂〉，收於錢杭翻譯，井上徹著，《中國的宗族與國家禮制》，頁352。

第四章
嫡庶之辨：庶子為生母服的落實

父喪稱孤子，母喪稱哀子，果何說也？《儀節》註，俗久
難變，姑從亦可，實大有未安者，言不順由于名不正。
……。又若庶子父歿，嫡母在堂而喪生母，稱孤稱哀，疑
無嫡母，稱孤不稱哀，不顯其生母亡，種種未安甚至滋變
紛紛者，如是分別，何如不別為愈耶？嘗想父與嫡母並生
母，《會典》既齊一斬衰三年，今代因之無分別，此後不
拘父母或前或后喪，嫡子眾子俱寫斬衰子，庶子為所生母
死，寫斬衰子，嫡子眾子為庶母死寫杖期子，既合國制，
又無嫌疑。

〔清〕許三禮，《讀禮偶見》，卷上，〈禮擬〉

　　明太祖秉持著「父母之恩，一也」的孝道觀，對子為八母
之服皆有大小不一的改革，其中最引人注目的焦點，莫過於突破
父系獨尊的「父母同斬」。其中，在服喪等級方面提昇幅度最大
的，則是庶子為生母之服。在古典禮經中，庶子為生母服，必須
隨著父親爵位高低有所升降，時至唐代，即使為生母服已與一般
母服一樣齊衰三年，但仍保有庶子若承嗣為父後，須降為緦麻三
月的規定，而明代的《孝慈錄》則規定庶子不論為父後與否，皆

須為庶生母服斬衰三年。

　　庶子為生母服斬衰三年一制的絕對性，雖然徹底展現了母子之間親生情感在明代母服改革中所占有的優先位置，但也同時預示著實行此制的艱難。本章擬以嘉靖三十三年（1554）裕王為生母杜氏服喪的爭議，與明末庶出士人周之夔（1586－？，崇禎4年進士）為生母服喪的記錄為出發點，分別從明代皇室與社會兩個場域，探尋庶子為生母服斬衰三年實踐的情況及其可能招致的議論，希望能在這些討論與行動之間，一點一滴的勾勒出其中隱而未顯的孝道倫理面貌。[1]

第一節　康妃杜氏之死

　　明太祖改革母服而制定的《孝慈錄》，乃是有明一代不可輕易動搖的祖制，對明太祖之後的嗣君而言，遵循並尊重祖制及其意念無疑是他們保有統治正當性的來源之一。但是《孝慈錄》提高母服至斬衰三年的創舉是否在皇室的喪服禮中得到實行，卻因相關史料的零散與稀少而難窺全貌。本節欲呈現的主軸，即是其中碩果僅存的康妃杜氏之死事件，此中所涉及的討論，實為探究庶子為生母服實踐過程的吉光片羽。

　　在討論世宗朝康妃杜氏的喪服禮之前，必須先對此前明代皇室為母之服的情況有一概略的認識。按《孝慈錄》的規定，人子為父母親服斬衰三年之喪，但其服喪時間實際上達到二十七個月即可。[2]據《大明會典》記載，明太祖薨逝時，「諸王、世子、

---

[1]　至於其他諸如子為繼母、慈母、出母、嫁母、養母、庶母之相關議論與實踐，一方面由於相對來說未成為士人討論《孝慈錄》時的焦點，另一方面亦缺乏具體的史料可供說明其實踐的情況，而成為本文暫且擱置不論的部分。

[2]　儒家「三年之喪」，被墨子與其他學派批評時間太長，遂產生縮短喪期的折衷辦

郡王、王妃、郡王妃、郡主、內使、宮人等，俱服斬衰三年，自聞喪第四日成服為始，二十七月而除。凡臨朝視事，素服烏紗帽黑角帶，退朝服衰服。」[3]可見得此規定符合父死為其服斬衰三年的禮制。惟自洪熙元年（1425），按明成祖喪禮遺詔：「山陵制度，務從簡約」，「用日易月，皆以二十七日釋服」，「諸王、世子、郡王及王妃、郡主以下並遵遺詔」，[4]故往後皇室成員可以二十七日之服，表示三年的二十七月服喪期限。至於皇后的喪禮儀節，眾子基本上也是「以日易月，二十七日而除」，皇帝成服後三日聽政，「諸王、世子、郡王、及王妃、郡王以下，聞訃皆哭盡哀，行五拜三叩頭，禮畢，易素服。第四日始衰服，二十七日而除」。[5]「二十七日而除」代表三年的服期，而「衰服」雖未寫明是「斬衰」還是「齊衰」，但由嘉靖二十七年（1548）孝烈皇后喪禮「在外親郡王及世子、王妃以下，聞訃皆哭盡哀，行五拜三叩頭禮。畢，易素服。第四日服斬衰服，二十七日而除」[6]，以及萬曆四十八年（1620）神宗孝端皇后身亡，「上素冠素服，皇太子瑞王等王俱斬衰服」，兩者都沒有遭到群臣反對，[7]可推測諸王、世子等人為皇太后、皇后所服的「衰服」應該即是指「斬衰」，也就是說《孝慈錄》為嫡母服斬衰的規定基本上在皇室中是被實踐的。

　　但是，皇后能因《孝慈錄》的規定得到眾皇子斬衰三年之

　　法。大致分為王肅的二十五月與鄭玄的二十七月兩個說法，從王說或從鄭說歷來爭論不斷，但在唐代以後，基本上都採用鄭玄的二十七月之制。參見馬建興，《喪服制度與傳統法律文化》，頁277-278。

[3]　〔明〕申時行修，《（萬曆）大明會典》，卷96，〈大喪禮〉，頁542。

[4]　〔明〕申時行修，《（萬曆）大明會典》，卷96，〈大喪禮〉，頁542。

[5]　〔明〕申時行修，《（萬曆）大明會典》，卷97，〈皇太后〉，頁545；又可見《明憲宗實錄》，卷55，頁7a，成化四年六月甲寅條。

[6]　〔明〕申時行修，《（萬曆）大明會典》，卷97，〈皇后〉，頁548

[7]　《明神宗實錄》，卷593，頁3b，萬曆四十八年四月甲寅條。

服，並不能直接推導出庶出皇子也能為親生母親服斬衰三年的結果。箇中原因在於雖然皇后、妃子同為人母，但皇后位居正嫡，與夫齊體，其他妃子卻只是宮廷中的一介庶妾，不但身分較低，且對於庶子而言，生母雖有親生之恩，但嫡妻卻才是其法定的母親，[8]妻與妾兩者的嫡庶之分是否影響庶子為生母服斬衰三年一制的施行，頗耐人尋味。關於皇帝的妾室——貴妃與妃等去世時的喪服禮制，《大明會典》與《明實錄》記載闕略，且不同妃子所得到的規制也不盡相同，筆者難以對其中子為母服得出有效的統計數字，以分析《孝慈錄》母服服制在妃子喪禮中實踐的比例。目前較確定實踐《孝慈錄》母服的例子，是根據洪武十一年（1378）十一月皇太子妃常氏死時的記載：

> 庚寅，皇太子妃常氏薨。上素服輟朝三日，中宮素服衰臨，皇太子服齊衰，葬畢，焚於墓所，常服還內。皇孫服斬衰，置靈座傍，遇祭奠則服之，諸王公主服如制。[9]

皇太子妃常氏死時為洪武十一年，距《孝慈錄》製作完成的洪武七年不遠，皇太子為皇太子妃常氏服齊衰，符合《孝慈錄》夫為妻齊衰杖期的規定，而皇孫服斬衰，則符合《孝慈錄》子為母不論父在與否都是服斬衰三年的規定。而在永樂八年（1410），則另有昭獻貴妃王氏的例子：

8　滋賀秀三：「對妾之子享有法定親權的是妻（嫡母）而不是妾（生母）。」見滋賀秀三著，張建國、李力譯，《中國家族法原理》，頁455；林素英：「妾所生之子女稱呼父之正室為嫡母」，見氏著，《喪服制度的文化意義——以《儀禮‧喪服》為討論中心》（臺北：文津出版社，2003），頁313；熊秉真：「明清時期……一個由妾生的小孩，他正式或法定的母親，稱作嫡母」見氏著，《建構的感情——明清家庭的母子關係》，頁256。

9　《明太祖實錄》，卷121，頁2a，洪武十一年十一月庚寅條。

丙子，貴妃王氏薨。妃有賢德，事上及仁孝皇后恭謹，始
終處宮闈之內，肅雍有禮，藹然和厚，綜理庶事，絲毫不
紊，甚為上所重。上晚年有疾，間或急怒，宮人懼，譴妃
委曲調護，蓋自皇太子、親王、公主以下，皆倚賴焉。至
是以疾薨，上慟，悼之，輟視朝五日，賜祭，諡昭獻。命
喪葬悉如洪武中成穆貴妃故事。[10]

貴妃王氏不論是為妾、為庶母，皆舉止合宜，不但得到史官很高
的評價，死時明成祖也給予如洪武朝孫貴妃同等的喪葬待遇，故
可推測她也可得到皇太子、親王、公主符合《孝慈錄》母服規定
的服喪禮制。但必須注意的是，若再比較永樂五年（1407）徐皇
后崩，卻只得到世子、郡王為之服齊衰不杖期，[11]既不符合《孝
慈錄》也比《儀禮·喪服》規定的齊衰杖期低一等級的例子，或
可知貴妃王氏勢必深得明成祖的歡心，而在永樂朝其他妃子去世
時所得到的服制，是否一依《孝慈錄》之規定，就必須大大存
疑了。

　　至世宗朝，康妃杜氏死後的喪禮爭議則清楚地顯示《孝慈
錄》庶子為生母服制度在皇室的實踐有被挑戰的可能。康妃杜氏
嘉靖十年（1531）封康嬪，十五年（1536）進封為妃，[12]其後生
下世宗第三子（裕王），也就是後來明穆宗隆慶皇帝。世宗第一
子為閻貴妃於嘉靖十九年（1540）所生，但閻貴妃因此次生產死

10　《明太宗實錄》，卷227，頁1a-2a，永樂十八年七月丙子條。
11　《明太宗實錄》，卷69，頁5b，永樂五年七月乙卯條。
12　〔清〕張廷玉等撰，《明史》，卷114，〈世宗孝恪杜太后〉，頁3533。

亡，[13]其子哀沖太子載基也在生下二月後夭折，[14]第二子載壑為皇貴妃王氏所生，立為莊敬太子，卻也在嘉靖二十八年（1549）行冠禮後二日去世，[15]其母也在兩年後逝世，故在世宗朝兩個有子妃死亡時，皆無其親生子必須為其服何服的疑慮，而直到嘉靖三十三年，康妃杜氏與世長辭，其親生子裕王為母妃服何種服制的問題才浮上檯面。

　　針對康妃喪禮，禮部尚書歐陽德（1496－1554）建議參照憲宗成化年間淑妃紀氏的喪禮儀注，[16]其主因為成化朝時，先有萬貴妃生下一子，不久即亡，接著又有賢妃柏氏所生的朱祐極立為太子，卻也在成化八年（1472）去世，使淑妃紀氏所生皇子朱祐樘（後來的明孝宗）倫序居長，也就是說，因為淑妃紀氏的情況和康妃杜氏的情況雷同，故喪禮規模可仿之。[17]但因成化十一年（1475）淑妃紀氏去世時，皇子朱祐樘尚幼，而今天裕王則已成人並且成婚，故禮部認為可以讓裕王持服主喪送葬出城，而裕王為生母康妃的服制則應依《孝慈錄》之規定為斬衰三年。除此之外，也建議明世宗為康妃輟朝五日，比一般皇妃喪輟朝三日多兩日，[18]並在儀仗上皆有所增加。

13　《明世宗實錄》，卷233，頁1a，嘉靖十九年正月乙未條。
14　〔清〕張廷玉等撰，《明史》，卷120，〈哀沖太子載基〉，頁3646。
15　〔清〕張廷玉等撰，《明史》，卷120，〈莊敬太子載壑〉，頁3647。
16　關於紀氏喪禮相關記載有以下兩條：「乙巳，皇子母紀氏薨，追封淑妃諡恭恪莊僖，輟朝三日。上服淺色衣，御奉天門視事，命禮部定喪葬儀注。」見《明憲宗實錄》，卷142，頁5b，成化十一年六月乙巳條。「壬寅，葬恭恪莊僖淑妃紀氏於西山，自初喪至發引下葬，上及皇太后中宮，英廟皇妃、皇妃、親王、公主、皇子各有祭，遣皇子奉祝冊行禮，營域葬儀，俱從厚，發引下葬日上俱不視朝，皇親、公侯、駙馬伯、文武百官及命婦送葬設祭，皆如常儀。」見《明憲宗實錄》，卷144，頁4a-4b，成化十一年八月壬寅條。
17　《明世宗實錄》，卷406，頁1b，嘉靖三十三年正月壬子條。
18　「凡聞皇妃喪、輟朝三日。發引下葬、各免朝一日。」見〔明〕申時行修，《（萬曆）大明會典》，卷44，〈輟朝儀〉，頁313。

這些擬議並沒有得到世宗的同意，世宗與大學士嚴嵩（1480
－1567）等人留下了以下的對話：

> 上覽之，謂大學士嚴嵩等曰：「部擬用憲廟淑妃例大不
> 同，且裕王不當服斬衰。」嵩等對：「憲廟初，有悼恭
> 太子在前，淑妃之子居次，正與康妃今日事體相同，故禮
> 部擬用其例。喪禮必子為主，裕王殿下須服斬衰以執饋奠
> 之事，太祖御製《孝慈錄》序文曰：『庶子為其母，斬衰
> 三年』，部議遵用此也。」上復諭嵩：「持斬衰服三年，
> 當避君父之尊。」嵩言：「臣考洪武七年，貴妃孫氏薨，
> 無子。太祖命吳王橚服慈母服斬衰三年，主喪事，皇太子
> 諸王皆服朞，是年《孝慈錄》成，遂為定制，自後久無是
> 事，故未之講，及茲，當垂訓作則于後，伏乞仍命殿下茲
> 日衰杖入哭几筵，其後居府盡三年之制。」上意猶未以為
> 然，乃批部疏曰：「輟朝五日不合，一切所擬，俱非禮之
> 正，其考賢妃鄭氏例，酌議以聞。」[19]

在這段對話中，世宗認為憲宗淑妃與康妃杜氏兩者的情況不同，
雖無明講其所據為何，但最後考賢妃鄭氏例。相形之下，可看出
世宗對裕王為母服斬衰一事，較堅持自己反對的意見，並且在嚴
嵩再次申明此規定實遵照明太祖御製的《孝慈錄》之後，世宗仍
認為即使如此，裕王還是應該「避君父之尊」，因而決定康妃送
葬日時，其親生子裕王只能穿著「衰杖」之喪服，也就是相當於
為生母康妃服齊衰杖期之喪，符合《儀禮‧喪服》父在為母齊衰

---

[19]　《明世宗實錄》，卷406，頁1b-2a，嘉靖三十三年正月壬子條。

杖期的規定。並在其後推翻禮部輟朝五日的規定，認為應從嘉靖十五年三月賢嬪鄭氏的喪葬儀，[20]輟朝由三日再減為二日，對早已從嬪晉封為妃的杜氏而言，此決定實不合其身分地位且相當減殺。面對世宗的堅持，歐陽德只好遵行，將儀注改為「聞喪自本月十四日起至十五日止輟朝二日」，而裕王為母服喪的部分，則是折衷為「于燕居盡斬衰三年之制，以伸子情」，[21]算是世宗對《孝慈錄》與官員意見的退讓。

　　世宗漠視《孝慈錄》的態度，事實上在嘉靖初年的「大禮」之議中即可看出端倪。[22]由藩王入主的世宗，在即位之後因欲尊崇本生父母並提高其尊號的問題，引起當時朝中的諸多論爭。反對世宗此舉的官員屢屢拿出《孝慈錄》來增加自己主張的合理性而說到：「太祖高皇帝製《孝慈錄》以教天下，其敘五服之制有曰：『為人後者，為所後父母服三年，為所後祖父母承重，為本生父母降服期年』，即喪服之隆降，則廟制祭法皆可類推矣，伏望陛下恪遵祖訓，毋為異論所惑。」[23]希望藉由所後父母與本生父母服制的高低等差來制止世宗提高本生父母尊號的行為。但面對官員謹守祖制的要求，世宗則置之不理，聽而不聞，甚至在嘉靖三年（1524）同意當時總理糧儲都御史吳廷舉（成化二十三年

---

[20] 「賢嬪鄭氏薨，禮部上喪葬儀憲廟昭妃。上曰：『輟朝當減一日，蓋未賜進封，仍次一等耳。』」見《明世宗實錄》，卷185，頁1b，嘉靖十五年三月己未條。

[21] 《明世宗實錄》，卷406，頁2a，嘉靖三十三年正月壬子條。

[22] 學者朱鴻指出「大禮」之議的起迄時間始於正德十六年（1521）四月，但其結束有三種不同的意見，其一據《明史》的說法，止於嘉靖三年（1524）九月興獻王尊稱議定之時；其二為張璁等考獻派人士認為的嘉靖七年（1528）七月，此時《明倫大典》修成，皇考、聖母尊號也已確定；其三，則為谷應泰《明史紀事本末》之說法，認為嘉靖十七年（1538）九月，獻皇帝稱宗祔廟，才是事件的終止，此乃最廣義的說法。本文以正德十六年至嘉靖三年九月，為本節探討的主要時段。參見朱鴻，〈「大禮」議與明嘉靖初期的政治〉（臺北：國立臺灣師範大學歷史所碩士論文，1978），頁2。

[23] 《明世宗實錄》，卷37，頁2b-3a，嘉靖三年三月己巳條。

進士）提議修正《孝慈錄》服制一事，而將此議「下禮部、翰林院、國子監詳訂是非」，並明令將重新議定《孝慈錄》的結果「類編成書，上告天地宗廟社稷，下詔中外華夷臣民」，希望「成我明一經，正前代之謬」而報聞群臣。雖然此事後來因為遭到給事中張原（正德九年進士）、劉祺（正德十二年進士）彈劾吳廷舉首鼠兩端，陰附邪說，欺罔君上等罪，[24]間接否定世宗對《孝慈錄》的重議而使此事不了了之，[25]但從《孝慈錄》在「大禮」之議中受到的一連串待遇或可知悉，在世宗一步步重塑皇權的態勢下，[26]《孝慈錄》事實上並非絕對必須遵守的祖制。

　　嘉靖三十三年，世宗對裕王為親生母康妃杜氏服斬衰喪的反對，除了可能源於世宗即位之初，官員利用《孝慈錄》服制規定對他尊崇本生意願的阻撓以外，也可非常清楚地看到世宗逕以傳統禮法中「天無二王，家無二尊」的準則來表示其對《孝慈錄》的不盡認同。學者曾經指出，世宗是一個尊崇本生父母，尤其對母親章聖皇太后盡孝備至的人，[27]但在自己身為皇帝、身為父親的權威不能受到任何威脅的前提下，世宗則堅持「當避君父之尊」的原則，阻止庶子為生母服斬衰三年的實行，足見《孝慈錄》雖然被收入進《大明律》，成為有明一代法律的根本，但仍然時時受到父為至尊概念的侵擾，而不一定為其後世繼承者徹底

---

[24] 《明世宗實錄》，卷38，頁7b，嘉靖三年四月庚戌條。

[25] 對於給事中張原、劉祺的彈劾，世宗雖以「不報」回應，但重議《孝慈錄》的結果，卻再也未見於《實錄》的記載之中。此事雖然沒有下文，但箇中原因卻饒富深意，筆者推測此事之所以不見《實錄》多所著墨，一方面可能是因世宗已知修改《孝慈錄》並頒布天下，如此直接、正面地衝撞祖制，勢必引來更多紛爭，所以作罷；另一方面也可能由於《明世宗實錄》編撰者不願多談世宗刪改《孝慈錄》挑戰祖制之事，導致此事在史料上的缺乏。

[26] 關於世宗朝大禮議與世宗皇權重塑的關係與過程，詳見尤淑君，《名分禮秩與皇權重塑：大禮議與嘉靖政治文化》，臺北：國立政治大學歷史系，2006。

[27] 關於明世宗與其生母蔣妃的母子情感，詳見朱鴻，〈「大禮」議與明嘉靖初期的政治〉。

實踐。

　　嘉靖皇帝「當避君父之尊」的概念，在此次康妃杜氏的喪禮中亦表現在焚黃儀注的重新議定上。焚黃禮是由皇帝制命妃嬪謚號，寫在黃紙謚冊上，遣親王至靈前獻祭、宣讀祝文、冊謚，祭畢即將謚冊焚燒的儀式，是妃嬪喪禮儀式中的步驟之一。[28]按禮部所上的焚黃程序，應由康妃所生子裕王在拜跪之間獻酒、讀祝文，宣讀皇上所賜予的謚號，以完成整個焚黃儀式，[29]然世宗卻對此頗有非議，認為：「焚黃乃制命，非王可行，其仍以常禮從事」，[30]歐陽德只好順從聖意，重新擬定焚黃禮節：

> 臣等因思皇妃焚黃禮節一向錯誤，蓋自先朝或所生皇子及親王行禮，或司禮監官行禮皆拜而獻酒，跪而讀祝，乃參用上尊謚之儀，而未思賜謚為制命，其祭文稱皇帝遣諭，與上尊謚迥然不同也。今既奉前項明旨，其行禮一節，亦當更正，臣等議得賜謚當如賜祭，上香、奠酒、讀祝、宣冊者皆立，乃於禮制為得。[31]

看到歐陽德新的擬議，世宗的答覆為：「可，仍令著為定規，……，遂冊謚妃為榮淑康妃。」[32]有可能是因為之前議定裕王應為康妃服何等喪服時，世宗因此注意到了在喪禮中應更加分辨君父與母妃之間的尊卑高低，進而重新擬定焚黃禮中主祭者上皇帝

28　朱子彥，《後宮制度研究》（上海：華東師範大學，1998），頁321。
29　《明世宗實錄》，卷406，頁2b，嘉靖三十三年正月壬子條。
30　《明世宗實錄》，卷406，頁3b，嘉靖三十三年正月壬子條。
31　〔明〕歐陽德，《歐陽南野先生文集》，收於《四庫全書存目叢書》集部81冊（臺南：莊嚴文化，據中國社會科學院文學研究所藏明嘉靖刻本影印，1997），卷12，頁12b-13a。
32　《明世宗實錄》，卷406，頁3b-4a，嘉靖三十三年正月壬子條。

尊號與賜皇妃諡號時動作的差異，而命裕王應以「立」而非「跪拜」之姿，為其親生母親康妃上香、奠酒、讀祝、宣冊。這個改制的理由在於，世宗認為裕王是代表君父向母妃賜諡，故應以站立之姿行禮以展現世宗之尊，明顯的否定裕王與生母康妃之間「母尊子卑」的倫理，而只著眼於裕王母親妾室的身分遠低於父親世宗為君、為父的至高無上，所以必須有所區隔減降，箇中原因與世宗反對裕王依《孝慈錄》規定為其親生母親服斬衰三年的道理如出一轍。

康妃喪禮等級遭到扼殺一事，連明代文人也不勝唏噓，在沈德符的筆記中，即曾為皇室中生母天壤之別的命運感嘆道：

> 高皇帝貴妃孫氏，以洪武七年薨，上以妃無子主喪，命吳王橚認為慈母治後事，服斬衰三年，一如《孝慈錄》中生母之例。……如嘉靖三十三年康妃杜氏薨，則穆宗生母也。禮官請復三年喪，上不許，又引孫貴妃故事，亦不從，且以應避至尊不宜重服下諭，大臣遂不敢爭，且自穆宗就裕邸後，生不得見，沒不得訣，亦可悲矣。[33]

此段記錄收於沈德符《萬曆野獲編》中「天家生母大不同」條，雖然其中也同時提到其他皇室妃子的命運，但沈德符將洪武朝孫貴妃與世宗朝康妃做比較，並在文末說到「人耶！意者運數宜然，特假手至尊耶？」[34]或許也道出了在皇室中，皇妃是否能得到其親生子最隆重的服喪之禮，實必須仰賴皇帝的一紙聖意，

---

[33] 〔明〕沈德符，《萬曆野獲編》（北京：中華書局，1997），卷3，〈宮闈〉，「天家生母不同」，頁72-73。
[34] 〔明〕沈德符，《萬曆野獲編》，卷3，〈宮闈〉，「天家生母不同」，頁73。

而非既有典制可以決定的道理。沈德符在另一篇〈妃諡〉中亦仔細比較了嘉靖朝各妃待遇之隆殺：

> 嘉靖十八年□月，貴妃閻氏薨，贈皇貴妃，諡榮安惠順端僖，蓋倣成化年間萬妃之例，以閻為哀沖太子生母也。三十年莊敬太子生母皇貴妃王氏薨，諡端和恭順□僖，又用閻妃例，可謂恩禮兼備。至三十三年正月，康妃杜氏薨，杜為裕王生母，尚書歐陽德等引先朝淑妃紀氏為比，宜令裕王服斬衰三年，上不從，輔臣嚴嵩等引太祖《孝慈錄》序為證，上復諭當避君父之尊，不當服斬衰三年，欲用賢妃鄭氏例，賴德等力爭，裕王得於府第燕居終喪，時上輟朝止一日，及議諡號，止用榮淑二字而無贈，且改儀注為賜祭賜諡，行禮之時，差官讀祝宣冊，皆平立不拜，所以翦抑之者至矣。上意以先有哀沖、莊敬二太子在前，則穆宗為庶第三子，故閻妃當從厚，杜妃則殺其儀耳。[35]

世宗不遵《孝慈錄》一事，沈德符除了「天家生母大不同」條中提及，亦在此條「妃諡」中寫到，可見此事對他而言極為特殊，值得一書再書。另外，他不但提及前述焚黃禮儀的改變，也將康妃死後所得到的待遇跟明世宗前兩妃進行對比，發現康妃既未得封皇貴妃的封贈，也沒有獲得六字之多的諡號。對於這些莫名的「翦抑」，沈德符推測可能是因為嘉靖末年裕王「動有久待之嫌，因並簡禮於所生也」，[36]暗示著在皇權不可侵犯的政治考量下，生於皇室的庶子為生母服斬衰三年背後「父母等恩」的孝

---

35 〔明〕沈德符，《萬曆野獲編》，補遺卷1，〈宮闈〉，「妃諡」，頁803。
36 〔明〕沈德符，《萬曆野獲編》，補遺卷1，〈宮闈〉，「妃諡」，頁803。

道精神，只能是敬陪末座的考量。

　　嘉靖年間康妃杜氏喪禮中所立下的──庶出皇子為生母服喪「當避君父之尊」原則，成為明代有子妃嬪喪禮的成例之一。萬曆三十九年（1611），神宗恭妃王氏，亦即光宗朱常洛的生母薨逝，禮部即提及世廟康妃之成例：

> 戊午，禮部奏皇貴妃薨逝，合行事宜奉旨照世廟。皇貴妃
> 沈氏例行，但臣歷查我朝皇貴妃薨逝，俱未有誕育東宮。
> 惟憲廟淑妃為孝宗敬皇帝母，世廟康妃為穆宗莊皇帝母，
> 然其薨時皆未封皇貴妃，未經冊立東宮，當日禮儀俱擬從
> 厚，況今皇貴妃既膺封典，皇太子冊立東宮已久，尤天下
> 臣民觀望所繫，禮儀更當加隆。[37]

神宗恭妃王氏原是李太后身邊的宮女，因神宗一時私幸，不久即有身孕而產下皇長子常洛，於十年四月封恭妃，但神宗因鄙視其宮女的卑下地位，遲遲不願立常洛為太子，直至萬曆三十四年（1604）因為皇長孫的誕生，恭妃王氏才被冊封為皇貴妃，[38]足見王氏與其子常洛不受神宗關愛的情況。[39]萬曆三十九年，已晉封皇貴妃的王氏薨逝，神宗本欲引世廟皇貴妃沈氏之例為其輟朝五日即可，[40]但禮部卻認為王氏為太子之親生母，又是皇貴妃，

---

[37] 《明神宗實錄》，卷487，頁8b-9a，萬曆三十九年九月戊午條。

[38] 〔明〕不著撰人，《萬曆邸鈔》（臺北：臺灣學生書局，1968），頁1365。

[39] 有關恭妃王氏的生平可見〔清〕張廷玉等撰，《明史》，卷114，〈神宗孝靖王太后〉，頁3537；有關恭妃與光宗常洛不受神宗關愛之因，實與萬曆朝立太子之爭議有關，參見鄭冠榮，〈從鄭貴妃到客氏：晚明政爭中的幾個宮闈女性〉，臺北：國立臺灣師範大學歷史研究所碩士論文，1998。

[40] 《明神宗實錄》，卷487，頁8b，萬曆三十九年九月戊午條。世廟皇貴妃沈氏之喪禮相關儀節：世廟皇貴妃沈氏薨，上輟朝五日。見《明神宗實錄》，卷117，頁3a，萬曆九年十月辛丑條。

所以應在有子皇妃憲宗淑妃紀氏與世宗康妃杜氏喪禮儀節的基礎上，再予以加隆。

但即使禮部意圖為神宗貴妃王氏擬定更為隆重的喪禮儀節，在這份擬議中卻赫然發現嘉靖三十三年世宗反對《孝慈錄》父在庶子為生母服斬衰三年意念的再現：

> 欽命皇太子主饋奠之事，皇太子率妃入宮衰服哭盡哀，行四拜禮，視小殮大殮，成服後，朝夕臨哭。三日以後，每日一奠通前二十七日而止，其斬衰避君父之尊，止於燕居私盡，以伸子情。[41]

嘉靖三十三年，世宗認為子為母服應「避君父之尊」，一反明太祖「父母等恩」觀念，反對皇長子裕王為母服斬衰之喪，當時與遵守《孝慈錄》規定的群臣相持不下，最後只好妥協為裕王「于燕居盡斬衰三年之制，以伸子情」作終。殊不知到了萬曆年間，特例卻成為常例，在禮部官員所上的有子皇貴妃喪禮儀注當中，已將皇子為母妃服斬衰必須「避君父之尊」視為理所當然，而不見任何人懷疑「避君父之尊」概念是否違反《孝慈錄》規定、「父母等恩」精神的進一步討論，且為萬曆皇帝採納。同樣的情況也發生在萬曆四十七年（1619）皇太子才人王氏喪禮儀節的擬定上。皇太子才人王氏當時已育有皇長孫，即日後的熹宗，在當時禮部所上的喪禮儀注中亦可見到皇長孫主饋奠，為王氏服斬衰三年，但仍「當避君父之尊，止於燕居，私盡以伸子情」的擬議，[42]可見此一條文已成定例的情況。

---

41 《明神宗實錄》，卷487，頁9a，萬曆三十九年九月戊午條。
42 《明神宗實錄》，卷580，頁21b，萬曆四十七年三月丁未條。

值得深入比較的是，相對於世宗、萬曆朝貴妃、才人等喪禮的減殺，由嘉靖二十七年（1548）孝烈皇后喪禮「在外親郡王及世子、王妃以下，聞訃皆哭盡哀，行五拜三叩頭禮。畢，易素服。第四日服斬衰服，二十七日而除」[43]，以及萬曆四十八年（1620）皇后王氏崩，而「皇太子、瑞王等王俱斬衰服」的情況可知，[44]因「避君父之尊」而在子為母服喪的禮制上有所妥協的情況，只發生在等同於天子側室的妃嬪身上，皇太子、諸王為皇后所服之喪，基本上還是一如本節一開始所述服斬衰之服，而少有因父在而須減降調整的考量，彰顯了身為嫡妻的皇后，在地位上遠高於身為庶妾的妃嬪之現實，使得子為嫡后服斬衰三年較能獲得施行，而子為庶生妃服斬衰三年則必須因君父尚在世而有所厭降。換言之，雖然《孝慈錄》規定不論母親為妻為妾，皆無須考量父在或父亡子為母一律服斬衰三年，但傳統禮制中妾的低下地位，相對於妻更缺乏正嫡之位的保障，其命運走向更依賴丈夫之好惡等種種現實，[45]使得《孝慈錄》庶子為生母之服，比一般子為母服一樣更容易受到深植人心的父系宗法原則影響，生母低下的禮法身分與父尊的至高無上之間存在的莫大藩籬，使得庶子為生母服喪時必須花更多心力去跨越克服。

　　透過本節對明代皇室中庶出皇子為親生母妃服斬衰三年的爭論，及嘉靖「避君父之尊」從特例成為定例，再對照皇子為皇后服斬衰的理所當然，可看到雖然在《孝慈錄》的服喪規範中，不

43　〔明〕申時行修，《（萬曆）大明會典》，卷97，〈皇后〉，頁548
44　《明神宗實錄》，卷593，頁1b，萬曆四十八年四月癸丑條。
45　趙軼峰在論述十七世紀的妾制時曾言：「每個妾在家庭中的具體地位取決於他對家庭的貢獻，他與夫主及正妻的關係。」參見趙軼峰，〈十七世紀中國文學中的妾──以《醒世姻緣傳》為中心〉，收於氏著，《明代的變遷》（上海：上海三聯書店，2008），頁190。

論妻妾皆可成為人母，享受代表著「父母等恩」的孝道回饋與父在子為母服斬衰三年的回報。但一旦充滿理想的條文降至落實層面上，現實中嫡庶尊卑的身分即橫亙在中央，如劃分楚河漢界一般，一方面包容了子為嫡母服斬衰三年之制，另方面卻對庶子為生母服斬衰三年百般刁難，在在顯示一個重要的訊息，子為母服斬衰三年以一伸孝心的行動，不僅時時刻刻處於「父至尊」的威脅當中，還須面對庶生母低下的禮法地位如何與父尊相提並論的尖銳考驗。

第二節　周之夔（1586－？）的母服經驗

明代重要的理學家王廷相（1474－1544）解釋《孝慈錄》庶子為所生母服斬衰三年一制時說：「庶子服斬三年者，為生育之恩，與父均也，故今之制，特為加隆。」[46]可見「父母等恩」孝道觀中的「母」，亦包含庶生母，其「恩」更包括懷胎十月的生育之恩。但由上一節的探討可知，至少在明代皇室中，庶生母被排除在這樣的邏輯之外，而只見嫡母可得到子為其服斬衰三年，而庶子為庶生母仍須考慮父在與否而降低喪服等級。最應遵守祖制而起上行下效作用的明代嗣君，尚且無法徹底實行庶子為生母服斬衰三年一制，讓人不禁要問，此制在明代社會發展的圖像又為何？

《孝慈錄》對庶子為生母服喪的改革，除了將之提昇為斬衰三年以外，亦刪除了庶子為父後為生母服須降為緦麻三月的規定，也就是說，庶子為生母服一制，自《孝慈錄》頒行天下以

---

[46] 〔明〕王廷相，《王氏家藏集》，收於《四庫全書存目叢書》集部53冊，卷28，〈答左衛夫為陳子徵問庶孫承重書〉，頁8b。

後，不但不用考慮父親是否去世，更毋須介意自己是否承嗣為嫡，皆可一併為生母服斬衰三年，徹底消除了父系宗法對庶生母與庶子之間感情的壓抑。但是，此一通達親生母子之情、跨越父妾之卑與父親之尊的改革，卻備受爭議。

針對庶子為父後，仍為生母服斬衰三年一制，陳確曾撰〈為人後者為生母服議〉一文表明支持時制的態度，但同時也不斷的提到，時人認為為人後者為生母不降服，實是「徇私情而害公理」之舉。[47]清人陳祖范（1676－1754）也認為在古今服制的各種不同變化中，最讓他不安的，並非父在為母升為斬衰三年的變革，而是庶子為父後者仍為母服斬衰三年的服制，將使「正妻若無子，妾有子，方藉妾子以承宗祀，而恝然於其母之喪」的情況出現。[48]清中期有名的經學家崔述（1740－1816）評論明代以後，不分為父後與否，凡庶子皆可為其母服斬衰三年一制時說到：

> 庶子既為父後，則與尊者為一體，不敢服其私親，父為妾緦，故子亦為之服緦也。然特其服然耳，其他一惟人子之所自盡，不禁之也。師無服也，猶可為之心喪三年，況有緦之服乎？然必降之使服緦者，何也？服者，非第所以辨親疎也，亦所以別尊卑，是以有正服、有加服、有降服。服不皆以情為斷也，服者，一家之體公也，人子之所不敢自專者也，明有尊也；哀者，一人之情私也，人子之所得以自盡者也，明有親也。聖人制禮不以公廢私，亦不以私妨公，降之為緦，乃別嫌明微之深意，以坊後世之廢公義

47 〔清〕陳確，《陳確集》，卷6，〈為人後者為生母服議上〉，頁183-186。
48 〔清〕陳祖范，《經咫》，收於《景印文淵閣四庫全書》總194冊（臺北：臺灣商務印書館，1983），〈妾服議〉，頁38a。

而重私恩者也。後人不達此意，乃徇情以為服，公私之辨
亡矣。[49]

　　崔述認為古禮中，庶子為父後，而為生母降服緦麻，其主
因是父為妾服緦麻，為父後者已與尊者一體，故也必須為生母服
緦麻。此為制禮者權衡度量家族公義與母子私情的結果，而《孝
慈錄》讓庶子為父後仍為其生母服斬衰三年，無疑是「廢公義而
重私恩」。接在這段批評之後，崔述還說到，若按現今的喪服規
定，父為妾改為無服，而庶子為父後為生母卻又服斬衰三年，乃
是「一家之中各行其意，父自服此，子自服彼，家有二尊，喪有
二主，尊卑不相統屬者，體制之意微矣！」[50]顯見對崔述而言，
《孝慈錄》庶子為父後為生母服斬衰三年一制，實擾亂了喪服體
系的尊卑秩序。

　　綜觀而論，「父親」是否在世，庶子是否繼承父親之嗣，實
為庶子為生母服斬衰三年一制與古禮產生最大衝突之處，而其所
遭到的阻撓力道亦可想而知。但是，若剔除維護「父尊」、「父
後」的問題，庶子為生母服斬衰之喪是否就能順利的進行？換言
之，在明代，如果一個庶子生母身亡之際，父親已不在世，而庶
子本人也未承嗣，是否就能順理成章的依照「時制」為生母服斬
衰三年之服？關於這個問題的解答，或可從明人周之夔的母服經
驗推知一二。

　　周之夔，字章甫，福建閩縣人，生於萬曆十四年（1586），

---

[49]　〔清〕崔述，《五服異同彙考》，收於《續修四庫全書》經部95冊（上海：上海
　　古籍出版社出版社，據復旦大學圖書館藏清道光四年陳履和東陽縣署刻本影印，
　　2002），卷1，頁5b-6b。
[50]　〔清〕崔述，《五服異同彙考》，收於《續修四庫全書》經部95冊，卷1，頁
　　11b-12a。

崇禎四年（1631）登進士，[51]曾加入復社。周之夔在任職蘇州推官時，與歸鄉的張溥（1602－1641）、張采（1596—1648）等復社成員往來密切，但前後因《國表》的科舉選文問題對張溥多有不滿，[52]再加上崇禎六年（1633）發生的「軍儲說」事件，[53]使他遭到多方排擠，最後在崇禎八年（1635）棄官歸鄉，晚年居僧寺以度餘生。[54]生前著作可見《棄草文集》、《棄草二集》、《棄草詩集》。

在近人研究中，周之夔通常是在晚明復社相關論文中被提及，對周之夔的敘述多與其和復社領袖交惡，甚而參劾復社成員有直接的關係。[55]亦即透過現有的研究成果所能看到的周之夔，主要是他在政治場域上的作為，而關於政治表現以外的研究則付之闕如。筆者透過閱讀《棄草文集》、《棄草二集》，發現周之夔曾是一位《孝慈錄》母服制度的實踐者，不但如此，在他的文集中，也同時可以見到周之夔遵行《孝慈錄》規定的過程，以及當時他所面對的質疑聲浪。是故，本文擬透過這些資料重現這個饒富深意的過程，一方面期能豐富今人對於周之夔的認識；另一方面，更希望從周之夔的言論一窺庶子為生母服斬衰三年一制在

---

[51] 〔清〕郝玉麟等監修，〔清〕謝道承等編纂，《福建通志》，收於《景印文淵閣四庫全書》總529冊（臺北：臺灣商務印書館，據國立故宮博物院藏本影印，1986），卷43，頁102b。

[52] 復社社員文章能被納入《國表》選文，表示其撰寫制義文章的能力已受到肯定，可藉此建立聲勢地位，因此復社社員對《國表》選文極為積極。周之夔在此次選文當中僅有一篇文章入選，且評無褒語，使其心生怨言。參考翁宏霖，〈晚明復社領袖張溥（1602-1641）及其經世思想〉，（臺南：國立成功大學歷史研究所碩士論文，2006），頁38。

[53] 參見翁宏霖，〈晚明復社領袖張溥（1602-1641）及其經世思想〉，頁38-39。

[54] 〔清〕郝玉麟等監修，〔清〕謝道承等編纂，《福建通志》，收於《景印文淵閣四庫全書》總529冊，卷43，頁102b。

[55] 例如：謝國楨，《明清之際黨社運動考》（臺北：臺灣商務印書館，1967）頁167；胡秋原《復社及其人物》（臺北：學術出版社，1968），頁27；翁宏霖，〈晚明復社領袖張溥（1602-1641）及其經世思想〉，頁26、33、38-39。

明代社會的實踐概況。

周之夔為福建閩縣周仕階（1542-1615）的庶子，[56]他的生母吳氏在九歲時，[57]由周之夔的嫡母蔡氏買回周家養育，待吳氏及笄，周仕階即將之納為小妾，不久後即生下之夔。周之夔嫡母蔡氏與生母吳氏各生有三男一女。[58]周之夔雖然身為妾子，但從周之夔對生母與嫡母的敘述當中，可以推知他的成長過程多在嫡母的撫育中長大，甚至到了周之夔任蘇州推官之時，其嫡母亦常關心他任內的表現：

> 夔以下二弟一妹，宜人撫之，皆如己出，尤鍾愛不肖夔，懷携之，教誨之，靡所不至。……。夔成進士宦姑蘇，每戒以無忘祖父清白及素所教誨，鄉人往來吳中者，必考治狀，每聞全活一人、平反一獄則輒喜。夔有頭風夙疾，宜人手製菊枕寄之，慮其勞而傷生或藥物之誤也。[59]

對庶子而言，嫡母是禮法上的母親，周之夔之於嫡母蔡氏，除了禮法上的母子關係以外，在真實生活中，周之夔自小亦受到嫡母的悉心照料，而這段密切的關係在周之夔開啟仕宦之途之後仍然

56　〔明〕周仕階（1542-1615）嘉靖43年（1564）以禮經領福建鄉薦第五人。其仕宦經歷有教職於順昌縣、南雍助教、四川達州守、江西贛州府同知。參見〔明〕周之夔，《棄草文集》，收於《四庫禁燬書叢刊》集部113冊（北京：北京出版社，據明崇禎刻本，2000），卷8，〈先考奉政大夫江西贛州府同知天寧府君行狀〉，頁14a-27a。

57　其時約萬曆四年（1576），參見〔明〕周之夔，《棄草文集》，收於《四庫禁燬書叢刊》集部113冊，卷8，〈生母吳孺人行狀〉，頁29a。

58　〔明〕周之夔，《棄草文集》，收於《四庫禁燬書叢刊》集部113冊，卷8，〈先考奉政大夫江西贛州府同知天寧府君行狀〉，頁25b-26a

59　〔明〕周之夔，《棄草文集》，收於《四庫禁燬書叢刊》集部112冊（北京：北京出版社，據明崇禎刻本，2000），卷3，〈為嫡母蔡宜人九十壽乞言小引〉，頁20a、21b。

持續。周之夔對嫡母慈嚴並濟教誨的書寫，既透露了他對嫡母的感念之情，其內容也符合了明代時人對「母道」「善教」、「厚愛妾生子」的要求，[60]可見周之夔對其嫡母德行的讚揚。

相較之下，周之夔對生母吳氏的描寫，則多著重於讚揚其謹守為人小妾的分際。在周之夔筆下，吳氏從來「無非時之言，無蹈等之服」，且一生致力於侍奉周之夔父親、嫡母與家務的管理。至於他自己與生母之間的互動，則表現的較為委婉，僅有「夔在哺三歲，夔母皆自瀞也」以及「其有以夔諛者，則曰：『任渠儂底事，吾福薄』，夔累試弗售，無慍色」兩句話，[61]表現出生母對之夔的生養之恩與關心之情。周之夔與生母互動記錄較為簡短也暗示著，對生母吳氏而言，可能因嫡母擔任周之夔教育之責的現實，並且礙於己為人妾的低下身分，未能對周之夔平時的行為舉止有太多的意見；而對周之夔來說，撰寫此篇回憶生母吳氏文章之時，嫡母仍在世，身為庶子的他，亦有敬重嫡母之尊的必要，進而可能在書寫自己與生母的互動時，採取點到為止的策略。[62]筆者翻閱周之夔的文集，試圖探尋周之夔與生母更多

---

[60] 關於明代士大夫對理想「母道」的要求，參見王光宜，〈明代女教書研究〉（臺北：國立臺灣師範大學歷史研究所碩士論文，1999），頁118-124；明清母親對其子在政治作為上的影響，則參見衣若蘭，〈「天下之治自婦人始」——試析明清時代的母訓子政〉，收於周愚文、洪仁進主編，《中國傳統婦女與家庭教育》（臺北：師大書苑，2005），頁91-122。

[61] 〔明〕周之夔，《棄草文集》，收於《四庫禁燬書叢刊》集部113冊，卷8，〈生母吳孺人行狀〉，頁28a-32b。

[62] Hsieh, Bao-Hua（謝葆華）指出：作為家中所有孩子的正式法定母親，嫡妻對妾與妾生子有絕對的處置權，包括迫妾與妾的親生子分離。 而妾在家中的地下低位，甚至使妾生子鄙視其親生母親，不願與之為伍。參見Bao-hua Hsieh, "Female Hierarchy in Customary Practice: The Status of Concubines in Seventeenth-Century China," 《近代中國婦女史研究》，期5（1997.8），頁76-77。關於妾在明代的存在背景、禮法地位、家內與家外的地位及其變化，另參見Bao-hua Hsieh," Concubines in Chinese Society from the Fourteenth to the Seventeenth Centuries"（Urbana: University of Illinois at Urbana-Champaign, dissertation, 1992）。

樣的生活樣貌，也只能從〈祭吳門妹文〉中找到一點蛛絲馬跡：

> 嗚呼！吾不幸。乙卯先人見背，丙辰生母繼殁，其年夏，汝適歸寧，與生母俱病在吾家。已而訛言寇至，汝遽病城中，生母病篤不能遷，反以念汝之故增劇。吾兄弟徬徨奔走，而吾尤獨勤苦，至舍其病妻不顧，割其一女之死不顧，早夜侍生母，而晝日赫烈，輒一走城中，為汝延醫煎藥歸，又以汝之安否慰生母心。如是者四十餘日，而生母竟不起，汝幸得生。越二年，而汝舉一子，今六齡矣。吾舉家為生母悲且為汝喜。悲者，悲吾生母之賢，而不得享一日之養，且其死實以汝之故也。喜者，喜汝不惟得生，且有子，或可慰生母于地下耳。[63]

對照描寫嫡母教誨與愛護文字數量之繁多，周之夔與生母生活互動寫照的罕少，使得上段自白更顯珍貴，在這段文字中，周之夔直白的流露出對生母病危的憂心忡忡以及對生母的悉心照料，並且由生母死後，周之夔萬分悲痛的說出：「生母之賢，而不得享一日之養」的遺憾，也或可窺知庶妾在家中的卑下地位，可能影響了親生子女奉養之程度。

吳氏溘然長逝於萬曆四十四年（1616）六月，這時周之夔遭父喪不久，生母又因病去世，對此天人永隔的剎那，周之夔留下了一段寫實珍貴的自述：

> 先是夔母病中，母宜人時敕諸孫及他婢無譁，頻呼夔詢病

63　〔明〕周之夔，《棄草文集》，收於《四庫禁燬書叢刊》集部113冊，卷7，〈祭吳門妹文〉，頁20a-20b。

勢。及卒，夔與二弟奔號母宜人榻前。承所為皇明《孝
慈錄》載：「庶子與嫡母在室，得為其所生母斬衰三年
例。」是事異於古，宜人慟哭慰諭曰：「善哉！一切哭泣
辟踊任汝為之，莫以我在抑汝情也。」[64]

之夔生母從病重到與世長辭的過程，透過文字歷歷在目而躍然紙
上。而在生母吳氏去世之後，周之夔為其服喪的問題隨即浮上檯
面。對周之夔而言，父親已去世，為母服喪已不用考慮因「父
尊」而厭降的問題，而嫡母所生的周家長子周良屏亦健在，周之
夔也不是承父嗣者，所以按理來說，他應該可以無所顧忌的遵照
《孝慈錄》的規定，為其生母服最高等級的喪服禮──斬衰三
年。但細看周之夔與嫡母的對話，卻殘留著他們行禮前猶豫的痕
跡：其一，他們口中的《孝慈錄》條文，與原本《孝慈錄》的規
定不盡相同，在《孝慈錄》的規定中，庶子為生母服斬衰三年，
既沒有考慮「父在」與否，更沒有提及「嫡母在」的問題，但對
話中卻出現「庶子與嫡母在室，得為其所生母斬衰三年」的理
解；其二，嫡母蔡氏更要他的庶子為生母服時「莫以我在抑汝
情」，兩種跡象皆顯見對他們而言，父死之後，庶子如欲為生母
服斬衰三年，還必須考量嫡母是否在世的問題。

　　如此的猶疑並非周家所特有，在周之夔〈為嫡母蔡宜人九十
壽乞言小引〉中，提及旁人見周之夔為生母服喪的反應：

　　　　夔母吳孺人以丙辰歿，時執古禮者，謂宜人在，夔不當
　　　　行通喪。宜人素聞我朝禮不同，命夔兄弟參考會典《孝

<hr>

[64] 〔明〕周之夔，《棄草文集》，收於《四庫禁燬書叢刊》集部113冊，卷8，〈生
　　母吳孺人行狀〉，頁31a。

慈錄》，得洪武七年高□□□□為父母及庶子為其所生母並斬衰三年。且時有皇妃之喪，高皇帝后尚在也，命妃子通喪，御製序文為據，宜人大以為當遵，且排諸公之泥古者，于是夔得盡所生之恩。閩之知有此禮也，自宜人教夔始也。[65]

這段史料除了讚揚了嫡母蔡氏的才識，表明了嫡母富有教導周之夔的權力與職責以外，更重要的是，也可看到《孝慈錄》製作過程的「文本」頒行天下以後，從「讀者」那端得到的不同詮釋。周之夔為生母吳氏服喪引來「執古禮者」的質疑，認為嫡母尚存，庶子不能為生母服斬衰三年喪，[66]但事實上，《儀禮・喪服》與《禮記》等書在敘述庶子為母服喪時，皆未提到「嫡母在」的問題，可見時人對嫡妻庶妾之間尊卑懸殊的強調，影響了他們對母服禮制內容的認識。換言之，至少在周之夔身處的明末，左右庶子為生母服斬衰三年可行與否的因素，不僅僅只是古禮一再強調，而《孝慈錄》極力去除其影響的「父親之尊」，還有禮經與《孝慈錄》皆未曾提及的「嫡母之尊」。這樣的觀念也使得蔡氏與周之夔對《孝慈錄》的解釋產生轉化。如本書第二章所述，明太祖與制禮諸臣在洪武七年治孫貴妃之喪時爭論的焦點，從來都只落在喪服「斬衰」與「齊衰」的父母之別與現實人情中「父母等恩」的辯論，而未有任何記錄曾涉及皇后在世與皇子為母妃服喪之間的連帶關係。但從周之夔友人「宜人在，夔不當行通喪」的質疑可知，《孝慈錄》由「父母等恩」而直接推導

---

[65] 〔明〕周之夔，《棄草文集》，收於《四庫禁燬書叢刊》集部112冊，卷3，〈為嫡母蔡宜人九十壽乞言小引〉，頁20b-21a。

[66] 引文中的「通喪」按文意解釋為三年之喪。並參考《論語・陽貨》：「夫三年之喪，天下之通喪也。」

出庶子為生母服斬衰三年的因果推論，到了周之夔欲為庶母服斬衰三年之時，因為明人嫡母尚存，不能為生母服喪的觀念，還須自行加上洪武七年「皇妃之喪，高皇帝后尚在也，命妃子通喪」的解釋，才能得到眾人的信服。

嫡母在世，是否可為生母服喪的疑問，也存於周之夔的同鄉董應舉（萬曆二十六年進士）心中，而向周之夔提出疑問：

> 萬曆丙辰六月，周章甫之生母吳卒，同盟奔吊，章甫與三弟斬衰，擗踴號絕，持通喪之禮甚力。或以嫡母蔡宜人在為嫌，予亦疑之。章甫泣曰：「是禮也。蓋出高皇帝《孝慈錄》，錄作於洪武七年，高后尚在也，而不以奪皇妃之子之哀。夔敢忘所自生，且夔得請於母宜人矣，母宜人語夔，恣汝所欲自致，勿以吾嫌語諸兄，而無忘吳之功汝、櫛汝、浣汝，飲食服勤汝家，其厚為之禮而終之，夔乃敢如此也。」[67]

曾經位居南京國子博士、南京吏部主事、南京大理丞等要職的董應舉，同樣對於周之夔嫡母在世而為生母服斬衰三年感到訝異，最後經過周之夔的一番解釋才釋然。透過周之夔對董應舉的解釋，可以更完整的看到時人從懷疑到接受非為父後的庶子，在父死嫡母在的情況下為生母服斬衰三年喪的條件。首先，周之夔告訴董應舉，他所依循的禮制是《孝慈錄》，並再次闡述他對《孝慈錄》製作過程的「重新詮釋」；其次，他不厭其煩的強調為生母服斬衰三年，乃是經過嫡母允許且鼓勵的；最後，周之夔是透

---

[67] 〔明〕董應舉，《崇相集》，卷14，〈周章甫生母吳氏誌銘〉，收於《四庫禁燬書叢刊》集部102冊（北京：北京出版社，明崇禎刻本，2000），頁21a。

過嫡母的角度與話語，來重述生母對自己的生養之恩和對周家的貢獻。這三方面都不斷暗示著嫡母、庶妾與庶子三者之間微妙的上下權力關係，以及當時「嫡母之尊」不容侵犯的觀念，足以促使周之夔在援引《孝慈錄》的規定之後，還必須不斷地以「嫡母之意」作為自己為生母服斬衰喪的後盾。

順利為生母吳氏服斬衰三年喪的周之夔，在喪期結束之後行經福建順昌縣，注意到了順昌縣縣學中，庶出學子服生母喪的情況，並留下了他的「觀察報告」：

> 今夏過順昌縣，有諸生廖元岳者，嫡母已沒，而不為其生母通喪。夔力諫不聽，因責善于學官同年鄭逢蘭。逢蘭曰：「其父廖有暉亦教官也，堅禁子服，具詳宗師蒙批令服朞，故吾不敢爭耳。」[68]

周之夔注意到在順昌縣縣學中，未遵守《孝慈錄》為生母服斬衰三年喪者大有人在，而且周之夔即使知道嫡母在，亦可為生母服斬衰三年之喪，但仍逃不出當時的強勢觀念，將廖元岳嫡母去世與否的因素，納入其可否為生母服喪的考量當中。另外，從學官鄭逢蘭（生卒年不詳，天啟年間舉人）的回答，亦再次證實當時庶子為生母服喪未依官方規定各行其是，而不會得到任何實質懲罰的情形。周之夔為此忿忿不平，又與閩清縣學官劉中藻談及此事：

---

[68] 〔明〕周之夔，《棄草二集》，收於《四庫禁燬書叢刊》集部113冊（北京：北京出版社，據明崇禎刻本，2000），卷1，〈上督學吳諤齋文宗公祖論庶子喪服書〉，頁78a。

中藻頓足曰：「吾實不曉惜學中有羅綺者，亦蒙宗師批令服朞，奈何！」夫三父八母圖中，嫡子尚為庶母服齊衰杖朞，子為出母嫁母皆服朞矣。今使庶子但為其母服朞，是夷所生之大恩于出母嫁母，而身儼同嫡兄，天下有無母之子也，于心安乎？孔子曰：「子生三年，然後免于父母之懷。三年之喪，達乎天子，父母之喪，無貴賤，一也。」孟子曰：「雖加一日愈于已，謂夫莫之禁而弗為也。」孔孟並不著父母異服，庶子不服母之文，高皇帝萬古一君，與孔孟同德，開天下後世人子無憾之途矣。今廖元岳、羅綺忍忘所生，廖有暉、鄭逢蘭、劉中藻已服官矣，未讀《孝慈錄》，獨不知律令乎？夔不忍坐視人子陷不孝，而學官蹈生，今反古且上誤老公祖之明也。敢抄《御製孝慈錄》序及《大明律例》上呈台覽，伏祈行學改正申飭焉。[69]

周之夔先在強調親生母子情感的基礎上，批評庶子為生母服齊衰杖期，不但不符合明代的現行規定，且與當時子為八母之服相比，等於是叫庶子漠視生母的生育之恩做一個「無母之子」，並且揭露了當時有為數眾多的士人，即使已作官，依然不甚了解《孝慈錄》、《大明律》的現行母服規定。因此，周之夔決定為庶子為生母服斬衰一制的落實做出實際行動，而上書當時的提學御史吳鍔齋（生卒年不詳），希望導正當時庶子為生母無服的現況。

　　從周之夔自身的母服經驗到他對順昌縣縣學的觀察，可知

---

[69] 〔明〕周之夔，《棄草二集》，收於《四庫禁燬書叢刊》集部113冊，卷1，〈上督學吳鍔齋文宗公祖論庶子喪服書〉，頁78b-79a。

《孝慈錄》落實與否的兩個相異但共存的答案。一方面，在周之夔為生母服喪過程的相關記錄中，只聽到人們對嫡母在世，庶子可否為生母服斬衰三年的討論，而未聞子為母服不應與父服齊等的聲音，再次證明了本文上一章認為明中後期「父母同斬」作為「時制」，已漸次成為士人們母服標準的看法。但另一方面，《孝慈錄》雖然於洪武年間已由禮入律頒行天下學校，理應為士人所知悉，但從本節的考察可知，不論是縣學學生、學官，還是已為官多年者，對庶子為生母服斬衰一制皆不盡遵守的情況。其中，「嫡母在，不為生母服喪」的觀念，更是官方規定未能落實的主因，亦代表著《孝慈錄》所重視的母子親生之情在根植人心的「貴嫡賤庶」觀念下一敗塗地的局面。

第三節　「厭於嫡母」說對庶子為生母服的衝擊

周之夔為生母服喪經驗的曲折故事，揭示了庶子為生母服斬衰三年一制在實踐時正面交鋒的勁敵——嫡母之尊。這個勁敵不但處於古典喪服禮制「親親」、「尊尊」原則之外，恐怕也是明太祖在洪武七年堅守「父母等恩」概念，以提高母服時始料未及的對手。周之夔的母服經驗一方面比「康妃杜氏之死」更進一步的解答了此一制度在實行時可能遭受的阻力，一方面卻也留下了若干懸而未決的問題。其一，嫡母未亡，庶子不得為生母服喪的說法，是否具有地域特性的只流行於周之夔所處的閩縣、順昌縣等地，抑或是明人普遍性的概念？其二，事實上，在《儀禮·喪服》、《禮記》等古典禮經，以及明代以前的官方規定中，皆未有任何明確的條文顯示，庶子為生母服喪必須考慮到嫡母在世而有所厭降。除了肇因於傳統文化中「嫡庶之別」的觀念以外，周

之變的友人們何以如此斬釘截鐵的相信，只要嫡母在世，庶子於禮就不能為生母服喪？唯有透過追尋這些問題的解答，才能更加清晰的認識，庶子為生母服斬衰三年一制與明代社會思想背景不斷交涉的過程。

一、「嫡母在」不喪生母的風氣

明人顧起元（1565－1628）於《客座贅語》中解釋「生母服」時，摘錄了《通典》中的一段話作為解釋：

> 晉解遂問蔡謨曰：「庶子喪所生，嫡母尚存，不知制服輕重？」答云：「士之妾子服其母，與凡人喪母同。」鍾陵胡澹所生母喪，自有嫡兄承統，而嫡母存，疑不得三年，問范宣。答曰：「為慈母且猶三年，況親所生乎？嫡母雖尊，然厭之制，父所不及，婦人無專制之事，豈得引父為比而降支子也。」[70]

這段論述顯示早在魏晉時期，即有庶子因嫡母尚存，而不知是否能為生母服喪的疑惑。[71]到了明代，顧起元卻仍特地摘錄此段問答於「生母服」的段落，以澄清庶子為生母服不因嫡母在世而必須降服一事，恰恰證明了「厭於嫡母」觀念在明代流行不墜的趨勢。

在明代，嚴格區分嫡庶之間的上下尊卑，使庶子因嫡母尚存，不得為生母服喪的看法，阻擋了庶子為生母服斬衰三年規定

---

[70] 〔明〕顧起元，《客座贅語》（北京：中華書局，1987），卷4，〈生母服〉，頁122-123。此段文字在《通典》已見，參見〔唐〕杜佑，《通典》（上海：商務印書館，1935），卷94，〈士為所生母服議〉，頁507。
[71] 另可參見鄭雅如，《情感與制度——魏晉時代的母子關係》，頁63。

的落實。明初四明士人韓常（生卒年不詳）在庶母樓氏死亡後問到：「吾弟欲崇重所生，以庶並嫡，於禮經合乎否耶？」所得到的答案是：「按《孝慈錄》，以庶母之禮喪之。」[72]可見，明代初期，因為庶不可匹嫡的看法，使得《孝慈錄》庶子可如同「子為母」一般為生母服斬衰三年的規定，並沒有完全的被理解，導致最後竟使庶子以庶母之禮喪其生母。曾任南京國子祭酒的黃佐（1490－1566）也說到：「吾督學時，有喪生母者，以嫡母在，與假心喪三年，俾致哀也。」[73]顯示黃佐認為，嫡母在世，庶子不能喪生母，故以「心喪」以表其哀痛之情，彷彿《孝慈錄》庶子為生母服斬衰三年的制定從未發生。

與周之夔為生母服喪時的經驗雷同，許多明代庶出士人逢生母之喪時，往往因嫡母仍在世，而被勸告勿為生母服喪。萬曆年間御史張應揚（1550－1600）遇生母喪時，即有人建議他：「禮，嫡母在不喪生母，盍就試以慰尊公？」[74]曾任浙江海寧縣丞的徐永德（1528－1612）逢「生母卒，請終喪」時，亦遭人勸阻道：「嫡母在，于禮可毋喪也。」[75]同樣的，在萬曆年間張以誠（1568－1615）的傳記中，也顯示了他在逢生母喪時遇到的類似情況：

72　〔明〕鄭真，《滎陽外史集》，收於《景印文淵閣四庫全書》總1234冊（臺北：臺灣商務印書館，1983），卷47，〈貞一居士傳〉，頁8b。

73　〔明〕黃佐，《庸言》，收於《續修四庫全書》子部939冊（上海：上海古籍出版社，據北京圖書館藏明嘉靖三十一年刻本影印，2002），卷5，頁29a。

74　〔明〕郭正域，《合併黃離草》，收於《四庫禁燬書叢刊》集部14冊（北京：北京出版社，明萬曆四十年史記事刻本，2000），卷24，〈侍御張公墓誌銘〉，頁58a。

75　〔明〕葉向高，《蒼霞續草》，收於《四庫禁燬書叢刊》集部125冊（北京：北京出版社，明萬曆刻本，2000），卷13，〈蘭泉徐公偕配鄧孺人合葬墓志銘〉，頁35b。

七月，又喪其生母華安人，親戚皆引壓嫡舊制請之封公，
恐再誤甲午之試，而公愴然以失養為痛，竟服斬衰之服者
三年。[76]

這幾個例子都揭示了在明代，許多庶出士人遭逢生母之喪時，旁
人勸其以嫡母尚在世，不必為生母服喪的情況。更令人不勝唏噓
的是，明人常常是完全未提母子親生之情，而逕以不影響仕途順
遂為首要考量，向庶子提出嫡母在世，不必為生母服喪的意見。
因此，當張以誠最後決定為生母服喪時，為其作傳者才會以「竟
服斬衰之服者三年」一語來表達其驚訝或欽佩之情。而如此語
氣，也正明示著庶子為生母服斬衰三年，對明人來說是多麼罕有
的一件奇事。
　　清初文人李麟（生卒年不詳）對庶子為母服喪的紀錄，更說
明了庶子為生母服斬衰一制未普及於士人之間的事實：

> 庶子生母歿，古制適在，以適故不得終喪；今制適在，亦
> 為其母斬衰三年。而此地迺有不喪其生母者，未祥，以貲
> 入太學，張樂受賀。或誚之，乃援古禮以解曰：「吾有適
> 母在。」嗟乎！今之變乎古者多矣，未聞有起而復之者，
> 獨於所生而薄焉，可乎？且古制不得終喪，亦必心喪三
> 年，處而不仕。未祥，以貲入太學，張樂受賀，吾蓋未之
> 前聞也。[77]

76　〔明〕何三畏，《雲間志略》，收於《四庫禁燬書叢刊》史部8冊（北京：北京
　　出版社，明天啓刻本，2000），卷23，〈張宮諭瀛海公傳〉，頁24a。
77　〔清〕李麟，《虹峰文集》，收於《四庫禁燬書叢刊》集部131冊（北京：北京
　　出版社，清康熙刻本，2000），卷18，〈南沙雜記〉，頁17a-17b。

由上述可知，即使「今制」已明定不論嫡母是否在世，庶子為其母斬衰三年，但卻有為數甚多的士人，持「古制」嫡母在世，不喪生母抵抗之。李麟同時指出，即使不為生母服喪，也須遵守心喪三年之禮，在生母去世未滿一年期間，肆無忌憚的「張樂受賀」，實屬違禮。此段記錄一方面赤裸裸的揭發了明末以來社會風氣益趨澆薄的景況；另一方面，也再次反映了嫡母與生母，一者為正妻，一者為庶妾，兩人之間禮法地位的天壤之別，造成了庶生母不能得到親生子為其服喪的無奈。

二、「厭於嫡母」觀念的由來

對明人而言，庶子生母歿，而因嫡母在世不為生母服喪的觀念，來自於「古制」、「古禮」。曾任禮部侍郎，與湛若水（1466-1560）、鄒守益（1491-1562）共主講席三十餘年的呂柟（1479－1542），在與門人的問答中也可看出此現象：

> 獻蓋問：「庶子之母死，嫡母在，可終喪否？」先生曰：「於古則不敢，於今則無制，終喪是也」。[78]

呂柟一方面十分了解「今制」《孝慈錄》庶子為生母可斬衰三年的條文，也認為今人應該遵行「今制」；但另一方面也與問者相同，認為在古禮中，是因「嫡母在」而產生庶子為生母降服的規定。但是，在《儀禮‧喪服》的規定中，庶子為生母服的情形，只有當服喪者的父親尊為天子、諸侯、大夫時，因父親與為妾的生母地位相差過於懸殊，才必須在服制上有程度不等的厭降，而

---

[78] 〔明〕呂柟著，趙瑞民點校，《涇野子內篇》，收於《理學叢書》（北京：中華，1992），卷27，〈禮部北所語〉，頁277。

士階層的庶子，為生母服則根本不需考慮因父尊降服的問題。換言之，在古禮中，根本未見任何條文顯示庶子為生母服，必須「厭於嫡母」的法則。但在明代，卻有人如是解釋古禮，其中，張履祥（1611—1674）的論述，即是一個很好的觀照點：

> 謹按禮經庶子為生母服，有天子、諸侯、卿大夫、士、庶之等焉，有父在父不在之分焉。儀禮注：君卒，庶子為母大功；大夫卒，庶子為母三年；士雖在，庶子為母諸如眾人。有為父後不為父後之別焉，有嫡母在與不在之殊焉。禮記注：天子諸侯之庶子，為天子諸侯者為其母緦，若嫡母在，則練冠。《內篇》概云三年，何居？使父在而三年，是無父母之分也。使嫡母在而三年，是無嫡庶之別也。[79]

張履祥義正辭嚴的認為庶子為生母服，除了分有父尚存、去世與是否為父後的分別外，另亦有「嫡母在與不在之殊」，而說到「若嫡母在，則練冠」，意思是將《儀禮·喪服》〈傳〉中「公子為其母，練冠、麻、麻衣、縓緣，……既葬而除」歸因於庶子由於「嫡母在」，所以為生母服降至五服以外的練冠，而且說到如果不那麼做，則是「無嫡庶之別」。但是，若按《儀禮·喪服》〈傳〉的解釋，在這裡公子為何為其母降服，是因「君之所不服，子亦不敢服」，[80]並無牽涉到「嫡母之尊」的問題。但張履祥卻嚴屬的批評嫡母在世而為生母服三年喪之舉，並且批評呂柟在《涇野子內篇》支持「今制」庶子為生母服斬衰三年的看

---

[79] 〔清〕張履祥著，陳祖武點校，《楊園先生全集》（北京：中華書局，2002），卷12，〈答張佩蔥涇野內篇疑問〉，頁340。
[80] 〔清〕張爾歧，《儀禮鄭注句讀》，卷11，「記」，頁31b。

法，認為呂柟「恐是壓於國制，不敢正言極論」。[81]

　　對此條古禮條文持有同樣看法的還有王廷相，他在〈答左衛夫為陳子徵問庶孫承重書〉中說到：

> 《喪服》〈傳〉曰：「公子為其母，練冠、麻衣、繰緣，既葬而除之。」此庶子之母厭於嫡母，而不得服也，故《孟子》有王子請數月之喪之文。[82]

王廷相非常明白的指出，公子為其母降服為五服之外的「練冠、麻衣、繰緣」，是「厭於嫡母」使然。除此之外，更舉出《孟子‧盡心上》之典故來證明「厭於嫡母」說的依據。《孟子‧盡心上》言：「王子有其母死者，其傅為之請數月之喪。公孫丑曰：『若此者，何如也？』曰：「是欲終之而不可得也。雖加一日愈於已。……。」[83]意指：王子之母死，王子依禮不能為母服喪，而王子的老師請求讓王子服喪。孟子對此舉的看法為，雖然於禮不能終喪，但如果可求得多一日的服喪日，總比完全沒有來得好。通段強調王子欲為生母服喪之真誠，而未言生母去世王子不能為之服喪的因素，但王廷相卻同樣的將之歸因於「厭於嫡母」的緣故。

　　明人對《儀禮‧喪服》中庶子為生母服的理解，顯然有誤，對於五服制度頗有鑽研的羅虞臣（1501－1545）即指出「厭於嫡

81　〔清〕張履祥著、陳祖武點校，《楊園先生全集》，卷12，〈答張佩蔥涇野內篇疑問〉，頁341。

82　〔明〕王廷相，《王氏家藏集》，收於《四庫全書存目叢書》集部53冊，卷28，〈答左衛夫為陳子徵問庶孫承重書〉，頁8a。

83　〔清〕焦循撰，沈文倬點校，《孟子正義》（臺北：文津出版社，1988），卷27，頁940-941。

母」說法的謬誤：

> 或問《大明令》載：「妾子為其母期。註云：謂嫡母在室
> 者。」夫嫡母在，降而服期，但不知嫡母所厭在父存時
> 耶？抑在父沒之後？原子曰：「婦人雖貴，無厭降之義，
> 此小註之誤也。若《集禮》所載之條，則無此註。夫妾子
> 服母，據其父存亡為制耳，不得繫於嫡母也。〈記〉曰：
> 『公子為其母練冠、麻衣、縓緣，既葬除之。』《註》
> 曰：『公子厭於父也，為母不得伸權，制此服，不奪其恩
> 也。』……。此庶子之厭於父，載諸經傳可考也，未見有
> 為嫡母所厭之文也。……。子之不厭於嫡母，何也？婦
> 人無專制之義也，嫁則從夫，夫死從子，又何厭之有？
> ……。」曰：「然則宋儒註王子有母喪章謂：『厭於嫡
> 母』，其說非歟？曰：「此宋儒之謬說也，夫王子，諸
> 侯之妾子也。諸侯於妾無服，父所不服，子亦不敢服，
> 其傳為請，則其父在可知也。父在已厭於父矣，而何必
> 母。」[84]

《大明令》「嫡母在室」的註解困擾著提問者，但問者並非質疑
妾子為生母之服是否需要因嫡母而降服，而是不知「厭於嫡母」
的時機是在父存或父沒之後，可見問者本來就持著嫡母在，庶
子為生母服必須降服的定見。但羅虞臣卻根據《儀禮‧喪服》
〈記〉與鄭玄之註的解釋指出，在古典經傳中，凡是子為母服

---

[84] 〔明〕羅虞臣，《羅司勳集》，收於《四庫全書存目叢書》集部94冊（臺南：莊
嚴文化，據浙江圖書館藏清康熙五十年羅氏刻本影印，1997），文集卷八下，
〈五服章〉，「庶子為其母服議」，頁12a-13b。

喪，皆是考慮「父尊」而有所厭降，而未見因「厭於嫡母」而降
服的情況。而且在父系宗法制度中，「婦人無專制之義」，所以
《大明令》的小註是錯誤的，而許多明人認為「公子為其母練
冠」是因「厭於嫡母」的看法，也就不攻自破了。

　　更重要的是，羅虞臣指出明人對《孟子》王子不得為生母
服是因嫡母尚存的解釋，是根源於宋儒之註，為讀者解開了明人
「厭於嫡母」觀念何以根深蒂固的謎團。事實上，朱熹《四書集
註》對《孟子》此段的註解正是如此：

> 王子有其母死者，其傅為之請數月之喪，公孫丑曰：「若
> 此者，何如也？」
> ……陳氏[陳耆卿，1180-1237]曰：「王子所生之母死，厭於嫡
> 母而不敢終喪，其傅為請於王，欲使得行數月之喪也。時
> 又適有此事，丑問如此者，是非何如？按《儀禮》，公子
> 為其母，練冠、麻衣、縓緣，既葬除之，疑當時此禮已
> 廢，或既葬而未忍即除，故請之也。」[85]

朱熹《四書集註》乃是明代士人科舉應試必讀之書，其影響與主
導思想的力量之大可想而知。[86]而在《四書集註》的《孟子‧盡
心上》王子母喪章中，主要採取的是宋儒陳耆卿的解釋。陳耆卿
將王子不能為母服喪，以及《儀禮‧喪服》為庶子為母服「練

---

85 〔宋〕朱熹，《四書章句集注》，收於《景印文淵閣四庫全書》總197冊（臺
北：臺灣商務印書館，1983），卷7，頁14b。
86 永樂年間所敕撰《四書大全》、《五經大全》二書，其主要依據朱子學者的著
述。基本上，明代士人只要熟讀政府所制定的《四書大全》、《五經大全》，即
可合格及第。參見安井小太郎等著，連清吉、林慶彰譯，《經學史》（臺北：萬
卷樓發行；三民總經銷，1996），頁177、182。

216　父母等恩──《孝慈錄》與明代母服的理念及其實踐

冠、麻衣、縓緣，既葬除之」的喪制，全部歸因於「厭於嫡母」之緣故。此一說法後來成為明代士人勢必觸及的科舉定式，也就無怪乎庶子因「厭於嫡母」而不為生母服的觀念甚囂塵上，進而增加了《孝慈錄》庶子為生母服斬衰三年的困難度。

關於「厭於嫡母」說法的歷史淵源，清儒閻若璩（1636－1704）則將之推到更久遠的漢代：

> 王子所生之母死，厭於嫡母而不敢終喪，誤亦有自來趙岐註《孟子》王之庶夫人死，迫於嫡夫人，不得行其喪親之數。當岐同時，康成亦註《孟子》，未知其解云何。要〈喪服記〉：「公子為其母服練冠、麻衣、縓緣，既葬除之。」康成註曰：「諸侯之妾子厭於父，為母不得伸權，為制此服，不奪其恩也。」〈傳〉曰：「何以不在五服之中？君之所不服，子亦不敢服也。」蓋諸侯尊，絕旁期已下，何有于妾公子被厭，不敢私服其母，父卒猶有先君餘尊，所厭亦不過服大功，其嚴如此。晉胡澹所生母喪，嫡母尚存，疑不得三年，以問范宣，宣答曰：「嫡母雖貴，然厭降之制，父所不及，婦人無專制之事，豈得引父為比而屈降支子也。」說與鄭註合，不知何緣，孔穎達疏戴記，多有厭適母之說，流傳至宋，闌入《集註》，朱子亦有取去，此遂成不刊之典。[87]

閻若璩指出「王子所生之母死，厭於嫡母而不敢終喪」之說，最早出於漢儒趙岐（108-201）注《孟子》之時，其後又被唐代孔

---

[87] 〔清〕閻若璩，《潛邱箚記》，收於《景印文淵閣四庫全書》總859冊（臺北：臺灣商務印書館，1983），卷4，〈喪服翼註〉，頁1a-2a。

穎達《五經正義》接受、宋代朱熹納入《四書集註》，直至明代因《四書集註》成為科舉定本，而影響甚鉅。換言之，當《孝慈錄》庶子為生母服斬衰三年欲落實於社會之時，必須對抗的「厭於嫡母」之說，是自漢代即存在，經過唐、宋、元的積聚乃至明代經由科舉考試定為一尊的概念，其形成的阻撓力量也就不言可喻。

在明代，「厭於嫡母」觀念盛行，除了與明人對古典禮經的解釋有關以外，明代《大明令》、封贈制度中所闡明的「貴嫡賤庶」原則與《孝慈錄》所產生的衝突，亦是不容小覷的因素。在官方制度中，庶子為生母服須顧及「嫡母之尊」觀念，首見於洪武七年以前的《大明令》條文。《孝慈錄》頒行以前，《大明令》中所載的喪服制度乃是當時官方所承認的喪服禮儀，其內容主要是根據唐《開元禮》至元代的官方制度，以及《家禮》喪服禮制定而成。在唐《開元禮》、宋、元三代的母服制度中，並無特立庶子為生母服一條，應是將其視為與子為母服無異，故不另外寫明，而在《家禮》中則特別寫明庶子為生母之服乃為齊衰三年，以求清楚明瞭，使人有所依循。

時至明初，《大明令》在母服禮制方面，基本上延續了唐代《開元禮》以降子為母服齊衰三年的規定，但對於庶子為生母之服期，卻有顯著的變化——在齊衰期年（齊衰不杖期）一欄中，出現了：「庶子為其母，謂嫡母在室」的條文，意味著《大明令》並非單純繼承了前代庶子為生母為齊衰三年的規定而已，它在此條文中還另外增加了一個但書，也就是如果嫡母在世，庶子為生母之服就必須從齊衰三年降服為齊衰不杖期的限制。雖然《大明令》的喪服制度在洪武七年即被《孝慈錄》取代，但是，卻能由此項條文的出現推測，關於庶子為生母服喪須考慮嫡母在

世與否的思維，確實存在於明初制禮官員群體的心中，並欲以此改變唐至宋代相沿已久的制度。而由前述羅虞臣的論述中，也可見到時人曾以「《大明令》載：『妾子為其母期。註云：謂嫡母在室者。』」作為行服依據，而使得明人對於未寫明是否須考慮嫡母在世的《孝慈錄》感到疑惑。

除了《大明令》以外，還有一個官方制度，可能使明代士人庶子為生母服喪之前，導向必須視嫡母在世與否的考量。明人陸楫（1515－1552）的論說即顯現了時人對這項官方制度與喪服制度的連結思考：

> 喪制，古者父在而母服齊衰杖期，父死然後為母如父服，此嚴祖敬宗之大義也。至唐武后與政時，上便宜十二條，其一欲令父在為母服齊衰三年，為罔極之恩，一也。雖制與父同，然猶不敢服斬衰，沿於宋元不廢，猶知有大義也。至本朝則父母之服，不分存亡，俱服斬衰矣，……。庶子以官秩受封，嫡母在者，止封嫡母，生母不得受封，此亦厭於嫡母之義也。至於嫡母在而生母亡，又仍服斬衰，與嫡母同，於義乖矣！[88]

陸楫對於明朝的母服制度頗有微言，先是論述父服與母服之間應該有所區分，以彰顯父系宗法大義。其次言及儘管明代規定在母服方面有了嶄新的規定，但他仍然堅持嫡母與生母之服須有等差，直指嫡母在世之時，庶子為生母服斬衰三年，是不合於禮的

---

88 〔明〕陸楫，《蒹葭堂稿》，收於《續修四庫全書》集部1354冊（上海：上海古籍出版社，據清華大學圖書館藏明嘉靖四十五年陸郊刻本影印，2002），卷7，頁2a-3b。

行為。而陸楫之所以持如此的看法，實源於他對當時封贈制度的理解。明代庶子為官封贈其母的相關規定，源於洪武二十六年（1393）所訂定的條例：「凡諸子應封父母。嫡母在，所生之母不得封。嫡母亡，得並封。」[89]意指庶子為官的這份榮耀，在嫡母死亡之前，都不能封及他的親生母親，而必須等到嫡母死亡之後，生母才能得到封贈。明人孫存（1491-1548）曾闡釋他對此規定的理解：

> 嫡母在，則停生母之封者，以二母俱存，嫌於耦嫡，故停之，以嚴嫡庶之分也。若生母歿而嫡母存，則封其嫡與贈其所生，要似無嫌而可伸人子風木之恨。[90]

嫡貴於庶的禮法凌駕於母子親生之情，是封贈制度嫡母在，不得封贈生母規定背後的精神，同時也是陸楫挑戰《孝慈錄》庶子為生母服斬衰三年的基準，他所著意的並非「父母同斬」是否可行，而是身分卑下的生母不可與嫡母在禮法上處於同等地位的問題。不只是陸楫，查繼佐（1601－1676）在論及喪禮時亦將明代喪服制度與封贈制度相較，而有類似的批評，他說：「庶子受秩，封嫡母不及庶，或以妻封移，及此特恩非例。至于嫡母在而庶亡亦服斬衰，則大乖矣。」[91]顯見兩個明代官方制度中，因隱含著不甚相符的概念所造成的疑義。

---

[89] 〔明〕申時行修，《（萬曆）大明會典》，卷6，〈文官封贈〉，頁31。

[90] 〔明〕焦竑，《國朝獻徵錄》，收於《四庫全書存目叢書》史部105冊（臺南：莊嚴文化，據中國史學叢書影印明萬曆四十四年徐象橒曼山館刻本影印，1996），卷92，〈河南左布政使孫公存行狀〉，頁24b。

[91] 〔清〕查繼佐，《罪惟錄》，收於《續修四庫全書》史部321冊（上海：上海古籍出版社，據民國二十五年四部叢刊三編影印稿本影印，2002），卷7，〈喪禮〉，頁50a-50b。

三、「厭於嫡母」脈絡下的《孝慈錄》評價

只著重強調「父母等恩」的《孝慈錄》，在提升母服至與父服同等的原則下，將庶子為生母之服一併提升至斬衰三年，揭開與父尊對抗的大纛。只是，此制在落實於社會時，卻面臨「生母之卑」是否能從「嫡母之尊」的壓抑中得到解放的問題。而「厭於嫡母」觀念，也就時時左右著明人對《孝慈錄》的看法，成為他們評價《孝慈錄》的重要判準元素之一。

博引古事加以論證考斷，著有《金罍子》的陳絳（1513－1587）認為，《孝慈錄》的母服改革的主要突破有二：一是子為母斬衰三年，二是庶子為生母服斬衰三年，其原因敘述如下：

> 庶子為其所生母，按《大明令》齊衰期年，而注謂嫡母在室，意嫡母不在室，則齊衰者三年也。然是時，子為母雖三年而亦齊衰，蓋是書頒行於開國之元年，正當庶事草創，禮樂未遑之際，而《孝慈錄》成於洪武七年，始斷自宸衷，著為定制。子為母雖父在，庶子為其母雖母在，皆得以終喪三年，蓋以天子之制而伸人子之情，則父固不得壓其子，母亦不得而壓其庶子也。此亦當於天理而愜於人心，所以破百代沿承之陋，而立萬世常行之典者至矣。[92]

陳絳的分析暗示著，「子為母」與「庶子為生母」服斬衰三年，是解決了不同障礙，而且伸張了人子對生母的感念之情。子為母服斬衰三年是不必慮及父親，庶子為生母服斬衰三年則是毋須介

---

[92] 〔明〕陳絳，《金罍子》，收於《續修四庫全書》子部1124冊（上海：上海古籍出版社，據明萬曆三十四年陳昱刻本影印，2002），中篇卷22，頁11b-12a。

意嫡母健在與否，透露了在庶子為生母服須「厭於嫡母」的強勢觀念下，陳絳認為庶子為生母服斬衰三年的最大貢獻，並非以親生母子之情力抗父系宗法制度的侵擾，而是阻擋了「嫡母之尊」的壓制。謝肇淛對《孝慈錄》的讚譽也再次彰顯了同樣的特點，他說到：「我國家始定制父母皆斬衰三年，即姜之子亦為所生持服，不以嫡故而殺。」顯見只明言「父母等恩」，而未提及嫡母與庶生母關係的《孝慈錄》，在頒布天下後，與明代士人心中原本持有的嫡尊庶卑，乃至「嫡母在，庶子為生母不得服」的觀念重新進行整合，促使庶子為生母服斬衰三年一條，從原本是明太祖強調「父母等恩」的載體，在進入士人的議論和實踐層面之後，變成突破「嫡母之尊」，使妻與妾若成為母親，都可從親生子身上得到相同回報的一個重要禮制變革。

根據這樣的看法來讚揚《孝慈錄》「緣情制禮」的言論一直延續至清初。毛奇齡曾說：「古姜生之子，為生母服都無斬三年之服，今制得服斬衰三年，即父與適母在堂亦然」、[93]「庶子之生母死，則無論父與嫡母在否，得服斬衰三年，此時制也，以緣情也」；[94]張文嘉也認為「庶子為其所生母，從來謂厭於嫡母而不敢終喪」，而今《孝慈錄》的規定是符合了「禮貴申情」的原則；[95]袁棟（清乾隆年間人）亦言：

　　禮制之行，有古無明文而世俗變通，頗有合乎道者錄之：

---

93 〔清〕毛奇齡，《喪禮雜說》，收於〔清〕李幼梅輯，《讀禮叢鈔》，收於《國學集要》二編（臺北：文海出版社，1967），頁2b。
94 〔清〕毛奇齡，《喪禮雜說》，收於〔清〕李幼梅輯，《讀禮叢鈔》，收於《國學集要》二編，頁3b。
95 〔清〕張文嘉，《齊家寶要》，收於《四庫全書存目叢書》經部115冊（臺南：莊嚴文化，據北京圖書館分館藏清康熙刻本影印，1997），頁73b- 75a。

……。古妾生之子為生母服，都無斬衰三年之服，今制得服斬三年，即父與嫡母在堂，亦不奪其情也。[96]

在這些清代士人的言論中，可看到對他們而言，父系宗法制度與嫡庶之別都是古禮中壓抑庶子與生母之間情感的重要元素，因而贊同「今制」一併去除源於父親與嫡母的厭降原則。

但是，除了正面的回應以外，反對庶子忽視父親與嫡母之尊，而為生母服斬衰三年的聲音也是此起彼落，甚至有人認為庶子為生母服斬衰三年一制乃是明太祖「一時誤定之制」。[97]探討喪服禮制多所用心的陳確，也毫無諱言的批評道：「母服之同父服，非禮也；生母之同適母，本注謂庶子為所生母，即於夷矣。」[98]並且清楚說明了他極力反對的理由：

> 《春秋》之義，甚嚴嫡庶。蓋君臣、父子、夫婦之倫於是焉，係嫡庶亂則君臣、父子、夫婦、兄弟之倫亦亂，故明主重之，迨乎後王全以私情絀公義，推己及物，俾大夫、士、庶並得為生母行三年喪，至於今不易，不亦異哉！夫私情之不可以絀公義久矣，故以情則生母之恩遠過嫡母，豈惟同焉而已；以分則嫡母之尊遠過生母，豈惟不同焉而已。故庶母謂嫡母「主母」，謂父「主君」，尊卑之分截然，今而同之，亂倫蔑理，莫此為甚。必欲遵時王之制，

> 為生母行三年之喪者，確亦有說以處此，曰：「可行之
> 於身，不可行之於家，雖可行之於家（謂庶長子而無父與嫡母
> 者），不可行之於鄉黨（死不計葬、不告期、不當開喪如父與嫡母之
> 喪）。」[99]

嚴嫡庶、重尊卑，是陳確批評庶子為生母服斬衰三年最主要的立
論基礎。他認為以「情感」的角度來說，生母之恩固然重於嫡
母，但以「分際」規範來看，則「嫡母之尊」有絕對的優勢，不
能受到一絲損害。庶子若堅持不顧嫡母在世與否，而為生母服斬
衰三年，則無疑是堅持「私情」而放棄「公義」的紊亂嫡庶倫
理。而在此「貴嫡賤庶」的信念，與必須遵從「時制」的矛盾
下，陳確只好想出一個折衷的辦法，認為若父在、嫡母在，庶子
只能行心喪三年；若父與嫡母不在世，則可行喪服禮於家，但不
可以通知家人以外的人知道。陳確的種種退讓，只是更彰顯了其
對《孝慈錄》的無法認同，並且與明人因嫡母尚存，不為生母服
喪的實例，一同證明了庶子為生母服斬衰三年一制，不只牽涉到
父與母在父系宗法社會中的性別對抗，並且也和貴嫡賤庶的觀念
交纏難解，導致此制於明代社會的窒礙難行。

小結

　　鄭雅如在《情感與制度：魏晉時代的母子關係》中指出：在
《儀禮·喪服》中的母服制度裡，最容易受到尊卑貴賤影響的，
莫過於庶子為生母之服，故在統治階層也就特別容易成為聚議風

---

[99] 〔清〕陳確，《陳確集》，卷6，〈嫡庶喪服議〉，頁187。

暴的中心。[100]但是時至東晉,因母以子貴觀念的盛行,庶子為生母已漸有服重的風氣,連皇帝也順著時代無可逆向的潮流依士禮而行。[101]若將鄭氏對魏晉時代庶子為生母服的觀察與本章的探討相對照,庶子為生母服在制度與落實面上的歷史變遷興味將油然而生。

比起魏晉時期,身在明代的庶子,不論是否為父後,為母服重至斬衰三年,已因《孝慈錄》的出現在制度面上得到完成。但是,由「康妃杜氏之死」一事卻可見到,在明代的統治階層,皇帝既為君又為父的至高無上,仍然是庶子為生母服重服的最大阻力。面對自己的庶妾——康妃之死,即使已有「祖制」規定庶子裕王可服斬衰三年,世宗依然堅持緊握著古禮中的父系宗法原則,認為裕王「當避君父之尊」。世宗此次的反對本應為特例,但卻被其後明代嗣君所遵行,再對比明代皇后往往能得到諸王為其行斬衰三年之服的情況,在在說明了母親的嫡庶禮法身分,依舊是人子能否藉由為母服喪報答其生養之恩的首要條件。

庶子為生母服斬衰三年在明代皇室的頓挫,是否等同於此制在明代社會的施行情況?鄭雅如在其書中同時指出:自秦漢以降的庶民社會,所通行的應為「士禮」,生於皇室、公侯以外的庶子,為生母服不必因父厭降,但是,卻出現了禮經從未言說的「厭於嫡母」說法。[102]從本章的探討可知,魏晉時期有關於「厭於嫡母」的「疑問」延續至明代之世,幾乎已發展成深植人心的「定論」。庶子為生母服本應如子為母服一般,順利的提升至斬衰三年,但士人卻往往援引他們對《儀禮・喪服》「公子為庶母

---

[100] 鄭雅如,《情感與制度——魏晉時代的母子關係》,頁65。
[101] 鄭雅如,《情感與制度——魏晉時代的母子關係》,頁81。
[102] 鄭雅如,《情感與制度——魏晉時代的母子關係》,頁63。

禮」、《孟子》「王子喪母章」的詮釋,堅持庶出士人為生母之服,必須因嫡母尚存而厭降至無服。雪上加霜的是,明代《大明令》與封贈制度中對嫡母的尊崇,更加強了嫡母壓抑庶生母的說法,而庶出士人援引此說而不為生母服喪,亦懷有著仕途免於中斷的現實考量。種種因素皆牽引著明代士人對《孝慈錄》庶子為生母服斬衰三年一制存有疑惑,使得此一制度在社會上的落實程度更加艱難,也意味著本以突破唯父獨尊、強調母親與父親可分庭抗禮的《孝慈錄》,始料未及的在「貴嫡賤庶」的觀念面前一籌莫展的窘況。

▌結論

昌平產猿，隕毛若金絲閃閃可觀。猿子尤奇，性可馴，然不離母。母黠不可致，獵人以毒傅矢，伺母閒射之，母度不能生，灑乳於林飲子，灑已氣絕。獵人取母皮，向子鞭之，子即悲鳴而下，斂手就制，每夕必寢皮乃安，甚者，輒抱皮跳擲而斃。嗟夫！猿且知有母，不愛其死，況人也耶？

〔明〕宋濂，《宋文憲公全集》，卷44，〈猿說〉

　　子曰：「子生三年，然後免於父母之懷。夫三年之喪，天下之達喪也。」在親情上，父親與母親皆為孩子的重要他人，而母親對兒子而言，除了有養育之恩以外，更有懷胎十月臍帶相連的親生之情。熊秉真在〈明清家庭中的母子關係──性別、感情及其他〉一文中，栩栩如生地呈現了中國明清時代的母子，藉由共度生活中的美好時光與痛苦磨難而建立的深厚情感，並指出正是儒家的孝道觀，使人子必須在感情與實際行動上終生感念母親的犧牲與奉獻。[1]而為母服三年之喪，即是兒子在母親死後表現對其無限懷念與感謝的重要方式。

---

[1] 熊秉真，〈明清家庭中的母子關係──性別、感情及其他〉，收於李小江等主編，《性別與中國》，頁514。

但是立基於儒家倫理秩序的先秦古禮，卻未必能如實反映人子對於母親生養的感激之情。根據《儀禮‧喪服》的規定，父親死亡，人子為父服最隆重的喪服禮斬衰三年，若母親去世，人子為母服喪則必須考量父親是否在世而有所調整，若父卒，為母服齊衰三年；若父在，則為母服降為齊衰杖期。父母同為人子孝順的對象，但「父服」和「母服」卻有「斬衰」、「齊衰」的差異，母服的年限亦因父親在世而再降為一年之喪。究其原因，在於喪服制度是以父系宗法制度為其核心，基於「天無二日，土無二王，國無二君，家無二尊，以一治之也」的原則，人子只能為母親服低斬衰一等的齊衰服。對於人子而言，父親是「至尊」，母親則只是「私尊」，所以如果母親死亡，「至尊」尚在世，為母親服喪的時間也必須從三年屈降至一年。除此之外，母親的出身若是禮法地位低下的庶妾，人子為其服喪的等級，更隨著父親的爵位高低而有所減降。簡言之，古典禮經中的母服制度，在在彰顯了「尊尊」凌駕於「親親」原則的父系宗法特色。

　　先秦古禮中母服規範與母子情感的落差，隨著漢代以降封建社會的崩解越見明顯，「緣情制禮」的呼聲也不斷出現，洪武七年（1374）因孫貴妃之死而產生的母服爭議即是明證之一。在討論孫貴妃喪禮的過程中，面對官員們所持的「父在，為母服一年」的母服規範，明太祖認為「父母等恩」，母服與父服相比如此屈降實不合現實人情，遂下令今後子為母、庶子為生母之服皆與為父服齊等，皆為斬衰三年，突破了先秦以來「家無二尊」的宗法概念。此類「父母等恩」的概念，在明太祖的政策中也處處可見。明太祖在位期間所宣揚的的孝道觀念，即時時提醒人子同時對父母盡孝，不但在洪武十二年（1379）改革郊祀禮時，主張「人子事親，曷敢異處」而行天地合祀，並在「六諭」中一改

過去「父慈子孝」的孝道內涵，而以更為大眾所接受的「孝順父母」作為風俗教化的首要原則，無形中強調了母親的重要性。此一對雙親盡孝乃為孝之正道的看法，在洪武七年孫貴妃之死而引發的喪服議禮過程中展露無遺，並使太祖進而製作了《孝慈錄》以作為明代喪服制度的定本，從其書名「孝慈」二字即可知其製作的動機，是為了發揚「孝順母親」這樣一個意念而來。透過此書，明太祖重新規劃了他心中理想的親屬服喪關係，並由禮入律，將之納入《大明律》之首，成為有明一代的喪服定制，並為清代所承襲，可謂影響深鉅。

事實上，《孝慈錄》的制定並非先秦以來第一次母服的重大變革，早在唐上元元年（674），武則天即認為父在為母服齊衰一年不足以報答母親的鞠育之恩，而提出「父在為母服齊衰三年」的建議，以期縮小母服屈降的程度。此議因為撼動了「父至尊」、「母亞尊」的壁壘，因而在唐代掀起一番激烈的討論，最後終在唐開元二十年（732）為《大唐開元禮》接受，成為迄明洪武七年以前的母服定制。比較唐明兩代的母服改革，可發現《孝慈錄》在喪服禮制史上的重大意義。就改革的發起者而論，不同於唐代是由女性以自身的經驗為母服發出不平之鳴，在明代，是由明太祖此一男性以「父母等恩」的概念為基礎，憑藉著「禮樂自天子出」的權威斷自聖裁地對母服進行改制。由此可知，母服改革的出現並非必定藉由女性統治者從自身經驗出發才可成形，傳統孝道中對報答父母生養之恩的重視，人子與母親最直接的情感亦是母服改革過程中的重要推手，而倡議者所掌握的權力，更是提升母服主張能否迅速成為一代定制的關鍵。在改革的內容方面，相較於唐《開元禮》「父在為母服齊衰三年」仍是在不跨出父系的框架下，維護著「父斬衰」、「母齊衰」的

位階，《孝慈錄》則是直接突破了宗法制度的「尊尊」原則，將「父母等恩」、「孝順父母」等父母並重的概念付諸實行，使母服提升至斬衰三年，與父服完全等同，無任何屈降之意，其改革程度之劇烈，無疑是《開元禮》所不能及。

《孝慈錄》「父母同斬」的喪服禮制，不但衝擊了千年來父系宗法制度與倫理秩序，也遠遠悖離了士人長期研讀的儒家經典內容，但卻在頒行天下後，得到許多明代士人的接受與讚揚。士人之所以接受此制，或可從《孝慈錄》為開國皇帝所制定的「祖制」，致使他們不得不讚揚的角度來理解，但亦不可忽略多數明代士人實是以自身與母親的生命連結出發，強調「禮緣人情」，認同《孝慈錄》「父母等恩」、重視母子之情的觀念，並配合著明代士人對古典禮經的懷疑態度，使得「家無二斬」原則失去了遵守的必要。但是，對《孝慈錄》的褒揚到了明末清初，卻因晚明政治社會的敗壞與明清易代的劇變而出現轉變。如何保持理想的社會秩序與漢文化傳統，成為士人最關心的議題，而「以經典為法式」、「以古禮正今俗」，即為當時公認最好的因應之道。在此學術風氣下，《孝慈錄》被指摘為出於「一介武人」，在未能明白「禮之精義」的情況下，擅自破壞古典禮經制服原則的作品。除此之外，明末清初士人也注重「禮」在社會的實踐性問題，認為應從要求服喪者內心實質的悲戚進行改革，而非只是以外在的喪服表徵虛應故事，從而指涉「為母服斬」的大而無當。從《孝慈錄》評價由褒多至貶增的過程可知，在完成理想的「為母之孝」之前，士人如何平衡「禮」與「情」的拉扯，實與其身處的時空背景與學術思潮有著千絲萬縷的交錯關係。

明代至清初士人既無法逃脫學術的思潮的影響，更無法自他們所處的政治環境抽離。《孝慈錄》的母服內容，為清代所承

襲，是明清兩代的「時制」、「今制」、「今律」。在「家禮學」興盛的明代，子為母服斬衰三年一制以「今制」之姿，漸次取代了《家禮》的母服條文，成為士人私修「家禮書」中必定出現的內容，而在崇奉古禮的清初「儀禮學禮書」中，亦因酌古準今的要求，在他們書中的喪服卷部分，參考了清代的「時制」，並呼籲讀者尊崇。這些證據都顯示了《孝慈錄》作為明清兩代官方喪服之本，對私修禮書有著不可忽視的強勢性，並隨著明中後期以降坊刻市場的蓬勃發展，逐漸深入人心，促使「為母服斬」成為明清士人回答為母服喪相關問題時的標準答案。

明太祖「父母等恩」的理念，雖然在子為母服斬衰三年一制中，漸次落實於社會，但同樣被寫在《孝慈錄》序言中的庶子為生母服斬衰三年之制，在實行時卻沒有這麼順暢。發生於世宗朝的康妃杜氏喪服禮爭議，即明示著與嫡后能獲得皇子為其服斬衰三年喪相比，出身庶妾的妃子，在成為母親之後，其子為親母服喪，依舊難以逃脫父系宗法原則的束縛而有所減降。即使「父尊」不復存在，明人對於古典禮經的解釋與對官方封贈制度的理解，都使「嫡母在世，不喪生母」的觀念流行於社會，造成庶子為生母服斬衰三年，除了必須對抗父親之尊以外，亦必須考量嫡母之尊。而明末庶出士人周之夔為生母服斬衰三年所引起的疑竇，更是此制並未如同子為母服斬衰三年一般被普遍接受的最有力證據。由此可見，強調父親母親同等重要的《孝慈錄》，雖然可能以母子情感為盾牌，戰勝宗法秩序中「父尊母卑」的觀念，但卻還是無法跨越「嫡尊庶卑」的鴻溝，使得明代同為母親的嫡妻與庶妾，在喪服禮上得到截然不同的待遇。

清末駐使中國的一位英國翻譯員湯瑪士・泰勒・邁多士（Thomas Taylor Meadows），曾提及他對中國婦女地位的印象，

說到「中國人極少將極熟識的朋友介紹給自己的妻子，這並不是一種恭維的舉動；而介紹給母親卻很常見。」進而歸結出他的結論：「中國婦女仍較盎格魯・薩克遜人更為男子的奴隸，但由於儒家孝順父母的原則，緩和了這種奴隸性質。」[2]熊秉真則說：「母親……不但是活在兒子生命中的母親，同時也是活在男人生命中的女人——在傳統的中國社會，這是男人和女人打破性別界線的一種最強有力的超越。」[3]兩者的言論皆指向了一個事實：在講求孝道的傳統中國，女性唯有在扮演起母親的角色時，才有機會憑藉著她對兒子的含辛茹苦與彼此之間深厚的情感鏈結，撼動男尊女卑的倫常秩序，進而提高自己的地位，得到一位男性——她的兒子窮盡一生竭盡心力的養生與送死。《孝慈錄》揭示的「父母等恩」觀念與「為母服斬」制度，即是以此為基礎而生發，並隨著官方定制的強制力與士人對「禮緣人情」的認同，獲得與父齊等的喪服禮制地位。但是，中國家庭內部成員的權力關係，卻從來不是單純以性別來決定的。在庶子為生母服斬衰三年一制的實踐過程中，比起父親之尊的難以跨越，母親群體內部嫡尊庶卑的階級關係，更是「為母之孝」如何不再受到任何壓抑的關鍵。由此可見，明代《孝慈錄》的制定與實踐，透過父與母、禮與情、嫡與庶的不斷交涉與對話，無疑地向我們訴說了中國喪服禮制史上最複雜深刻的孝道故事。

---

[2] Thomas Taylor Meadows, *The Chinese and the Rebellions with an Essay on Civilisation and its Present State in the East and West*（Shannon: Irish University Press, 1972），pp. 634-635.轉引自楊聯陞，〈國史上的女主〉，收於氏著，《國史探微》（臺北：聯經出版事業公司，1983），頁91-92。

[3] 熊秉真，〈明清家庭中的母子關係——性別、感情及其他〉，收於李小江等主編，《性別與中國》，頁535。

▌徵引書目

壹、古籍史料

一、政書典籍

〔漢〕何休注、〔唐〕徐彥疏，《春秋公羊傳》，收於〔清〕阮元校勘，
　　《十三經注疏附校勘記》，臺北：藝文印書館，嘉慶二十年重刊宋
　　本，2001。

〔漢〕趙岐注、〔宋〕孫奭疏，《孟子注疏》，收於〔清〕阮元校勘，
　　《十三經注疏》，臺北：藝文印書館，據清嘉慶二十年江西南昌府學
　　開雕本影印，2001。

〔漢〕鄭元注、〔唐〕賈公彥疏，《儀禮注疏》收於〔清〕阮元校勘，
　　《十三經注疏附校勘記》，臺北：藝文印書館，嘉慶二十年重刊宋
　　本，2001。

〔漢〕鄭玄注、〔宋〕孔穎達等正義，《禮記正義》，收於〔清〕阮元校
　　勘，《十三經注疏附校勘記》，臺北：藝文印書館，據清嘉慶二十年
　　江西南昌府學開雕本影印，2001。

〔漢〕戴德，《大戴禮記》，臺北：臺灣商務印書館，據上海涵芬樓借野
　　竹齋沈氏藏明刊本景印，1979。

〔漢〕班固撰，〔清〕陳立疏，《白虎通義》，收於王雲五主編，《國學
　　基本叢書》，臺北：臺灣商務印書館，1968。

〔魏〕王肅，《孔子家語》，臺北：臺灣商務印書館，據上海涵芬樓借江
　　南書館藏明翻宋本景印本影印，1979。

〔唐〕孔穎達，《禮記正義》，收於楊家駱主編，《十三經注疏補正
　　（七）》，臺北：世界書局，1971。

〔唐〕杜佑，《通典》，臺北：臺灣商務印書館，1935。

〔唐〕蕭嵩等撰，《大唐開元禮》，收於《景印文淵閣四庫全書》總646
　　冊，臺北：臺灣商務印書館，1983。

〔五代〕劉昫撰，《舊唐書》，北京：中華書局，1975。

〔宋〕王溥，《唐會要》，收於楊家駱編，《歷代會要第一期書第六
　　冊》，臺北：世界書局，1963。

〔宋〕朱熹，《四書章句集注》，收於《景印文淵閣四庫全書》總197
　　冊，臺北：臺灣商務印書館，1983。

〔元〕不著撰者，《大元聖政國朝典章》，臺北：文海出版社，據光緒戊
　　申年夏修訂法律館以杭州丁氏藏本重校本影印，1964。

《明太宗實錄》，臺北：中央研究院歷史語言研究所，1967。

《明世宗實錄》，臺北：中央研究院歷史語言研究所，1967。

《明英宗實錄》，臺北：中央研究院歷史語言研究所，1967。

《明英宗寶訓》，收於《明實錄附錄》17冊，臺北：中央研究院歷史語言
　　研究所，1967。

《明神宗實錄》，臺北：中央研究院歷史語言研究所，1967。

《明憲宗實錄》，臺北：中央研究院歷史語言研究所，1967。

〔明〕不著撰人，《萬曆邸鈔》，臺北：臺灣學生書局，1968。

〔明〕太祖敕撰，《大明令》，收於〔明〕張鹵校刊，《皇明制書》，臺
　　北：成文出版社，據明萬曆年間刻本影印，1969。

〔明〕太祖敕撰，《大明律》，收於〔明〕張鹵校刊，《皇明制書》，臺
　　北：成文出版社，據明萬曆年間刻本影印，1969

〔明〕太祖敕撰，《明律集解附例》，臺北：成文出版社，據清光緒二十
　　四年重刊本影印，1969。

〔明〕太祖撰，《孝慈錄》，收於（明）張鹵校刊，《皇明制書》，臺
　　北：成文出版社，據明萬曆年間刻本影印，1969。

〔明〕太祖撰，《資世通訓》，收於〔明〕張鹵校刊，《皇明制書》，臺
　　北：成文出版社，據明萬曆年間刻本影印，1969。

〔明〕太祖撰，《御製大誥》，收於《明朝開國文獻》第1冊，臺北：臺
　　灣學生書局，1966。

〔明〕太祖撰，《御製大誥續編》，收於《明朝開國文獻》第1冊，臺

北：臺灣學生書局，1966。

〔明〕太祖撰，《御製賢臣傳》，收於《明朝開國文獻》第2冊，臺北：臺灣學生書局，1966。

〔明〕太祖撰，《教民榜文》，收於〔明〕張鹵校刊，《皇明制書》，臺北：成文出版社，據明萬曆年間刻本影印，1969。

〔明〕明太祖，《明太祖御製文集》，臺北：臺灣學生書局，1965。

〔明〕呂本等輯，《皇明寶訓》，收於《四庫全書存目叢書》史部53冊，臺南：莊嚴文化，據故宮博物院圖書館藏明萬曆三十年秣陵周氏大有堂刻本影印，1996。

〔明〕申時行修，《（萬曆）大明會典》，北京：中華書局，1989。

〔明〕宋濂奉敕修，《元史》，臺北：中華書局，1976。

〔明〕胡廣等奉敕撰，《性理大全書》，收於《景印文淵閣四庫全書》總710冊，臺北：臺灣商務印書館，1983。

〔明〕徐一夔等撰，《明集禮》，收於《景印文淵閣四庫全書》總649冊，臺北：臺灣商務印書館，1983。

〔清〕來保、李玉鳴等奉敕撰，《欽定大清通禮》，收於《景印文淵閣四庫全書》總655冊，臺北：臺灣商務印書館，1983。

〔清〕徐本、三泰等奉敕纂，《大清律例》，收於《景印文淵閣四庫全書》總672冊，臺北：臺灣商務印書館，1983。

〔清〕高宗敕撰，《續通典》，臺北：臺灣商務印書館，1987。

〔清〕高宗撰，劉統勳等編，《評鑑闡要》，收於《景印文淵閣四庫全書》總694冊，臺北：臺灣商務印書館，1983。

〔清〕崑岡等敕撰等，《欽定大清會典》，臺北：啟文出版社，據光緒二十五年刻本國立中央圖書館景印，1963。

〔清〕崑岡等敕撰等，《欽定大清會典事例》，臺北：啟文出版社，據光緒二十五年刻本國立中央圖書館景印，1963。

〔清〕張廷玉，《明史》，北京：中華書局，1966。

〔清〕張爾歧，《儀禮鄭注句讀》，臺北：學海出版社，1978。

〔民國〕黃彰健，《明代律例彙編》，臺北：中央研究院歷史語言研究所，1979。

二、地方志

〔明〕王心編撰，《（嘉靖）天長縣志》，收於《天一閣藏明代方志選刊》26冊，上海：上海古籍書店，1982。

〔清〕郝玉麟等監修，〔清〕謝道承等編纂，《福建通志》，收於《景印文淵閣四庫全書》總529冊，臺北：臺灣商務印書館，據國立故宮博物院藏本影印，1986。

三、文集、筆記、小說及其他

〔宋〕朱熹，《家禮》，收於《景印文淵閣四庫全書》總142冊，臺北：臺灣商務印書館，1983。

〔元〕敖繼公，《儀禮集說》，收入於《景印文淵閣四庫全書》總105冊，臺北：臺灣商務印書館，1983。

〔明〕王文祿，《海沂子》，《四庫全書存目叢書》子部84冊，臺南：莊嚴文化，據涵芬樓影印明隆慶刻百陵學山本影印，1995。

〔明〕王廷相，《王氏家藏集》，收於《四庫全書存目叢書》集部53冊，臺南：莊嚴文化，據王氏家藏集喪禮備纂天津圖書館藏明嘉靖刻清順治12年修補本公移集駁稿集奏議中山大學圖書館藏明嘉靖至隆慶刻本影印，1995。

〔明〕王恕，《王端毅公奏議》，臺北：國家圖書館善本書室藏，明正德16年三原知縣王成章刊本。

〔明〕王鳴鶴，《登壇必究》，收於《續修四庫全書》子部960冊，上海：上海古籍出版社，據北京大學圖書館清刻本影印，2002。

〔明〕王褘，《王忠文公集》，收於《北京圖書館古籍珍本叢刊》集部98冊，北京：書目文獻出版社，據明嘉靖元年張齊刻本影印，1988。

〔明〕丘濬，《大學衍義補》，收於《景印文淵閣四庫全書》總712冊，臺北：臺灣商務印書館，1983。

〔明〕丘濬，《文公家禮儀節》，收於《四庫全書存目叢書》經部114冊，臺南：莊嚴文化，據北京大學圖書館藏明正德13年常州府刻本影印，1997。

〔明〕史惇，《慟餘雜記》，收於《四庫禁燬書叢刊》史部72冊，北京：
　　北京出版社，清鈔本，2000。

〔明〕呂柟著、趙瑞民點校，《涇野子內篇》，收於《理學叢書》，北
　　京：中華，1992。

〔明〕呂維祺，《孝經大全》，收於《續修四庫全書》經部151冊，上
　　海：上海古籍出版社，據天津圖書館藏清康熙二年呂兆璜等刻本影
　　印，2002。

〔明〕朱之瑜，《舜水先生文集》，收於《續修四庫全書》集部1385冊，
　　上海：上海古籍出版社，據天津圖書館藏清康熙五十三年鄭玟刻本影
　　印，2002。

〔明〕朱朝瑛，《讀禮記略記・讀三禮略記》，收於《四庫全書存目叢
　　書》經部95冊，臺南：莊嚴文化，據北京圖書館藏清鈔七經略記本影
　　印，1997。

〔明〕朱鴻，《孝經總類》，收於《續修四庫全書》經部151冊，上海：
　　上海古籍出版社，據北京圖書館藏明抄本影印，2002。

〔明〕何三畏，《雲間志略》，收於《四庫禁燬書叢刊》史部8冊，北
　　京：北京出版社，明天啟刻本，2000。

〔明〕何孟春，《餘冬序錄》，收於《四庫全書存目叢書》子部102冊，
　　臺南：莊嚴文化，據湖南圖書館藏明嘉靖七年郴州家塾刻本影印，
　　1995。

〔明〕余象斗，《新刻天下四民便覽三台萬用正宗》，收於《域外漢籍珍
　　本文庫》第一輯子部，北京：人民出版社，據日本東京大學東洋文化
　　研究所藏明萬曆27年余氏雙峰堂刻本影印，2008。

〔明〕呂坤，《四禮疑》，收於《四庫全書存目叢書》經部115冊，臺
　　南：莊嚴文化，據北京大學圖書館藏明萬曆刻清同治光緒間補修呂新
　　吾全集本影印，1997。

〔明〕宋濂，《宋文憲公全集》第三冊，收於《四部備要集部》，臺灣：
　　中華書局，據嚴榮校刻足本校刊，1965。

〔明〕宋纁，《四禮初稿》，收於《四庫全書存目叢書》經部114冊，臺
　　南：莊嚴文化，據上海圖書館藏清康熙四十年宋氏刻本影印，1997。

〔明〕李濂，《嵩渚文集》，收於《四庫全書存目叢書》集部71冊，臺南：莊嚴文化，據杭州大學圖書館藏明嘉靖刻本影印，1997。

〔明〕李默，《群玉樓稿》，收於《四庫全書存目叢書》集部77冊，臺南：莊嚴文化，據浙江圖書館藏明萬曆元年李培刻本影印，1997。

〔明〕沈德符，《萬曆野獲編》，北京：中華書局，1997。

〔明〕周之夔，《棄草二集》，收於《四庫禁燬書叢刊》集部113冊，北京：北京出版社，據明崇禎刻本，2000。

〔明〕周之夔，《棄草文集》，收於《四庫禁燬書叢刊》集部112-113冊，北京：北京出版社，據明崇禎刻本，2000。

〔明〕周琦《東溪日談錄》，收於《景印文淵閣四庫全書》總714冊，臺北：臺灣商務印書館，1983。

〔明〕季本，《說理會編》，收於《續修四庫全書》子部939冊，上海：上海古籍出版社，據清華大學圖書館藏明刻本影印，2002。

〔明〕林俊，《見素集》，收於《景印文淵閣四庫全書》總1257冊，臺北：臺灣商務印書館，1983。

〔明〕邵寶，《容春堂集》，收於《景印文淵閣四庫全書》總1258冊，臺北：臺灣商務印書館，1983。

〔明〕金涒，《讀禮日知》，收於《續修四庫全書》經部97冊，上海：上海古籍出版社，據遼寧省圖書館藏明萬曆二年馮氏刻本影印，2002。

〔明〕胡翰，《胡仲子集》，收於《景印文淵閣四庫全書》總1229冊，臺北：臺灣商務印書館，1983。

〔明〕徐禎卿，《翦勝野聞》，收於〔明〕鄧士龍輯，《國朝典故》，北京：北京大學出版社，1993。

〔明〕袁黃，《袁了凡先生兩行齋集》，臺北：國家圖書館善本書室藏，明天啟4年嘉興袁氏家刊本。

〔明〕郝敬，《儀禮節解》，收於《四庫全書存目叢書》經部87冊，臺南：莊嚴文化，據湖北省圖書館藏明萬曆四十三年郝千秋郝千石刻郝氏九經解本，1997。

〔明〕高攀龍，《高子遺書》，收於《景印文淵閣四庫全書》總1292冊，臺北：臺灣商務印書館，1983。

〔明〕張元諭，《篷底浮談》，收於《續修四庫全書》子部1126冊，上海：上海古籍出版社，據北京圖書館藏明隆慶四年董原道刻本影印，2002。

〔明〕敖英，《東谷贅言》，收於《四庫全書存目叢書》子部102冊，臺南：莊嚴文化，據南京圖書館藏明嘉靖二十八年沈淮刻本影印，1995。

〔明〕章潢，《圖書編》，收於《景印文淵閣四庫全書》總972冊，臺北：臺灣商務印書館，1983。

〔明〕郭正域，《合併黃離草》，收於《四庫禁燬書叢刊》集部 14冊，北京：北京出版社，明萬曆四十年史記事刻本，2000。

〔明〕郭　等撰，《皇明太學志》，臺北：國家圖書館善本書室藏，明嘉靖三十六年原刊明末迄清順治間增刊本。

〔明〕陳絳，《金罍子》，收於《續修四庫全書》子部1124冊，上海：上海古籍出版社，據明萬曆三十四年陳昱刻本影印，2002。

〔明〕陸容，《菽園雜記》，收於《叢書集成新編》12冊，臺北：新文豐出版公司，1985。

〔明〕陸楫，《蒹葭堂稿》，收於《續修四庫全書》集部 1354冊，上海：上海古籍出版社，據清華大學圖書館藏明嘉靖四十五年陸郯刻本影印，2002。

〔明〕黃佐，《泰泉鄉禮》，收於《景印文淵閣四庫全書》總142冊，臺北：臺灣商務印書館，1983。

〔明〕黃佐，《庸言》，收於《續修四庫全書》子部939冊，上海：上海古籍出版社，據北京圖書館藏明嘉靖三十一年刻本影印，2002。

〔明〕焦竑，《國朝獻徵錄》，收於《四庫全書存目叢書》史部105冊，臺南縣：莊嚴文化，據中國史學叢書影印明萬曆四十四年徐象橒曼山館刻本影印，1996。

〔明〕馮善《家禮集說》，臺北：國家圖書館善本書室藏，明成化15年刊本。

〔明〕黃佐，《南雍志》，臺北：偉文圖書出版社，1976。

〔明〕黃省曾，《五嶽山人集》，收於《四庫全書存目叢書》集部94冊，

臺南：莊嚴文化，據南京圖書館藏明嘉靖刻本影印，1995。

〔明〕葉向高，《蒼霞續草》，收於《四庫禁燬書叢刊》集部125冊，北京：北京出版社，明萬曆刻本，2000。

〔明〕董應舉，《崇相集》，收於《四庫禁燬書叢刊》集部102冊，北京：北京出版社，明崇禎刻本，2000。

〔明〕歐陽德，《歐陽南野先生文集》，收於《四庫全書存目叢書》集部81冊，臺南：莊嚴文化，據中國社會科學院文學研究所藏明嘉靖刻本影印，1997。

〔明〕鄭泳，《鄭氏家儀》，收於《四庫全書存目叢書》經部114冊，臺南：莊嚴文化，據上海圖書館藏清刻本影印，1997。

〔明〕鄭真，《滎陽外史集》，收於《景印文淵閣四庫全書》總1234冊，臺北：臺灣商務印書館，1983。

〔明〕謝肇淛，《五雜俎》，臺北：偉文圖書出版社，1977。

〔明〕魏校，《莊渠遺書》，收於《景印文淵閣四庫全書》總1267冊，臺北：臺灣商務印書館，1983。

〔明〕羅虞臣，《羅司勛集》，收於《四庫全書存目叢書》集部94冊，臺南縣：莊嚴文化，據浙江圖書館藏清康熙五十年羅氏刻本影印，1997。

〔明〕羅懋登，《三寶太監西洋記通俗演義》，上海：上海古籍出版社，1985。

〔明〕嚴天麟，《五經疑義》，收於《續修四庫全書》經部171冊，上海：上海古籍出版社，據北京圖書館藏明刻本影印，2002。

〔明〕顧炎武，《亭林詩文集》，收於《四部叢刊正編》77冊，臺北：臺灣商務印書館，據上海涵芬樓康熙刊本景印，1979。

〔明〕顧炎武撰，〔清〕黃汝成校記，《日知錄集釋》，臺北：國泰文化事業有限公司，1980。

〔明〕顧起元，《客座贅語》，北京：中華書局，1987。

〔清〕文廷式，《純常子枝語》，收於《續修四庫全書》子部1165冊，上海：上海古籍出版社，據民國三十二年刻本影印，2002。

〔清〕毛奇齡，《喪禮吾說篇》，收於《續修四庫全書》經部95冊，上

海：上海古籍出版社，2002。

〔清〕毛奇齡，《喪禮雜說》，收於〔清〕李幼梅輯，《讀禮叢鈔》，收
　　於《國學集要》二編，臺北：文海出版社，1967。

〔清〕王夫之，《讀通鑑論》，臺北：里仁書局，1985。

〔清〕任啟運，《禮記章句》，收於《續修四庫全書》經部99冊，上海：
　　上海古籍出版社，據北京圖書館藏清乾隆刻本影印，2002。

〔清〕朱建子，《喪服制考》，收於《四庫全書存目叢書》經部88冊，臺
　　南：莊嚴文化，據南京圖書館藏清鈔本影印，1997。

〔清〕朱軾，《儀禮節略》，收於《四庫全書存目叢書》經部110冊，臺
　　南：莊嚴文化，據中國科學院圖書館藏清康熙乾隆間刻朱文端公藏書
　　本影印卷，1997。

〔清〕吳廷華，《儀禮章句》，收於《景印文淵閣四庫全書》總109冊，
　　臺北：臺灣商務印書館，1983。

〔清〕吳蕭公，《讀禮問》，收於〔清〕李幼梅輯，《讀禮叢鈔》，收於
　　《國學集要》二編，臺北：文海出版社，1967。

〔清〕宋徵輿，《林屋文稿》，收於《四庫全書存目叢書》集部215冊，
　　臺南：莊嚴文化，據上海圖書館藏清康熙九籥樓刻本影印，1997。

〔清〕李文炤，《家禮喪祭拾遺》，收於〔清〕李幼梅輯，《讀禮叢
　　鈔》，收於《國學集要》二編，臺北：文海出版社，1967。

〔清〕李海觀，《歧路燈》，臺北，新文豐出版社，1983。

〔清〕李驎，《虬峰文集》，收於《四庫禁燬書叢刊》集部131冊，北
　　京：北京出版社，清康熙刻本，2000。

〔清〕汪琬，《堯峰文鈔》，收於《四部叢刊正編》80冊，臺北：臺灣商
　　務印書館，1979。

〔清〕阮元，《淮海英靈集》，收於《續修四庫全書》集部1682冊，上
　　海：上海古籍出版社，據清嘉慶三年小琅嬛僊館刻本影印，2002。

〔清〕周廣業，《過夏雜錄》，收於《續修四庫全書》子部1154冊，上
　　海：上海古籍出版社，據北京圖書館藏清種松書塾抄本影印，2002。

〔清〕姚際恆，《儀禮通論》，北京：中國社會科學出版社，2000。

〔清〕查繼佐，《罪惟錄》，收於《續修四庫全書》史部321冊，上海：上

海古籍出版社，據民國二十五年四部叢刊三編影印稿本影印，2002。

〔清〕胡培翬，《儀禮正義》，收於王雲五主編，《國學基本叢書》，臺北：臺灣商務印書館，1968。

〔清〕夏燮，《明通鑑》，收於《續修四庫全書》史部364冊，上海：上海古籍出版社，據上海圖書館藏清同治十二年黃官廨刻本影印，2002。

〔清〕徐乾學，《讀禮通考》，收於《景印文淵閣四庫全書》總112冊，臺北：臺灣商務印書館，1983。

〔清〕袁枚，《新齊諧》，收於《續修四庫全書》集部1788冊，上海：上海古籍出版社，據清乾隆嘉慶間刻隨園三十種本影印，2002。

〔清〕袁棟，《書隱叢說》，收於《續修四庫全書》子部1137冊，上海： 上海古籍出版社，據上海師範大學圖書館藏清乾隆刻本影印，2002。

〔清〕崔述，《五服異同彙考》，收於《續修四庫全書》經部95冊，上海：上海古籍出版社出版社，據復旦大學圖書館藏清道光四年陳履和東陽縣署刻本影印，2002。

〔清〕張文嘉，《齊家寶要》，收於《四庫全書存目叢書》經部115冊，臺南：莊嚴文化，據北京圖書館分館藏清康熙刻本影印，1997。

〔清〕張履祥著、 陳祖武點校，《楊園先生全集》，北京：中華書局，2002。

〔清〕許三禮，《讀禮偶見》，收於《四庫全書存目叢書》經部115冊，臺南：莊嚴文化，據北京圖書館藏清康熙刻本影印，1997。

〔清〕陳祖范，《經咫》，收於《景印文淵閣四庫全書》總194冊，臺北： 臺灣商務印書館，1983。

〔清〕陳確，《陳確集》，北京：中華書局，1979。

〔清〕陸隴其，《三魚堂日記》，《續修四庫全書》史部559冊，上海：上海古籍出版社，據中國科學院圖書館藏清同治九年浙江書局刻本影印，2002。

〔清〕陸隴其，《讀禮志疑》，收於《景印文淵閣四庫全書》總129冊，臺北：臺灣商務印書館，1983。

〔清〕焦循撰，沈文倬點校，《孟子正義》，臺北：文津出版社，1988。

〔清〕程瑤田，《儀禮喪服文足徵記》，收於《續修四庫全書》經部95冊，上海：上海古籍，2002。

〔清〕談遷著、張宗祥點校，《國榷》，北京：中華書局，1958。

〔清〕閻若璩，《潛邱箚記》，收於《景印文淵閣四庫全書》總859冊，臺北：臺灣商務印書館，1983。

貳、今人論著

一、中文專書

丁凌華，《中國喪服制度史》，上海：上海人民出版社，2000。

丁鼎，《《儀禮‧喪服》考論》，北京：社會科學文獻出版社，2003.7。

王健文，《奉天承運：古代中國的「國家」概念及其正當性基礎》，臺北：東大發行；三民總經銷，1995。

尤淑君，《名分禮秩與皇權重塑：大禮議與嘉靖政治文化》，臺北：國立政治大學歷史系，2006。

朱子彥，《後宮制度研究》，上海：華東師範大學，1998。

安井小太郎等著，連清吉、林慶彰譯，《經學史》，臺北：萬卷樓發行；三民總經銷，1996。

何淑宜，《明代士紳與通俗文化——喪葬文化為例的考察》，臺北：臺灣師範大學歷史研究所專刊（30），2000。

吳蕙芳，《萬寶全書：明清時期的民間生活實錄》，臺北：政大歷史系，2001。

吳麗娛，《唐禮摭遺——中古書儀研究》，北京：商務印書館，2002。

呂妙芬，《孝治天下：《孝經》與近世中國的政治與文化》，臺北：聯經出版事業公司，2011。

呂妙芬，《陽明學士人社群——歷史、思想與實踐》，臺北：中央研究院近代史研究所，2003。

李貞德，《公主之死——你所不知道的中國法律史》，臺北：三民書局，
　　2006。

沈俊平，《舉業津梁——明中葉以後坊刻制舉用書的生產與流通》，臺
　　北：臺灣學生書局，2009。

林素英，《喪服制度的文化意義——以《儀禮・喪服》為討論中心》，臺
　　北：文津出版社，2003。

林聰舜，《明清之際儒家思想的變遷與發展》，臺北：臺灣學生書局，
　　2000。

段塔麗，《唐代婦女地位》，北京：人民出版社，2000。

胡秋原《復社及其人物》，臺北：學術出版社，1968。

馬建興，《喪服制度與傳統法律文化》，北京：知識產權出版社，2005。

常建華，《明代宗族研究》，上海：上海人民出版社，2005。

康學偉，《先秦孝道研究》，臺北：文津出版社，1992。

張建國、李力譯，滋賀秀三著，《中國家族法原理》，北京：法律出版
　　社，2002。

張壽安，《十八世紀禮學考證的思想活力——禮教論爭與禮制重省》，臺
　　北：中央研究院近代史研究所，2001。

章景明，《先秦喪服制度考》，臺北：中華書局，1986。

陳戌國，《中國禮制史・元明清卷》，長沙：湖南教育出版社，2002。

詹海雲，《清初學術論文集》，臺北：文津出版社，1992。

廖宜方，《唐代的母子關係》，臺北：稻鄉出版社，2009。

熊秉真，《童年憶往——中國孩子的歷史》，臺北：麥田出版社，2000。

趙園，《明清之際士大夫研究》，北京：北京大學出版社，1999。

鄧聲國，《清代五服文獻概論》，北京：北京大學出版社，2005。

鄭雅如，《情感與制度——魏晉時代的母子關係》，臺北：台大出版委員
　　為出版，台大文學院發行，2001。後修改收於王明蓀主編，《古代歷史
　　與文化研究輯刊・初編第四冊》，臺北：花木蘭文化出版社，2009。

駱芬美，《明代官員丁憂與奪情之研究》，收於王明蓀主編，《古代歷
　　史文化研究輯刊・二編第二十四冊》，臺北：花木蘭文化出版社，
　　2009。

謝國楨，《明清之際黨社運動考》，臺北：臺灣商務印書館，1967。

羅冬陽，《明太祖禮法之治研究》，北京：高等教育出版社，1998。

王光宜，〈明代女教書研究〉，臺北：國立臺灣師範大學歷史研究所碩士論文，1999。

朱鴻，〈「大禮」議與明嘉靖初期的政治〉，臺北：國立臺灣師範大學歷史所碩士論文，1978。

林謙如，〈明人的奉親怡養——孝道社會生活實踐的一個歷史側面〉，臺北：中國文化大學史學研究所碩士論文，2004。

邱仲麟，〈隋唐以來割股療親現象的社會史考察〉，臺北：國立臺灣大學歷史學系博士論文，1996。

唐惠美，〈元明之際士人出處之研究——以宋濂為例〉，新竹：國立清華大學歷史研究所碩士論文，2000。

孫中曾，〈劉宗周的道德世界——從經世、道德命題到道德內省的實踐歷程〉，新竹：國立清華大學歷史研究所碩士論文，2001。

徐嘉惠，〈明代庶出文人研究〉，桃園：國立中央大學歷史研究所碩士論文，2008。

翁宏霖，〈晚明復社領袖張溥（1602-1641）及其經世思想〉，臺南：國立成功大學歷史研究所碩士論文，2006。

張文昌，〈唐代禮典的編纂與傳承——以《大唐開元禮》為中心〉，臺北：國立臺灣大學歷史研究所碩士論文，1997。

張文昌，〈唐宋禮書研究——從公禮到家禮〉，臺北：國立臺灣大學歷史研究所博士論文，2006。

黃美華，〈司馬光《書儀》研究〉，台中：國立中興大學中國文學系碩士論文，2000。

楊庸蘭，〈唐代的孤兒與寡母〉，臺中：國立中興大學歷史研究所碩士論文，2003。

蕭慧媛，〈明代的祖制爭議〉，臺北：中國文化大學史學研究所碩士論文，1999。

閻鴻中，〈周秦漢時代家族倫理的變遷〉，臺北：國立臺灣大學歷史學研究所博士論文，1997。

二、中文論文

大澤顯浩，〈明代出版文化中「二十四孝」——論孝子形象的建立與發展〉，《明代研究通訊》，5（臺北，2002），頁11-33。

井上徹，〈明朝對服制的改定——《孝慈錄》的編纂〉，收於錢杭翻譯，井上徹著，《中國的宗族與國家禮制》，上海：上海書店，2008，頁346-347。

內藤乾吉，〈大明令解說〉，收於《日本學者研究中國史論著選譯》，北京：中華書局，1992。

王家儉，〈晚明的實學思潮〉，《漢學研究》，7：2（臺北，1989），頁279-302。

王璋、高成新，〈明太祖孝治政策初探〉，《中共山西省委黨校學報》，31：6（2008），頁106-108。

田夫（邢義田），〈從《列女傳》看中國式母愛的流露〉，收於《中國婦女史論集三集》，臺北：稻鄉出版社，1993，頁19-27。

石磊，〈從歷代喪服制度觀察我國親屬結構的演變〉，《中央研究院三民主義研究所叢刊（8）》（臺北，1981），頁73-94。

石磊，〈儀禮喪服篇所表現的親屬結構〉，《中央研究院民族學研究所集刊》，53（臺北，1982），頁1-43。

朱鴻，〈明代的周公——論朱元璋的效法成周為治〉（略稿），收於陳懷仁、夏玉潤主編，《洪武六百年祭》，海口：南方出版社，2001，頁105-114。

衣若蘭，〈「天下之治自婦人始」——試析明清時代的母訓子政〉，收於周愚文、洪仁進主編，《中國傳統婦女與家庭教育》，臺北：師大書苑，2005，頁91-122。

何冠彪，〈顧炎武、黃宗羲、王夫之合稱清初三大儒者考——兼說清初四大儒及五大儒之成員〉，《故宮學術季刊》，7：4（臺北，1990），頁71-80。

何淑宜，〈皇權與禮制——明嘉靖朝的郊祀禮改革〉，《中央史論》，22，（韓國，2005），頁71-98。

余英時，〈名教危機與魏晉士風的演變〉，收於氏著，《中國知識階層史論（古代篇）》，臺北：聯經出版事業公司，1980，頁329-372。

余英時，〈清代思想史的一種新解釋〉，收於氏著，《歷史與思想》，臺北：聯經出版事業公司，1976，頁121-156。

余新忠，〈明清時期孝行的文本解讀——以江南方志記載為中心〉，《中國社會歷史評論》，7（天津，2006），頁33-59。

吳智和，〈明代祖制定義與功能試論〉，《史學集刊》，3（吉林，1991），頁20-29。

吳蕙芳，〈民間日用類書的內容與運用——以明代《三台萬用正宗》為例〉，《明代研究通訊》，3（臺北，2000），頁45-56。

呂妙芬，〈〈西銘〉為《孝經》之正傳？——論晚明仁孝關係的新意涵〉，《中國文哲研究集刊》，33期（臺北，2008），頁139-172。

呂妙芬，〈明清中國萬里尋親的文化實踐〉，《中央研究院歷史語言研究所集刊》，78：2（臺北，2007.6），頁359-406。

呂妙芬，〈做為蒙學與女教讀本的《孝經》——兼論其文本定位的歷史變化〉，《臺大歷史學報》，41（臺北，2008.6），頁1-64。

呂妙芬，〈做為儀式性文本的《孝經》——明清士人《孝經》實踐的個案研究〉，《中央研究院近代史研究所集刊》，60（臺北，2008.6），頁1-42。

呂妙芬，〈晚明《孝經》論述的宗教性意涵——虞淳熙的孝論及其文化脈絡〉，《中央研究院近代史研究所集刊》，48（臺北，2005.6），頁1-46。

呂妙芬，〈晚明士人論《孝經》與政治教化〉，《臺大文史哲學報》，61（臺北，2004.11），頁223-260。

李貞德，〈超越父系家族的藩籬——臺灣地區「中國婦女史研究」（1945-1995）〉，《新史學》，7：2（臺北，1996.6），頁148-149。

李飛，〈中國古代婦女孝行史考論〉，《中國史研究》，3（北京，1994.3），頁73-82。

李晉華，〈明成祖生母問題彙證〉，《歷史語言研究所集刊》，第六本第一分（臺北，1936.3），頁71-75。

杜正勝，〈五服制的族群結構與倫理〉，收於《古代社會與國家》，臺
　　北：允晨出版，黎明總經銷，1992，頁857-876。

杜正勝，〈古典的慈母魯季敬姜〉，收於杜正勝，《古代社會與國家》，
　　臺北：允晨出版，黎明總經銷，1992，頁940-946。

杜正勝，〈傳統家族結構的典型〉，收於《古代社會與國家》，臺北：允
　　晨出版，黎明總經銷，1992，頁781-853。

杜維運，〈王夫之與中國史學〉，《清代史學與史家》，臺北：東大出版
　　社，1984。頁15-93。

周桂林，〈論朱元璋興孝以行養老之政〉，《河南大學學報（哲學社會科
　　學版）》，4（河南，1988），頁74-75。

周婉窈，〈清代桐城學者與婦女的極端道德行為〉，《大陸雜誌》，87：4
　　（臺北，1993.10），頁13-38。

林慶彰，〈明代的漢宋學問題〉，收於《明代經學研究論集》，臺北：文
　　史哲出版社，1994，頁1-31。

林麗月，〈孝道與婦道——明代孝婦的文化史考察〉，《近代中國婦女史
　　研究》，6（臺北，1998.8），頁3-29。

段塔麗，〈「從子」說與中國古代寡母的權力和地位——以唐代家庭寡母
　　生活為例〉，《婦女研究論叢》，6（2001），頁42-45。

段塔麗，〈唐代女性家庭角色及其地位〉，《中國文化研究》，春之卷
　　（2002），頁141-149。

范德（Edward L. Farmer），〈朱元璋與中國文化的復興——明朝皇權專制
　　的意識型態基礎〉，收於張中政主編，《明史論文集》，合肥：黃山
　　書社，1993，頁379-389。

徐泓，〈明代家庭的權力結構及其成員間的關係〉，《輔仁歷史學報》，
　　5（臺北，1993.12），頁197-198。

徐復觀，〈中國孝道思想的形成、演變，及其在歷史中的諸問題〉，收於
　　《中國思想史論集》，臺北：臺灣學生書局，1975，頁155-200。

高明士，〈唐代禮律規範下的婦女地位——以武則天時期為例〉，《文
　　史》，4（北京，2008），頁115-132。

張文昌，〈服制、親屬與國家——唐宋禮法之喪服規範〉，台師大歷史系

等編，《新史料‧新觀點‧新視角——天聖令論集（下）》，臺北：
元照出版公司，2011，頁199-243。

張璉，〈明代專制文化下的圖書出版情形〉，《漢學研究》，10：2（臺
北，1992）頁366-367。

梁勇，〈明代的《家禮》研究〉，新加坡：新加坡國立大學中文系博士論
文，2006。

郭姿吟，〈明代書籍出版研究〉，臺南：國立成功大學歷史研究所碩士論
文，2002。

陳弱水，〈初唐政治中的女性意識〉，收於陳弱水，《隱蔽的光景：唐代
的婦女文化與家庭生活》（桂林：廣西師範大學出版社，2009），頁
165-203；另收於氏著，《唐代的婦女文化與家庭生活》（臺北：允晨
文化，2007），頁199-241。

陶希聖，〈服制的構成〉，《食貨月刊》，復刊1：9（臺北，1971），頁
10-24。

黃玫茵，〈唐代三父八母的法律地位〉，收於《唐代身分法制研究—以唐
律名例律為中心》，臺北：五南出版社，2003，頁89-118。

楊一凡，〈洪武《大明律》考〉，收於楊一凡編，《中國法制史考證‧甲
編‧第六卷‧歷代法制考‧明代法制考》，北京：中國社會科學出版
社，2003，頁1-53。

楊聯陞，〈國史上的女主〉，收於氏著，《國史探微》，臺北：聯經出版
事業公司，1983，頁91-108。

詹康，〈明代的教化思想〉，臺北：國立臺灣大學政治學研究所碩士論
文，1993。

熊秉真，〈明清家庭中的母子關係——性別、感情及其他〉，收於李小江
等主編，《性別與中國》，北京：三聯書店，1994，頁514-544。

熊秉真，〈建構的感情——明清家庭的母子關係〉，收於盧建榮主編，
《性別、政治與集體心態：中國新文化史》，臺北：麥田出版社，
2001，頁255-280。

熊秉真，〈試窺明清幼兒的人事環境與情感世界〉，《本土心理研究》，
2（臺北，1993），頁251-276。

趙克生，〈《大明集禮》的初修與刊布〉，《史學史研究》（天津，2004），頁65-66。

趙克生，〈明代丁憂制度述論〉，《中國史研究》，2（北京，1997），頁115-128。

趙克生，〈明朝后妃與國家禮制興革〉，《東北師大學報（哲學社會科學版）》，總第229期（吉林，2007），頁50-51。

趙克生，〈略論明代文官的奪情起復〉，《西南師範大學學報（社會科學版）》，32：5（吉林，2006），頁48-52。

趙軼峰，〈十七世紀中國文學中的妾──以《醒世姻緣傳》為中心〉，收於《明代的變遷》（上海：上海三聯書店，2008），頁177-190。

鄭雅如，〈中古時期的母子關係──性別與漢唐之間的家庭史研究〉，收於李貞德主編，《中國史新論‧性別史分冊》，臺北：中央研究院‧聯經出版公司，2009，頁135-190。

劉曉東，〈以「孝」促「悌」──朱元璋喪制改革述論〉，《學習與探索》，5（長春，2008），頁210-213。

劉燕儷，〈唐律中的母子關係〉，收於高明士編，《東亞傳統家禮、教育與國法（二）家內秩序與國法》，臺北：臺灣大學出版中心，2005，頁125-144。

戴彼得（Peter Ditmanson），〈洪武年間的道德諫諍〉，收於朱鴻林編，《明太祖的治國理念及其實踐》，香港：香港中文大學，2010，頁63-94。

羅仲輝，《論明初議禮》，收於王春瑜，《明史論叢》，北京：中國社會科學出版社，1997，頁74-91。

羅彤華，〈唐代官人的父母喪制──以〈假寧令〉「諸喪解官」條為中心〉，台師大歷史系等編，《新史料‧新觀點‧新視角──天聖令論集（下）》，臺北：元照出版公司，2011，頁9-42。

三、外文論著

Cole, Alan. *Mothers and Sons in Chinese Buddhism*. Stanford: Stanford University Press, 1998.

Chow, Kai-wing. *The Rise of Confucian Ritualism in Late Imperial China : Ethics, Classics, and Lineage Discourse.* Stanford：Stanford University Press, 1994.

Ebrey, Patricia Buckley. *Confucianism and Family Rituals in Imperial China : A Social History of Writing about Rites.* Princeton: Princeton University Press, 1991.

Elman, Benjamin A. *From Philosophy to Philology : Intellectual and Social Aspects of Change in Late Imperial China.* Cambridge: Council on East Asian Studies, Harvard University, 1984.

Farmer, Edward L. *Zhu Yuanzhang & Early Ming Legislation*, Leiden; New York : E.J. Brill, 1995.

Meadows, Thomas Taylor. *The Chinese and the Rebellions with an Essay on Civilisation and its Present State in the East and West.* Shannon: Irish University Press, 1972.

Hsieh, Bao-hua. "Female Hierarchy in Customary Practice: The Status of Concubines in Seventeenth-Century China," 《近代中國婦女史研究》，期5（1997.8），頁55-104。

Hsieh, Bao-hua. "Concubines in Chinese Society from the Fourteenth to the Seventeenth Centuries," Urbana: University of Illinois at Urbana-Champaign, dissertation, 1992.

Wolf, Margery. *Women and the Family in Rural Taiwan.* Stanford: Stanford University press, 1972.

下見隆雄，《儒教社會と母性母性の威力の觀点でみる漢魏晉中國女性史》，東京：研文出版，1994。

下見隆雄，《孝と母性のメカニズム：中國女性史的の視座》，東京：研文出版，1997

下見隆雄，《母性依存の思想——「二十四孝」から考える母子一體觀念と孝》，東京：研文出版，2002。

酒井忠夫，《中國善書の研究（增補版）》，東京都：國書刊行會，1999-2000。

藤川正数，〈唐代における母親主義的服紀改制について〉，《東方學》，16（1958.04），頁35-57。

附錄　歷代母服相關規定一覽表

子為母服

		先秦	唐	北宋	南宋	元	明洪武七年前	明洪武七年後	
		《儀禮·喪服》	《開元禮》	《天聖令》	《文公家禮》	《元典章》	《大明令》	《孝慈錄》	《大明律》
1	父在為母	齊衰杖期	齊衰三年	齊衰三年	齊衰三年	齊衰三年	齊衰三年	斬衰三年	斬衰三年
2	父卒為母	齊衰三年	齊衰三年	齊衰三年	齊衰三年	齊衰三年	齊衰三年	斬衰三年	斬衰三年
3	為繼母	如母	齊衰三年	齊衰三年	齊衰三年	齊衰三年	齊衰三年	斬衰三年	斬衰三年
4	為所後母	如母	齊衰三年	齊衰三年	齊衰三年	齊衰三年	齊衰三年	斬衰三年	斬衰三年
5	為所生母	齊衰不杖期	齊衰不杖期	齊衰不杖期	x	x	齊衰不杖期	齊衰不杖期	齊衰不杖期
6	庶子為生母	◎大功九月（公之庶昆弟父卒、大夫之庶子父在）◎練冠、麻、麻衣、縓緣（公之庶昆弟父在）◎如母（士）	齊衰三年	齊衰三年	齊衰三年	齊衰三年	齊衰三年（若嫡母在室，則齊衰不杖期。）	斬衰三年	斬衰三年
7	庶子為父後為其母	緦麻三月	緦麻三月	緦麻三月	緦麻三月	x	緦麻三月	x	x

		先秦	唐	北宋	南宋	元	明洪武七年前	明洪武七年後	
		《儀禮·喪服》	《開元禮》	《天聖令》	《文公家禮》	《元典章》	《大明令》	《孝慈錄》	《大明律》
8	為庶母（父妾有子者）	◎總麻三月（士）◎無服（大夫以上）	總麻三月	總麻三月	總麻三月	總麻三月	總麻三月	齊衰杖期	齊衰杖期
9	為庶母慈己者	小功五月	小功五月	小功五月	小功五月	x	小功五月	x	x
10	為慈母（庶子無母父命無子之妾慈己者）	如母 ◎父卒，齊衰三年 ◎父在，齊衰期（士）；大功九月（大夫）	齊衰三年	齊衰三年	齊衰三年	齊衰三年	齊衰三年	斬衰三年	斬衰三年
11	為出母	齊衰杖期	齊衰杖期	齊衰杖期	齊衰杖期	齊衰杖期	齊衰杖期	齊衰杖期	齊衰杖期
12	為父後者為出母	無服	無服	無服	無服	x	x	x	x
13	子從繼母嫁者，為嫁繼母服	齊衰杖期	齊衰杖期	齊衰杖期	齊衰杖期	齊衰杖期	齊衰杖期	齊衰杖期	齊衰杖期
14	乳母	總麻三月	總麻三月	總麻三月	總麻三月	總麻三月	總麻三月	總麻三月	總麻三月
15	為出繼母	x	無服	無服	無服	無服	x	x	x
16	為嫁母	x	齊衰杖期	齊衰杖期	齊衰杖期	齊衰杖期	齊衰杖期	齊衰杖期	齊衰杖期
17	為父後者為嫁母	x	無服	無服	無服	x	x	x	x

	先秦	唐	北宋	南宋	元	明洪武七年前	明洪武七年後	
	《儀禮·喪服》	《開元禮》	《天聖令》	《文公家禮》	《元典章》	《大明令》	《孝慈錄》	《大明律》
18 養母	X	X	X		齊衰三年（養同宗及遺棄子同親母）	X	斬衰三年（自幼過房與人）	斬衰三年（自幼過房與人者，即為人後者之所後母也）
19 父卒，為歸宗之嫡繼慈養母	X	X	X	X	X	齊衰杖期	X	X
20 子從慈養母改嫁為之服	X	X	X	X	X	齊衰杖期	X	X

母為子服

	先秦	唐	北宋	南宋	元	明洪武七年前	明洪武七年後	
	《儀禮·喪服》	《開元禮》	《天聖令》	《文公家禮》	《元典章》	《大明令》	《孝慈錄》	《大明律》
1 母為長子	齊衰三年	齊衰三年	齊衰三年	齊衰三年	齊衰三年	齊衰三年	齊衰不杖期	齊衰不杖期
2 母為眾子	齊衰不杖期	齊衰不杖期	齊衰不杖期	齊衰不杖期	齊衰杖期	齊衰不杖期	齊衰不杖期	齊衰不杖期
3 妾為其子	齊衰不杖期	齊衰不杖期	齊衰不杖期	齊衰不杖期	X	齊衰不杖期	齊衰不杖期	齊衰不杖期
4 妾為君之長子	齊衰三年	齊衰三年	齊衰三年	齊衰三年	X	齊衰三年	齊衰不杖期	齊衰不杖期

		先秦	唐	北宋	南宋	元	明洪武七年前	明洪武七年後	
		《儀禮・喪服》	《開元禮》	《天聖令》	《文公家禮》	《元典章》	《大明令》	《孝慈錄》	《大明律》
5	妾為君之庶子	◎大功九月（大夫之妾）◎齊衰不杖期（士之妾）	齊衰不杖期	齊衰不杖期	齊衰不杖期	x	齊衰不杖期	齊衰不杖期	齊衰不杖期
6	嫁繼母為從己之子	齊衰杖期	齊衰杖期	齊衰杖期	齊衰不杖期	x	齊衰杖期	齊衰不杖期	x
7	繼母為長子	x	齊衰三年	齊衰三年	齊衰三年	x	齊衰三年	齊衰不杖期	齊衰不杖期
8	出母為其子	x	齊衰杖期（子為父後者猶服）	齊衰杖期	齊衰不杖期	齊衰不杖期	齊衰杖期	齊衰不杖期	x
9	嫁母為其子服	x	齊衰杖期（子為父後者猶服）	齊衰杖期	齊衰不杖期	齊衰不杖期	齊衰杖期	齊衰不杖期	x
10	嫁母為前夫之子從己者	x	x	x	齊衰不杖期	x	齊衰杖期	齊衰不杖期	x
11	慈養母改嫁為從己之子	x	x	x	x	x	齊衰杖期	x	x
12	繼母為眾子	x	x	x	x	x	x	齊衰不杖期	齊衰不杖期

		先秦	唐	北宋	南宋	元	明洪武七年前	明洪武七年後	
		《儀禮·喪服》	《開元禮》	《天聖令》	《文公家禮》	《元典章》	《大明令》	《孝慈錄》	《大明律》
13	慈母為長子及眾子	x	x	x	x	x	x	齊衰不杖期	x

說明：表中「x」表示該書沒有記載該條喪服條文。

資料來源：

《儀禮·喪服》：〔清〕張爾歧，《儀禮鄭注句讀》（台北：學海出版社，1978），卷
　　11，頁7b-37b。

《開元禮》：〔唐〕蕭嵩等撰，《大唐開元禮》，收於《景印文淵閣四庫全書》總646
　　冊（臺灣：臺灣商務印書館，1983），頁1a-19b。

《天聖令》：天一閣博物館、中國社會科學院歷史研究所天聖令整理課題組，《天一閣
　　藏明鈔本天聖令校證：附唐令復原研究（上）》（北京：中華書局，2006），頁
　　211-225。

《文公家禮》：〔宋〕朱熹，《文公家禮》，收於《景印文淵閣四庫全書》總142冊
　　（臺北：臺灣商務印書館，1983），卷4，頁10b-14b。

《元典章》：〔元〕不著撰者，《大元聖政國朝典章》（臺北：文海出版社，據光緒
　　戊申年夏修訂法律館以杭州丁氏藏本重校本影印，1964），〈典章三十·禮部卷
　　三〉，頁5a-8b。

《大明令》：〔明〕太祖敕撰，《大明令》，收於〔明〕張鹵校刊，《皇明制書》（臺
　　北：成文出版社，據萬曆年間刻本影印，1969），卷1，13a-22b。

《孝慈錄》：〔明〕太祖敕撰，《孝慈錄》，收於〔明〕張鹵校刊，《皇明制書》，卷
　　12，頁11a-32b。

《大明律》：〔明〕太祖敕撰，《大明律》，收於〔明〕張鹵校刊，《皇明制書》，卷
　　13，頁11b-15b；〔明〕太祖敕撰，《明律集解附例》，（臺北：成文出版社，據
　　清光緒二十四年重刊本影印，1969），頁13b-24b。

史地傳記類　PC0651　國立臺灣師範大學歷史研究所專刊39

父母等恩
──《孝慈錄》與明代母服的理念及其實踐

作　　者／蕭　琪
責任編輯／鄭伊庭
圖文排版／周政緯
封面設計／葉力安

發 行 人／宋政坤
法律顧問／毛國樑　律師
出　　版／國立臺灣師範大學歷史學系、秀威資訊科技股份有限公司
印製發行／秀威資訊科技股份有限公司
　　　　　114台北市內湖區瑞光路76巷65號1樓
　　　　　電話：+886-2-2796-3638　傳真：+886-2-2796-1377
　　　　　http://www.showwe.com.tw
劃撥帳號／19563868　戶名：秀威資訊科技股份有限公司
　　　　　讀者服務信箱：service@showwe.com.tw
展售門市／國家書店（松江門市）
　　　　　104台北市中山區松江路209號1樓
　　　　　電話：+886-2-2518-0207　傳真：+886-2-2518-0778
網路訂購／秀威網路書店：http://www.bodbooks.com.tw
　　　　　國家網路書店：http://www.govbooks.com.tw

2017年4月　BOD一版
定價：320元
版權所有　翻印必究
本書如有缺頁、破損或裝訂錯誤，請寄回更換

國家圖書館出版品預行編目

父母等恩：《孝慈錄》與明代母服的理念及其實踐 / 蕭琪著.
-- 一版. -- 臺北市：秀威資訊科技, 2017.04
　　面；　　公分 -- (史地傳記類)(國立臺灣師範大學歷史
研究所專刊；39)
　　BOD版
　　ISBN 978-986-326-408-8(平裝)

　　1. 孝悌　2. 喪禮　3. 服飾　4. 明代

193.1   106000791

讀者回函卡

感謝您購買本書，為提升服務品質，請填妥以下資料，將讀者回函卡直接寄回或傳真本公司，收到您的寶貴意見後，我們會收藏記錄及檢討，謝謝！
如您需要了解本公司最新出版書目、購書優惠或企劃活動，歡迎您上網查詢或下載相關資料：http:// www.showwe.com.tw

您購買的書名：_____

出生日期：_____年_____月_____日

學歷：□高中 (含) 以下　　□大專　　□研究所 (含) 以上

職業：□製造業　□金融業　□資訊業　□軍警　□傳播業　□自由業
　　　□服務業　□公務員　□教職　　□學生　□家管　□其它_____

購書地點：□網路書店　□實體書店　□書展　□郵購　□贈閱　□其他

您從何得知本書的消息？

　□網路書店　□實體書店　□網路搜尋　□電子報　□書訊　□雜誌
　□傳播媒體　□親友推薦　□網站推薦　□部落格　□其他_____

您對本書的評價：（請填代號　1.非常滿意　2.滿意　3.尚可　4.再改進）

　封面設計____　版面編排____　內容____　文／譯筆____　價格____

讀完書後您覺得：

　□很有收穫　□有收穫　□收穫不多　□沒收穫

對我們的建議：_____

_____

_____

_____

11466
台北市內湖區瑞光路 76 巷 65 號 1 樓

秀威資訊科技股份有限公司　　　收

BOD 數位出版事業部

⋯⋯⋯⋯⋯⋯⋯⋯⋯⋯⋯⋯⋯⋯⋯⋯⋯⋯⋯⋯⋯⋯⋯⋯⋯⋯⋯⋯⋯⋯⋯

（請沿線對折寄回，謝謝！）

姓　　名：＿＿＿＿＿＿＿＿＿　年齡：＿＿＿＿　性別：□女　□男

郵遞區號：□□□□□

地　　址：＿＿＿＿＿＿＿＿＿＿＿＿＿＿＿＿＿＿＿＿＿＿＿＿＿＿

聯絡電話：(日) ＿＿＿＿＿＿＿＿＿＿＿　(夜) ＿＿＿＿＿＿＿＿＿＿

E-mail：＿＿＿＿＿＿＿＿＿＿＿＿＿＿＿＿＿＿＿＿＿＿＿＿＿＿